해주일록

海 洲 日 録

*이 도서의 국립중앙도서관 출판예정도서목록(CIP)은 서지정보유통지원시스템 홈페이지(http://seoji.nl.go.kr) 와 국가자료종합목록 구축시스템(http://kolis-net.nl.go.kr)에서 이용하실 수 있습니다.

(CIP제어번호: CIP2020041552)

국학자료 심층연구 총서 18

해주일록

海 洲 日 錄

20세기 영남 유림의
삶과 시대 의식

한국국학진흥원 연구사업팀 기획
김종석 조정현 문희순 안경식 이성임 손경희 지음

은행나무

일러두기

1. 1차 문헌, 단행본, 학술지, 일간지 등은 『 』로, 논문과 단편, 시조 등은 「 」로 표기했다.
2. 짧은 문장을 여러 번 인용할 경우 기호 •을 사용했습니다.

한국국학진흥원은 오랜 세월 동안 민간에 소장된 국학자료들을 수집·보존·전시·연구하는 일과 유아들의 올바른 인성을 길러주기 위해 이야기 할머니 사업을 운영해왔습니다. 민간에 소장된 많은 자료들 가운데 일기류는 관찬 사료에는 보이지 않는 소중한 기록들이 수록되어 있습니다. 일기에서는 날씨와 그해 농사의 풍흉, 시장의 풍경 등을 엿볼 수 있습니다. 한국국학진흥원은 일찍부터 민간 일기의 중요성을 파악하고 번역본을 출간해왔습니다. 그뿐만 아니라 10년간 한국학중앙연구원 한국학자료센터 영남권역의 사업으로 일기류의 해제·탈초 및 DB 구축사업을 진행하기도 했습니다.

이번에 발간하는 『해주일록』은 20세기 초 경북 영해에 살았던 남붕南鵬(1870~1933)이 쓴 일기입니다. 남붕은 7~8세에 할아버지에게 공부를 배우기 시작하여 17세가 되던 해부터 일기를 쓰기 시작했고 이후 48년 동안 일기를 기록했다고 합니다. 그러나 현재 남아 있는 것은 1922~1933년 사이의 일기뿐이어서 아쉬움이 큽니다. 그는 20세기 초반까지 살았던 유학자로 문집을 비롯해 많은 저술을 남겼습니다. 특히 그가 평생 동안 기록했던 일기인『해주일록』은 하루 일과와 자신이 공부한 내용과 집안을 유지하기 위한 금전 출납, 집안의 대소사뿐만 아니라 당시 영해를 중심으로 유학계의 동향을 기술하고 있습니다. 우리는 이 일기에서 당시 유교 개혁의 흐름과 상반되는 입장에 있었던 보수 유림의 움직임과 생각까지도 읽을 수 있습니다.

『해주일록』에는 일제강점기인 1920~1930년대 초반 향촌 사회의 다양한 모습들이 담겨 있습니다. 남붕은 공부와 더불어 자신을 포함한 주변 인물들의 질병 문제를 중요하게 생각했습니다. 이 시기는 평범한 사람들이 의료 혜택을 자유롭게 누릴 수 있는 때가 아니었습니다. 특히 남붕이 살았던 경북 영덕군은 궁벽한 곳으로 근대 의료기관 설립이 매우 느린 지역이었습니다.

일제는 안정적인 식민 지배를 위해 조선에 근대 의료 시스템을 도입·추진하였습니다. 일제는 근대 의료를 '시혜'로 강조하며 식민 지배의 강압성을 희석시키면서 조선인 각 개인에 대한 통제와 개입의 수단으로 삼았습니다. 이를 위해 일제는 초기부터 조선의 의료 민속을 조사하면서 조선인들에게 위생 관념의 개선과 계몽을 요구하였습니다. 그러나 일제가 진행한 의료민속 조사는 조선인들의 근대 의료에 대한 접근성을 높이려는 것이 아니라 식민지 지배의 명분과 정당성을 높이는 논리를 세우는 데 그 목적이 있었습니다. 이 시기 중앙이 아닌 지방의 의료 실태를 확인할 수 있는 자료가 부족한 상태에서『해주일록』은 그 의미가 큽니다.

『해주일록』은 1920~30년대 초반 경북 영덕군의 다양한 모습들이 기록되어 있습니다. 남붕은 자신의 공부, 독서, 경제생활, 농업 경영, 향촌 사회 운영, 교유 관계, 질병과 치료 등 여러 모습을 자세하게 기록했습니다. 향후 『해주일록』에 대한 보다 풍성한 연구 결과물들이 나오기를 기대하면서 이 책이 발간되기까지 『해주일록』 연구에 힘써 주신 집필자 선생님들께 감사드립니다.

2020년 10월 한국국학진흥원 연구사업팀

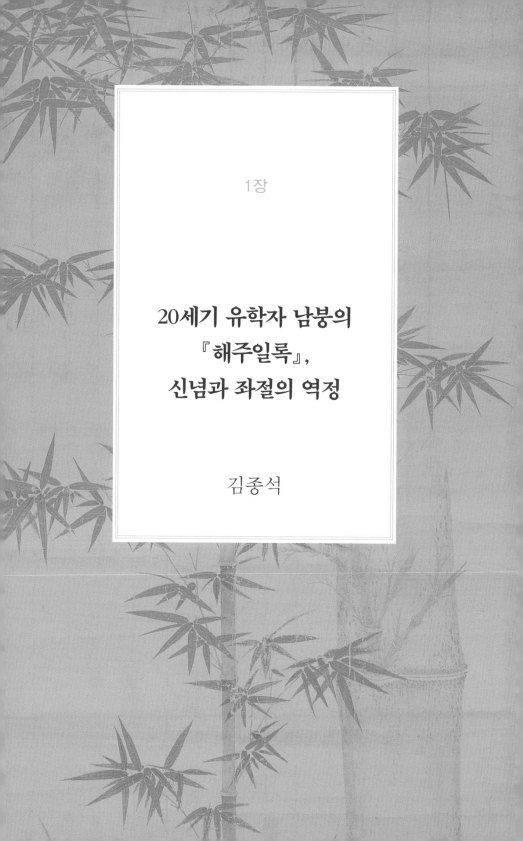

1장

20세기 유학자 남붕의 『해주일록』, 신념과 좌절의 역정

김종석

남봉, 구학 그리고 『해주일록』

20세기 초반은 열강의 침략과 더불어 서구의 문물이 본격적으로 쏟아져 들어오던 시기이고, 이에 따라 영남 유학계에서도 다양한 대응 논리와 움직임이 나타나고 있었다. 초기의 무력 투쟁과 서구 문물에 대한 전면 거부가 영남 유림들이 보여준 첫 번째 반응이라면, 시간이 지나면서 일부에서 서구문화 수용의 움직임이 나타나며 유교 자체에 대한 개혁론이 제기되었다. 이러한 유교 개혁론은 변법자강론이나 애국 계몽 운동, 공자교 운동 등과 연계되면서 다양한 형태로 전개되었다. 그러나 다른 편의 대다수 유림들은 여전히 과거의 학문을 믿고 의지한 채 살아가고 있었다.

구학舊學이란 당시 유교 개혁을 지지하던 식자층과 일부 개혁 유림들이 성리학을 비롯한 전통 학문을 지칭하던 말로서 새로운 근대 학문, 즉 신학新學과 대비하여 사용했던 용어이다.[1] 구학이라는 말은 단순히 전통 유학을 의미하는 데 그치지 않고 결국 실패할 수밖에 없는 구시대의 학문이라는 냉소적 의미를 담고 있었다. 그들은 그것이 시대의 흐름이라고 보았기 때문이다. 지금까지 학계의 관심은 주로 유교 개혁 논의에 맞추어져왔으며,[2] 그 반대 측에 있던 대다수 보수 유림들이 어떤 생각을 지니고 있었는지에 대해서는 무관심한 편이었다. 구학 보수 유림들이 뚜렷한 문제의식 없이 그저 세상의 변화를 지켜보거나 무기력한 은둔자로 지냈으리라 여기는 것이다. 과연 그들은 세상의 변화를 한탄하고 방관만 했을까?

이러한 의문에 일부나마 해답을 얻을 수 있는 자료가 20세기 초 경북 영해에 살았던 남붕이 쓴 일기인 『해주일록』이다. 그는 근대를 살았지만 독학역행篤學力行하는 유학자의 삶을 살며 문집을 비롯하여 많은 저술을 남겼다. 특히 『해주일록』은 그가 평생에 걸쳐 쓴 일기로, 17세가 되던 1886년부터 일기를 쓰기 시작해 죽을 때까지 48년 동안 썼다.[3] 현재 남아 있는 것은 오십대 이후 11년 분량이다. 그는 "살피고 증거로 삼는 데 도움이 된다"[4]는 것을 일기를 쓰는 이유로 밝혔지만, 『해주일록』에 그날그날 있었던 일뿐만 아니라 자신이 공부한 내용과 집안을 유지하기 위한 금전 출납, 집안의 대소사, 무엇보다 영해를 중심으로 당시의 유학계 동향을 기술했다. 이 일기가 흥미로운 것은 당시 유교 개혁 흐름의 반대 측에 있던 보수 유림의 동향과 생각을 구체적으로 읽을 수 있기 때문이다.

『해주일록』에 나타난 남붕의 모습은 생각 없이 시대의 흐름에 몸을 맡기거나 거부한 것이 아니라 분명한 주관을 가지고 실천하는 삶을 꾸려가고 있었음을 보여 준다. 한 마디로 전통적인 유자儒者의 삶을 성경成敬

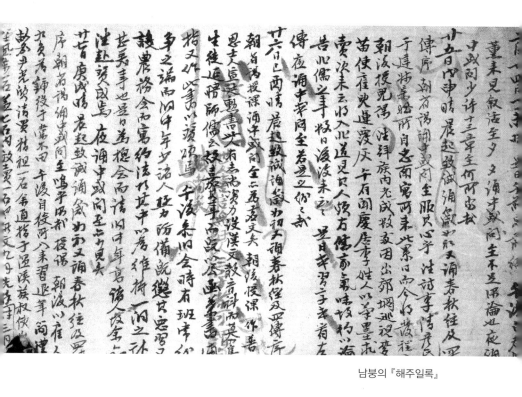

남붕의 『해주일록』

과 경성(敬誠)의 자세로 성실하게 살아가고 있었으며, 뜻을 같이하는 동지들과 유교 이념의 실현을 위해 부단히 노력했다. 그가 시대의 흐름을 읽고 최선의 방향으로 대처했다고 말할 수는 없을지 몰라도 결코 무의미한 삶을 살았다고는 할 수 없다.

남붕 역시 신학이라는 말을 자주 썼고 자신의 학문을 구학이라 칭하기도 했다.[5] 그는 자신의 학문적 신념을 위해 최선의 노력을 했으며 지역사회에서 존경 받는 삶을 살았다. 남붕이 자신의 학문을 지칭한 '구학'이라는 표현에는 당시에 환영을 받지는 못했지만 신학에 뒤지지 않는 신념을 실천에 옮겼던 남붕의 고단했던 삶과 투쟁이 담겨 있다.

이 글은 남붕의 일기를 통해 20세기 초 영남의 보수 유림들이 어떤 생각을 지녔는지를 고찰하고자 한다. 영남 유림의 대다수를 차지했던 그들은 시대의 흐름을 바꿀 만한 활동이나 주장을 보여주지는 못했지만 신학을 막연히 외면하거나 거부한 것이 아니라 분명한 주관과 생각을 가지고 대처하고 있었다. 또한 주어진 삶에 최선을 다했던 그들의 모습은 현대인에게 감동을 주기에 충분하다. 그 구체적인 실상을 『해주일록』을 통해서 밝히는 것이 이 글의 목적이다.

일기에 나타난 남붕의 생애

남붕은 영양 남씨 송정공파松亭公派 광계공 상소尙김의 10대 주손으로 아버지 태진泰鎭과 어머니 안동 권씨 사이에서 태어났다. 그의 초명은 호양浩養이었는데, 22세 때 스승 김흥락이 호직浩直이라는 이름과 양지養之라는 자를 주었다. 붕鵬이라는 이름과 운로雲路라는 자, 해주海洲라는 호는 만년에 스스로 지은 것으로 보인다. 족보를 비롯하여 각종 저술, 사우들의 문집 등 대부분의 기록에는 호직과 양지로 지칭되어 있다.

남붕은 8세 때 본가의 조부 암월공으로부터 배운 이후, 대흥 백씨 문중으로 장가를 들어 손위 처남인 백규白珪와 함께 공부한 것 외에 김흥락 문하에 입문하기 전까지는 특별히 정해놓고 수학한 스승은 없었던 것으로 보인다. 18세 때 향시에 한 번 응시했다가 실패한 듯하고, 그 뒤로 일체 과거에 응하지 않았다.[6]

남붕의 부친 태진은 본래 한계공 상주尙周의 8대손 교엄敎儼의 아들로 태어났으나 광계공 주손 교영敎英의 양자로 들어간 뒤, 문중 정자를 중건하거나 선조의 유문을 수습하는 일에 앞장설 정도로 가학의 토대를 닦은 인물이다. 그는 집안일과 세속 잡무를 돌보느라 학문에서 성취하지 못한 것을 한으로 여기고 아들 남붕은 학업에 전념케 했다. 남붕이 21세가 되자 당시 영남 유림을 이끌던 서산 김흥락에게 가서 배우도록 하는 등 자식 교육을 챙겼다. 그가 공부와 관련하여 남붕에게 준 지침은 "학문의 도리는 일상생활 가운데 있고 결코 특이한 데서 찾으려 해서는 안 된다"는 것이었다.[7] 태진은 생전 『퇴계집』 한 질을 인출하여 문중 종원들이 자유롭게 열람하되 보관은 반드시 종가에서 하도록 했다.[8] 그가 당시 영해 유림을 이끌던 인물 가운데 한 사람이었다고 본다면, 영해 지역에는 퇴계학의 기반이 형성되어 있었던 것이다.

　남붕이 서산 문하에서 배운 것은 21세 때인 1890년 8월 27일부터 29일까지, 22세 때인 1891년 9월 3일부터 7일까지, 23세 때인 1892년 8월 1일부터 3일까지, 26세 때인 1895년 1월 19일부터 22일까지, 30세 때인 1899년 2월 1일부터 4일까지로 총 5회이다.[9] 그는 후에 서산 문하의 사우들과 주고받은 시폭 및 서찰을 모아 『사우기언師友記言』을 펴냈을 정도로 서산의 충실한 제자였다.[10]

　대부분의 기록에 따르면 서산은 남붕에게 『소학』을 강조했다. 서산은 "먼저 『소학』을 읽어 바탕을 확립하고 본원을 함양한 뒤 다시 『대학』을 읽는다면 아마 단계를 뛰어넘는 병폐가 없을 것"[11]이라고 했다. 서산의 교훈은 평소 부친이 강조했던 일상적 실천의 중요성과 맞닿아 있었고, 이 점은 이후 남붕의 사상 형성에 중요한 영향을 끼친 것으로 보인다. 일기에서 보듯 그가 매일 아침 어머니를 문안하고 조상 사당을 참배하는 일을 일과처럼 수행한 것은 이러한 가르침과 무관하지 않을 것이다. 서산 문하에 출입하면서 이상룡李相龍(석주石洲), 김형모金瀅模(가산柯山), 이중철李中轍(효암曉庵) 등 영남의 거유들과 교유할 수 있었던 것은 또 다른 소득이었다.

서산이 사망한 후, 즉 남붕이 삼십대~사십대이던 시기 20여 년간의 일기는 전하지 않아 자세한 행적을 알기 어렵다. 「행장」과 「묘갈명」 등을 종합해볼 때, 삼십대의 남붕은 유학의 진리성에 대해 확신을 가지고 세상에 실천하기 위해 노력했던 것 같다. 매일 새벽 반드시 조상의 사당을 배알했으며, 오랜 제도에 따라 심의深衣를 만들어 입기도 했다. 그는 "학문을 함에 있어 본령을 얻지 못하고, 입과 귀로 표절함을 면치 못하니 이것이 우리나라 학자의 병폐"라고 하며 유학의 본래 정신을 구하고자 했다.

남붕이 사십대에 접어들던 1910년에 경술국치가 있었다. 오로지 유학의 실천에 관심을 두었던 남붕이라 해도 이러한 엄청난 국가적 변란에 무심할 수는 없었다. 그는 국치 이듬해 남정철南廷哲(하산霞山)의 초청으로 서울을 방문하여 망해버린 사직을 확인하고 "42년 만에 비로소 서울에 왔는데 서울의 궁궐은 넓기가 바다와 같구나. 막막한 검은 구름은 해와 하늘을 가리니 삼각산의 누런 잎은 심정을 이기지 못하겠네"[12]라는 시를 남겼다. 1912년에는 아들 원모元模와 함께 충청도 계룡산의 학전鶴田이라는 곳으로 들어갔다. 이 부분은 계룡산이 지닌 이미지와 결부하여 여러 가지 해석을 낳을 수 있는데, 일단 문하생 백성훈白性薰은 "시사가 옛날과 달라져 은거의 뜻을 품고" 계룡산에 우거한 것이라고 했다.[13] 자신의 방식을 확신하고 살아왔으나 망국의 현실에 절망했는지도 모른다. 그는 지독한 고통 속에서도 순리에 따라 관대함을 유지했고, 일을 처리함에 있어 편안하고 섬세하며 살피고 삼가는 모습이 옛날과 다름이 없었다고 한다.[14] 1916년, 다시 고향 영해로 돌아온 그는 박도산朴道山과 함께 구봉서원九峯書院에서 강회를 개설하고 사서육경四書六經을 강의했다.[15] 영해 유림으로서 활동을 재개한 것이다.

남붕은 영해 유림 사회에서 상당히 지도적인 위치에 있었던 것으로 보인다. 지배 기관인 주재소의 책임자가 찾아와서 자문을 구했다거나[16] 집안사람들을 동원하여 필사 작업을 시켰다는 내용이 자주 등장한다. 이런 사실은 그가 문중의 주손이면서 학문적으로도 문필의 중심에 있었음을 의미한다.[17] 남붕은 성리학적 사회를 꿈꾸었지만 독서 수양만으로 생활이 유지된다고 생각지는 않았다. 그는 평소 집안 농사를 직접 지휘했으며 가정을 유지하기 위해 회계 장부도 철저히 기록했다. 심지어 1924~1926년 무렵에는 실업근면회사實業勤勉會社라는 회사 설립을 추진하기도 했다.[18] 그러나 이러한 현실 감각도 농업에 바탕을 둔 전통적 유교 사회에 머물렀고 근대적 변화에 대한 각성으로 발전하지는 못했던 것으로 보인다.

1922년 남붕이 사는 영해 향교에 중학교를 설립하려는 움직임이 구체화되고 있었다. 이 운동은 관의 지원 하에 신진 청년층이 주도했는데, 남붕은 성인을 모시는 곳이 신학문의 배움터가 되는 것은 절대 불가하다고 여기고 뜻을 같이하는 유림들을 규합하여 반대 운동에 나섰다. 그가 생각한 신학을 금지하는 방도는 '우리 백성이 생활 속에서 읍례를 행하고 향약을 실천하여 내면을 단속하면 서양의 신학은 저절로 물러날 것'이라는, 이른바 '내수외양內修外攘'을 기본으로 했다.[19]

내수를 강화하기 위한 한 가지 방편으로 남붕은 경학강명소經學講明所의 설립을 제시했으며, 그것으로 유교를 진흥하는 동시에 중학교 설립을 막는 두 가지 효과를 거둘 수 있다고 판단했다. 그는 이 일에 심혈을 기울여 조직 구성과 예산 확보 방안까지 구체적인 계획을 세웠다.[20] 그럼에도 불구하고 중등 과정인 태화학원太和學院이 학생 모집에 들어가고 그 장소가 유림들이 그토록 반대했던 향교로 정해지자, 남붕은 「통유일향문通諭一鄕文」을 지어 신학문에 반대하고 경학을 강명해야 한다는 뜻을 피력하고 「향회결의십조鄕會決議十條」를 지어 유림의 결의를 촉구하기도 했다.[21] 향교에 중학교를 설립하는 문제를 둘러싼 대립은 세대 간 대립으로 나타나기도 했다. 설립을 추진한 젊은 층과 이에 반대한 원로 유림 세력의 대립은 심각한 정도에 이르러, 심지어 주재소 일본 관헌이 오히려 양측의 충돌을 걱정하는 참담한 상황이 빚어졌다.[22] 젊은이들은 울면서 중학 설립의 당위성을 주장했지만 유림들은 그들의 말을 이해하지 못하여 다만 꾸짖고 타이를 뿐이었다.[23]

이 논란을 지켜보면, 남붕 등 구학파의 논리가 궁색해 보인다. 청년층과 군 당국은 향교에서 구학과 신학을 동시에 가르치도록 하자는 입장이었던 반면, 유림은 중학교는 끝내 다른 곳에 설치해야 한다며 구학과 신학을 연결해 이해하는 식견을 갖추지 못하고 있었기 때문이다.[24] 더욱이 자신의 주장이 종국에 어떤 결과를 가져올지 뚜렷한 전망도 없이 다만 '분수에 따라 일을 추진하면서 결과를 기다릴 뿐'이라는 소극적 자세에서 벗어나지 못했다. 이러한 한계를 극복할 논리와 내용을 보여줄 수 있는가에 구학의 성패가 걸려 있었다고 하겠으나, 신학문을 경험해본 적 없던 남붕의 저술에서는 신학문에 대한 체계적인 반대 논리를 찾아내기 어렵다. 남붕은 중학교 설립을 주도하는 신진들에게 압박을 느끼고 거스를 수 없는 시대 변화에 고뇌했으며, 심지어 자신의 집안에서조차 구학을 버리고 중학교에 진학하는 젊은이가 나오기에 이르자 자신의 무기력함을 한탄했다.[25]

『일록』을 보면 식민 치하에서도 영해 지역에서는 향약이 유지되고 있었음을 알 수 있다. 그리고 향약을 주도한 사람은 바로 남붕 자신이었다.[26] 그는 이십대 젊은 시절부터 여씨향약과 퇴계향약을 모범으로 강학에 참여했는데, 오십대인 1920년에는 스스로 「향약설」을 제정하고 「향약절목」 「문약예규」 「약문」 등을 지었다. 향약에 담긴 봉건적 계급 의식에 기초한 사회 교화 및 질서 유지 기능에 대한 믿음이 있었던 것이다.

남붕은 서산으로부터 퇴계학을 전수받았고, 퇴계학은 그의 학문적 기반이 되었다. 당시 진행되고 있던 심설 논쟁에 대해서도, 곽종석이 '심즉리心卽理'를 말하면서 주자와 퇴계를 언급한 것은 자신의 설을 위해 두 선생의 이름을 판 것이라 하여 통렬히 비판했다.[27] 또한 그는 퇴계의 성리설 전반을 깊이 연구했는데, 이를 바탕으로 60세 되던 해 주렴계의 「태극도」와 퇴계의 「천명도」를 기반으로 하여 자신의 대표적 저술이라고 할 『인극대전人極大全』과 「인극도人極圖」를 지었다.[28] 그는 평소 「인극도」를 벽에 게시해두고 스스로 반성하는 자료로 삼았다. 또한 그는 주자와 퇴계의 시를 발췌하고 주해 및 평설을 붙인 『운도정음주해雲陶正音註解』를 썼다. 사십대 후반에 시작하여 근 10년에 걸친 작업 끝에 완성한 것이다.[29] 이 책에는 주자 시 93수와 퇴계 시 178수를 실었는데, 그는 발문에서 "퇴계 선생이 실로 주자의 적전"이라며 스스로 후학을 자처했다.[30]

오십대 중반 무렵 일기에는 퇴계의 서법을 연습했다는 기록이 한동안 이어진다.[31] 영남의 유림들이 퇴계의 서법을 흉내낸다는 말은 지역사회에 널리 알려져 있었지만 그 실체를 확인하기가 어려웠는데, 남붕이 전형적인 사례가 된다. 학문이나 사상이 아닌 글씨체를 계승한다는 것은 퇴계에 대한 그의 향념이 얼마나 컸는지를 잘 보여주는 대목이다.

1933년, 남붕은 어머니의 삼년상을 마쳤다. 삼년상을 마치면 묘소에 배례만 해도 되는 것이지만 그는 매일 성묘와 곡을 멈추지 않았다. 또한 신사조에 물들어 항렬이 무너지는 현상을 보고 친척들과 함께 종약의 규정을 단속했다. 스승인 서산 선생의 언행록을 저술하고 안동 등지를 돌며 유교를 진흥할 방도를 논의하였으며, 서산 문하의 동문인 송준필宋浚弼(공산恭山)을 방문하여 사칠심성의 설을 논의했다. 유교 진흥을 위해 의욕적인 일정을 소화하고 있던 남붕은 갑자기 세상을 버렸으니, 향년 64세였다.

유교 공동체 회복을 위한 활동

1) 유교 후진 양성

중학 설립 저지와 경학강명소 설립이 모두 실패로 끝난 뒤 남붕이 유일하게 자신의 의지대로 할 수 있었던 일은 개인적인 후진 양성이었다. 그에게 유교 후속 세대를 양성하는 일은 유교 공동체 회복을 위해 가장 중요한 일이었다. 그는 집에서도 집안 자제들과 이웃 아이들을 가르쳤지만, 가장 두드러진 활동은 전씨 문중 재사인 간송당澗松堂[32]을 중심으로 이루어진 교육 활동이었다. 그는 간송당에 서재를 설치하고 생도를 모집하여 유학을 가르쳤다. 문중 자제들과 외지에서 배우러 온 제자들이 간송당에서 가르침을 받았는데, 대략 5일 단위로 하루는 강의하고 나머지는 일과를 정해주어 자율적으로 독서하는 방식으로 운영된 것으로 보인다.[33]

남붕과 뜻을 같이하는 사람은 대개 지역의 중장년층 유림들이었지만, 드물게 타지에서 유학을 배우겠다고 찾아오는 젊은이들도 있었다. 대표적으로 평안도 출신 방용호方用浩가 그런 경우인데, 그는 겨우 20세 나이에 베 한 필을 예물로 가지고 유학을 배우겠다고 영해를 찾아와 여러 달을 남붕의 집에 머물렀다.[34] 남붕은 아침저녁으로 간송당을 출입하며 제자들이 공부하는 것을 감독 지도하면서 정성을 쏟았다. 당시 여건상 유학 공부의 결과가 과거 급제나 어떤 사회적 성취로 나타날 수 있는 상황이 아니었음에도 이들은 유학을 공부하는 일 자체에 사명감을 갖고 있었다. 그 외에도 충청도 출신 이태로李泰魯와 전라도 출신 권오현權五賢 등도 찾아오거나 편지로 남붕에게 가르침을 청했다.[35]

남붕이 제자를 길렀던 간송당

이는 당시에도 유학을 배우고자 하는 사람이 있었다는 사실, 또 남붕이
적어도 유림 사회에서는 상당한 명성이 있었다는 사실을 보여준다.

2) 유교 종교화 운동

남붕의 일기에서는 한 가지 특이한 점이 발견된다. 오십대 이후의
일기에 매일 '신기치성晨起致誠', 즉 새벽에 일어나 치성을 드렸다는 기
록이 있다는 점이다. 또한 매년 동지가 되면 향을 피우고 맑은 물을 떠
놓고 개과천선改過遷善하여 선인군자善人君子가 되기를 상제에게 빌었
다. 현재 생존해 있는 문중 노인들에 의하면, 이러한 행위는 영해 지방

의 습속이거나 특정 종교와 관련된 행위라기보다는 남붕의 개인적 신념에 의한 행위였다고 한다.[36] 이것이 종교적 행위는 아니더라도 남붕의 행적에는 종교적 경향성이 보이는 게 사실이며, 이러한 경향은 남붕에 한정되지 않고 당시 영해 유림들 가운데 유사한 사례가 있었던 것으로 보인다.[37]

남붕은 한때 경주에 사는 공자 후손 공형표孔鎣杓[38]와 함께 공자 영전 관련 사업에 열성적으로 참여했다. 공형표는 곡부에서 구해온 공자 초상을 봉안하기 위한 영전을 건립하고, 이를 널리 알리는 일에 남붕의 도움을 요청했고 남붕은 이 일이야말로 자신이 할 일이라 여겨 적극적으로 임했다. 그는 두 번 경주에 갔는데, 1차 남행은 1923년 8월 5일부터 9월 21일까지 한 달 보름이 넘는 기간이었고, 2차 남행은 1924년 연초에 집을 떠나서 2월 19일에 돌아왔으니 역시 한 달 보름 정도의 여행이었다. 도합 3개월이 넘는 시간을 객지에서 보냈다는 것은 남붕이 이 일에 얼마나 정성을 쏟았는지를 보여준다. 그가 맡은 역할은 새로 지은 영전에 공자 초상을 봉안하는 데 도내 유림들의 의론을 결집하는 일이었다. 그는 경주 안강읍 청령리에 도착하여 공형표를 비롯한 관계자들을 만나 공자 초상을 봉안하기 위한 절차를 논의했으며, 도내 유림에게 보내는 통문과 모성계慕聖契 절목 및 후서를 지었다.

남붕의 복안은 이왕 건립된 영전을 단지 제사를 모시는 사당을 넘어 유학을 일으킬 교당으로 활용하자는 것이었다. 시대의 주목을 받지 못한다면 유림 세력을 집단화해서라도 힘을 키우자는 것이 그의 생각이었고, 1924년 2차 남행에서 이를 실행에 옮겼다. 그는 유학을 확산하기 위한 일종의 교당 격인 모성당慕聖堂 설립 계획을 수립하고, 『궐리지闕里誌』를 추려 『궐리지선요闕里誌選要』[39]를 편찬했으며, 전국의 유림에게 본 사업을 알리고 협조를 구하는 통문을 돌렸다.

모성당의 조직은 유학을 전파하고 전적을 관리하는 학교 겸 도서관 성격으로 계획했던 것으로 보인다.[40] 모성당은 전부터 논의되던 모성계를 바탕으로 일종의 공적 조직체로 확대한 형태였다. 이러한 구상은 주로 남붕의 머리에서 나온 것이었다. 모성당 건립에는 경주뿐만 아니라 영덕을 비롯해 도내 유림들이 참여했고, 통문은 전국에 걸쳐 총 50여 곳에 뿌려졌다.[41] 남붕은 곡부曲阜(취푸)의 연성부를 본부로 삼고 경주 모성당을 지부로 하는 국제적 조직 체계의 승인을 연성부에 요청하는 한편[42] 국내에서는 평안도의 방용호와 황해도의 우상호禹相浩 등 동지들에게 통지하여 일을 맡길 만한 유사를 찾도록 하는 등[43] 그야말로 열과 성을 다하여 이 일에 매진했다.

그러나 남붕의 모성당 설립 계획은 결국 수포로 돌아가고 말았다. 애초부터 공형표와 남붕은 생각이 달랐던 것으로 보인다. 공형표는 영전을 성인에게 제례를 올리는 장소로 구상했으나, 남붕은 유교를 널리 확산시키는 교육장으로서 활용하려 했던 것이다.[44]

남붕이 추구한 유교 운동을 어떻게 정의할 수 있을까? 당시 영남에서 활동하고 있던 공자교와의 연계성을 고려할 수 있고, 단편적이지만 관련 단서도 발견된다. 가령 남붕은 한창 모성당 설립을 위해 활동할 당시에 동지로 하여금 강원도와 함경도를 순회하면서 유교를 '포교'하도록 했는가 하면, '유림교회'의 설립에 동참하여 취지문을 짓기도 했다.[45] 또한 실제로 공자교 활동을 했던 안동 출신 송기식宋基植은 남붕과 서산 문하의 동문이었다.[46]

공자교는 강유위의 이론을 기반으로 하는 종교인데, 남붕의 경우 특별히 강유위의 이론과 닿아 있다는 흔적을 찾아내기 어렵다. 변법자강론에 내포된 민족주의적 의식이 보이지 않고 특히 유교 개혁의 의지를 찾기 어렵다. 따라서 엄격한 의미의 종교 운동이라고 하기에는 무리가 있으나, 유학의 진리성에 대한 믿음과 그것을 바탕으로 유교 사회를 추구하는 방식은 다분히 종교적 형태를 띠었다고 말할 수밖에 없다. 즉 그는 종교로서의 유교를 신봉한 것이고, 그의 일상에서도 유교는 종교로서 기능했다. 남붕은 매일 새벽 치성을 드리고 잠명을 외우는 것으로 하루 일과를 시작했다. 그의 경전 공부는 학문 탐구라기보다는 종교적 차원에서 매일 암송하고 체득하는 과정이었다. 그가 64세 되던 해 「유교취지문」을 안동의 유림에게 보낼 무렵 작성한 일기를 보면 유교를 어떤 자세로 받아들였는지 알 수 있다.

> 대개 세도가 날이 갈수록 어두워지는데 우리의 도를 유지할 계책을 생각해보면 도산의 사림과 연락하여 퇴도退陶 부자를 종교의 선사로 삼아서 세상의 동지들과 함께 단합하여 종교를 설립하고 후배 선비들을 장려하는 것만 한 것이 없다.[47]

남붕의 유교에 대한 남다른 신념은 종교적 형태로 발산되었으며, 특정 종교와 연계할 수는 없을지라도 넓은 의미의 유교 종교화 운동의 범주에 포함할 수 있다고 본다. 도리가 무너진 시대에 유교를 통해 자신과 세상을 구제하고자 했기 때문이다.

3) 국내외 유림과의 교류

1920년 봄 남봉은 태극교 관계자들의 요청을 받고 태극교 활동에 관여하기도 했다. 태극교는 1909년 관료, 보수 유림, 개신 유림 등이 모여 설립한 유림 단체이다. 그들은 망국의 상황에서 유림들이 방관해서는 안 된다는 시대 의식과 자신들의 유교적 이념을 종교화를 통해 지켜내고 나아가 인민 통합의 바탕으로 삼는다는 생각을 가지고 있었다. 당시 유림들은 구체적인 방법에서는 의견을 달리했지만 이 지점에서는 대체로 뜻이 모였다. 사회 지도층으로서 어떤 대안이라도 제시해야할 유림 입장에서 보기에 종교야말로 사회 통합에 가장 효과적인 수단이었기 때문이다.

남봉은 태극교 발기인 중 한 사람인 남정철[48]의 초청으로 1911년 서울에 갔다. 아마 태극교에 합류해 달라는 요청을 받았을 것이다. 이때 남봉은 유림들이 문을 닫고 돌아앉아 독서에만 매달릴 것이 아니라 유교 부흥을 위해 행동에 나서야 한다는 글을 내놓았다.[49] 그러나 이후로는 태극교 활동에 적극적으로 참여한 흔적이 보이지 않는다. 그는 태극교가 김택영의『한사경』을 규탄하고 동참을 촉구했을 때에도 대체로 유보적 태도를 취했다.[50] 또 시국과 관련하여 태극교 측에서 자문을 구했을 때 그가 답한 내용을 보면 남봉은 남녀의 직분, 근대적 학교 제도, 국제 질서 및 서구 열강에 대한 인식에서 보수적이고 소극적인 한계를 벗어나지 못하고 있었다. 가령 유학이나 직업 상의 남녀 평등에 대해 "남자에게는 남자의 직분이 있고 여자에게는 여자의 직분이 있으니, 이것이 천지의 순리요 성인의 뜻"이라는 식이었다.[51] 이는 그가 1921년 태극교 유림에게 보낸 답변서를 보면 확인할 수 있다. 그의 성장 환경과 교육 과정을 감안하면 어쩔 수 없는 한계였을 것이다.

1930년대에 들어 경주 모성당을 활용한 사업 시도가 무산된 뒤 남붕은 신구보통서숙新舊普通書塾이라는 서숙의 설립을 논의하기도 하고, 도산서원 분사를 영해에 유치한다는 안을 안동 유림들에게 제시하기도 하는 등 유교 부흥을 위해 부단한 노력을 계속했다.[52] 이러한 노력의 배경에는 신학문과 서구문화에 대한 그의 확신이 자리 잡고 있었다. 그가 보기에 신학은 순전히 기예와 술업을 가르치는 것으로서 오늘날 세상에서 필요한 것이기는 해도 학문의 본령을 상실한 것이었다. 또 세상은 온통 공리功利에 빠져서 공리에 성공한 국가가 세상을 지배하고 있으나, 공리를 다투는 세력은 당장은 볼 만해도 결국 망하고 말 것이며 시폐를 구제하는 것은 역시 인의仁義라고 보았다.[53] 이런 생각이 비록 시대착오적인 것이라 해도 그에게는 생명과 같은 신념이었다.

한편으로 뜻을 같이하는 국내 동지들과의 교유와 연대도 꾸준히 시도되었는데, 서산 문하의 동문인 이상룡, 김형모, 이중철 외에 허훈許薰(방산舫山), 전우田愚(간재艮齋), 장석영張錫英(회당晦堂) 등 저명한 유학자들이었다. 비록 본인의 표현처럼 구석진 바닷가 고을에 살았지만 당대의 명망가들과 교유하고 그들의 힘을 빌리고자 했던 것이다. 전간재의 경우, 한 번 만나서 인사를 나누고 몇 차례 편지를 주고받았을 뿐인데도 그의 부고를 듣고 깊은 애도의 정을 표하기도 했다.[54]

흥미로운 점은 남붕이 중국의 학자들과 빈번하게 교유했다는 사실이다. 근대적인 우편제도가 있었기에 가능했던 일이겠으나, 동시대의 지방 유학자들에게서는 보기 힘든 독특한 사례이다.

먼저 청 말의 저명한 유학자 하진무夏震武[55]가 대표적 인물이다. 남붕은 56세 때 하진무에게 서신으로 제자의 예를 갖추었고, 사안이 있을 때마다 학술적인 질의를 하거나 자문을 구했다. 하진무는『성심록惺心錄』등 남붕의 저술을 받아보고는 크게 장려하고 허가하는 편지를 보내기도 했다. 심지어 하진무가 죽었을 때 남붕은 제자로서 상복을 입기까지 했다.[56] 남붕의 문집에서도 하진무에게 보낸 편지를 김흥락 다음에 편차한 것으로 보아 후학들도 그를 김흥락에 버금가는 비중으로 여겼음을 알 수 있다. 서돈의胥敦義(자래紫來)[57]는 자신의 저서『대중술의大中述義』서문을 남붕에게 부탁했으며, 장소개張紹价(범경範卿)[58]는 남붕의「행장」을 지은 인물이다. 그 외에도 절강성·섬서성·운남성·산동성 등 중국 여러 지역의 유림들과 편지를 주고받았다.

영해에 사는 남붕이 어떤 경로로 이 많은 외국 학자들과 사귀게 되었던 것일까? 전모를 파악하기는 어렵지만, 서돈의의 경우 북간도에 사는 종인을 통해 알게 되었음을 일기에서 밝히고 있다.[59] 어떻든 남붕의 왕성한 지적 호기심과 유교적 동지에 대한 간절한 심정의 소산이라 할 수 있다. 한편으로 당시 영해 지역에 남붕 외에도 하진무의 문하에 이름을 올린 유림이 있었던 것으로 보아 한·중 유림 간의 교류가 의외로 어렵지 않게 이루어졌다고 볼 수도 있겠다.[60] 그렇다고 본다면 남붕이 환갑에 가까운 나이에 한어, 즉 중국어 공부에 열을 올린 것도 이해가 된다.

이러한 교류를 통해 남붕은 학술적인 도움을 얻었을 뿐만 아니라 자신과 뜻을 같이 하는 동지들이 국내뿐만 아니라 국외에도 존재한다는 것을 확인함으로써 유교적 신념을 공고히 할 수 있었다. 식민치하의 어려움 속에서도 동지들과의 교류를 통해 신념을 지켜내려 했던 것이다.

남붕 구학의 철학적 기반

1) 정주 이학理學에 기초

성리학자인 남붕이 정자와 주자의 이학에 기초를 두었다는 것은 당연한 말일 수도 있다. 그러나 국내 유학계에서 심설 논쟁을 비롯하여 새로운 상황이 전개되고 국외로부터 여러 형태의 신사조가 유입되는 등 동서양의 온갖 사조가 난무하던 시대 상황을 감안하면, 그가 학문적 기초를 이학에 두었다는 것은 나름대로 의미를 갖는다.

그는 당시 국내 유학계에서 진행되고 있던 심설 논쟁에 대해 매우 비판적이었다. 본래 영남에서는 성주의 이진상李震相이 심즉리心卽理를 주장한 바 있는데, 이 주장은 퇴계의 심합리기心合理氣 설에 눌려 큰 주목을 받지 못하고 있었다. 그러다 기호의 이항로李恒老 문하에서 심설 논쟁이 일어나고 유중교柳重敎가 심즉기心卽氣를 주장하자 이진상의 문인 곽종석郭鍾錫이 심즉리의 입장에서 이를 비판하면서 논란이 되었다. 남붕은 곽종석의 심즉리는 리를 심에 한정함으로써 정주 이학의 본질을 훼손하는 주장이라고 보았다.

그가 곽종석의 문집에서 「유성재심설변柳省齋心說辨(신묘辛卯)」을 보고 장문의 「곽면우심설변변郭俛宇心說辨辨」을 저술한 이유도 여기에 있었다. 그는 이 글에서 유중교의 심설과 이에 대한 곽종석의 변설을 조목별로 정리하고, 이에 대한 자신의 비판을 압축 설명했다. 한주학파에서 심즉리를 주장한 근거는 심의 본질은 세상을 주재하는 것인데 이 주재성은 리에서 나온다고 한 주자의 말에 있었다. 따라서 심 밖에 별도의 리가 없고 리 밖에 별도의 심이 없으니, 결국 심즉리라는 것이다.[61] 사실 이진상과 곽종석의 시대는 외래문화의 빈번한 출현으로 주재성主宰性이 요구되던 시기였다. 그러나 남붕은 천리(리)가 음양(기)을 떠나서 주재 작용을 할 수 없듯이 성(리)도 심(리+기)을 떠나서 홀로 주재 작용을 할 수는 없다고 반박했다.[62] 결국 주재 작용의 원인자는 리이지만 실제 주재 작용을 하는 것은 심이며, 심이 주재 작용을 할 수 있는 것은 그것이 리기의 결합으로 이루어졌기 때문이라고 하여 퇴계의 입장을 고수했다. 그는 이 글에서 심즉리의 주장뿐만 아니라 심즉기의 주장도 모두 옳지 않고 오직 리기의 결합으로 보는 것이 옳다는 견해를 분명하게 밝혔다.[63]

남붕이 심설 논쟁에 뛰어들어 작심하고 비판한 것은, 심설 자체를 목적으로 했다기보다는 우리나라 유학계의 학문 풍토에 문제를 제기하고 싶었기 때문이다. 당시 교유하고 있던 중국의 하진무와 주고받은 편지에서 이 점을 확인할 수 있다. 하진무는 그에게 "성인은 천에 근본을 두고 부처는 심에 근본을 둔다"[64]라는 정자의 말을 제시했는데, 남붕은 이 말에 크게 각성한 것으로 보인다. 일기는 그가 한동안 『이정전서二程全書』를 전부 뒤지면서 그 출처를 찾는 데 열중했음을 보여준다.[65] 그는 이 부분을 『이정전서』의 가장 중요한 핵심으로 보고, 이 구절을 왜 주희와 여조겸이 『근사록近思錄』에 포함시키지 않았는지 모르겠다고 반문했다. 이후 하진무에게 보낸 편지를 보면 정자의 관점에서 심설 논쟁에 임하고 있음을 알 수 있다.

정자의 "성인은 천에 근본을 두고 부처는 심에 근본을 둔다"는 교훈을 가지고 우리나라 주리와 주기를 주장하던 유학자들이 모두 주심主心으로 돌아가는 폐단을 구제하고 성학을 동방에서 일으키고자 한다면 (…) 성인은 천에 근본을 두는 까닭에 천리를 따라 천하를 함께 하고 부처는 심에 근본을 두는 까닭에 세상을 버리고 내 한 몸을 지킬 뿐이니, 이것이 유교가 불교와 크게 구분되는 점입니다.[66]

그는 국내 유학계가 주리파(이진상)와 주기파(유중교)를 막론하고 한가지로 심설에 몰두하고 있는 현상을 지적하고 천리의 실현이 유학의 본령임을 지적한 것이다. 하진무에게 기대한 것도 이러한 입장에 대한 동의였다. 남봉은 공부의 목표를 천리의 실현에 두어야 한다고 보았다. 이렇게 볼 때 화서학파와 한주학파 공히 심설의 가장 큰 문제점은 정주학의 생명이라고 할 수 있는 천리의 보편적 진리성을 심이라고 하는 사적 영역으로 축소시킨 것이었다. 그리고 천리의 보편적 진리성 실현에 목표를 두는가, 아니면 개인의 구원에 목표를 두는가가 유학이 불교와 구분되는 지점이라고 보았다. 그렇기 때문에 그는 전통적으로 유학의 비판 대상이었던 불교뿐 아니라 당시 일각에서 주목받고 있던 양명학에 대해서도 비판적이었다.

사실 곽종석은 심의 주재적 작용의 본체가 리라는 관점에서 심즉리를 말했고 왕양명은 리의 근원이 심이라는 관점에서 심즉리를 말했으므로 같은 심즉리라고 해도 그 맥락은 전혀 다른 것이다. 그러나 남봉은 양자가 공히 천리보다는 심이라고 하는 사적 영역에 매몰되어 있다고 여겼다. "심즉리라고 하면 리가 곧 성이라는 말인데, 이는 심을 성으로 오인하는 폐단에 가깝지 않은가? 심을 성이라고 하면 심이 발한 것은 모두 천리의 당연함인가?"[67]라고 비판한 것도 그 때문이다.

이처럼 진리가 천리의 보편성에 근본을 두어야 한다는 것은 신사조의 전래와 고유문화의 붕괴 등 급변하는 현실에 대처하는 남붕의 철학적 기초가 되었으며, 정주 이학이 여전히 유효하다고 주장하는 근거이기도 했다.

2) 성리학의 신앙적 변용

남붕은 20세기를 살았지만 여전히 사단칠정을 논하고 이기심성을 말했다. 그가 전통적 성리학자와 다른 점은 '사람'과 '실천'에 특별히 주목했다는 것이다. 위에서 언급한 바와 같이 유학자로서 남붕의 학문적 목표는 천리라고 하는 보편적 진리를 실현하는 것이었으며, 이를 위한 가장 올바른 학문은 정주 이학이었다. 그가 보기에 유학의 가장 큰 문제는 이러한 목표를 달성하기 위해 현실을 살아가는 사람이 어떻게 해야 하는지 그 구체적 처방이 부족하다는 점이었다. 즉 하도낙서와 같은 중국 고대의 도상들은 모두 우주 조화를 도식화한 것이지만 공통적으로 천지자연의 원리에 치중하다 보니 '사람이 어떻게 해야 하는가' 는 제시하지 않았다고 보았다. 그가 보기에, 유학사에서 최초로 사람의 실천 방도를 제시한 것은 송대 주렴계의 「태극도설太極圖說」인데, 그것은 비록 천지라 하더라도 만물을 조화롭게 자라도록 하는 일은 사람의 참여와 도움이 없이는 불가능함을 알았기 때문이라고 했다. 「태극도설」이 제시한 실천 방도는 중정인의中正仁義 혹은 주정主靜이었다.[68]

남붕은 사람의 구체적 실천을 인위人爲 혹은 인공人功이라 하여 유학의 성패는 여기에 달렸다고 보았다. 그러나 「태극도설」에서 이러한 실천 원리를 언급했을 뿐 「태극도」에서는 인위에 대해 한 마디도 하지 않았으니, 그것은 인위에 대한 생각이 철저하지 않았기 때문이라고 보았다. 즉 천명은 자연의 원리에 의해 실현되어야 하고 인위가 개입해서는 안 된다는 것이 주렴계의 입장이라는 것이다.[69]

남붕은 「태극도」가 안고 있는 한계를 극복한 것이 퇴계의 「천명도」라고 보았다. 그는 퇴계의 「천명도」를 깊이 연구하고 그 결과를 「근서천명도후謹書天命圖後」로 정리했다. 주렴계의 「태극도」가 우주 원리의 운용에 중점을 두었다면, 퇴계의 「천명도」는 사람의 마음을 어떻게 다스려서 천명이 실현되는 사회를 만들 수 있는가에 중점을 두었다고 할 수 있다. 특히 남붕이 「천명도」에 주목한 것은 천명의 실현이 마음에 달렸다고 보는 관점에 공감했기 때문이다. 그는 「천명도」에는 성권性圈과 정권情圈에 각각 경敬을 배치하여 사람이 천명을 실현하기 위해 구체적으로 해야 할 실천 방법을 제시하고 있다는 점에 주목했다. 즉 경은 성학聖學의 처음이자 끝을 이루는 실천 요결로서 천명의 실현이 경을 통해 이루어짐을 분명히 한 것이 「천명도」라는 것이다.[70]

남붕은 「천명도」에 만족하지 않고 그것을 더욱 구체화하여 자신만의 「인극도」를 작성했다. 「인극도」는 그의 성리 사상뿐만 아니라 당시의 시대 상황에 대한 철학적 입장까지 엿볼 수 있는 핵심 저술이다. 남붕의 「인극도」는 두 가지 점에서 의미를 부여할 수 있다. 하나는 중국과 한국을 대표하는 성리학적 도설인 「태극도」와 「천명도」에 바탕을 두었다는 점이고, 다른 하나는 두 가지 도설을 일정 부분 비판하면서 자신만의 도설을 만들었다는 점이다. 퇴계의 「천명도」가 사람이 우주 만물 속에서 천명을 실현하기 위한 구체적 실천 방법을 제시한 것이라면, 남붕의 「인극도」는 전적으로 사람의 입장에서 퇴계의 처방을 더

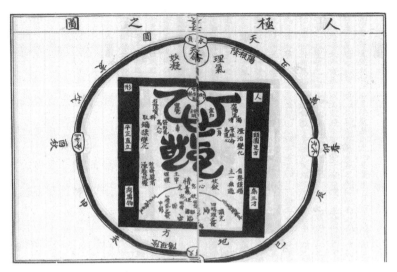

남붕의 「인극도」

욱 극대화한 것이다. 따라서 「인극도」에는 「천명도」에는 그려져 있는 금수와 초목이 보이지 않는다. 그는 "「천명도」가 하늘을 중심으로 한다면, 「인극도」는 사람을 중심으로 한다"는 말로 「인극도」의 성격을 정의했다.[71] 대신 「인극도」에는 원대 학자 정복심程復心의 「심학도心學圖」를 끌어와 허령虛靈·지각知覺으로 마음의 작용을 구체화했다. 나아가 허령·지각을 통괄하는 신명神明을 추가했는데, 신명은 정복심의 「심학도」에도 없는 것으로서 남붕은 이를 통해 사람(마음)을 만물을 주재하는 중심적 위치에 두고자 했던 것으로 보인다.[72]

"천도로부터 인도를 끌어내어 실천의 문제를 부각한 것은 퇴계와 임은의 가장 큰 공통점"[73]이라고 하는 최근의 연구 결과를 참고할 때 남붕의 생각은, 방향 설정 자체가 틀린 것은 아니다. 그는 퇴계를 '이자李子'라 칭하고 퇴계심학을 계승하였으되, 그 자신은 천지가 아닌 현실의 사람이 실제 현실에서 적용할 수 있는 실천 방도를 제시하고자 했다. 또 세상이 혼란한 것은 사람의 마음이 주재적 지위를 상실했기 때문이며, 마음의 주재적 기능을 회복하는 것이 천리의 실현을 위한 유일한 해결책임을 강조했다.[74]

남붕이 유독 사람의 입장에 주목한 것은 20세기 초 유림들이 느낄 수밖에 없었던 위기의식의 반증이 아닐까 생각된다. 전통문화와 윤리가 붕괴되고 온갖 신문물이 넘치는 혼란의 시대를 버텨낼 유일한 방법은 경의 실천을 통한 마음 단속이라고 본 것이다. 경은 전통 성리학자들에게는 심성 수양의 방법이었지만, 남붕에게는 서세동점의 시대에서 살아남기 위한 구원의 처방이었다. 그의 일기 전반에서 경의 실천과 유교에 대한 신념이 신앙적 형태를 띠는 것은 바로 그 때문이다.

남붕은 환갑이 넘은 나이에도 매일 유교 경전을 읽고 암송하는 것으로 하루 대부분을 보냈다. 그런데 열심히 공부한 내용을 살펴보면, 그것이 새로운 지식을 습득하기 위한 것이 아니라 마음을 다잡기 위한 것이었음을 알 수 있다. 그는 「인극도」를 족자로 꾸며 벽에 걸어두고 마음을 다잡았고, 모사본을 만들어 동지들과 나누기도 했다.[75]

남붕은 이단사설이 난무하는 세상에서 바른 삶을 위해서는 마음을 닦아 자신의 길을 찾아야 한다고 보았고, 이러한 생각은 유교 종교화의 방식으로 나타났다. 새로운 과학문명이 도래하는 시대에 종교화라는 발상이 시대착오적으로 보일 수도 있지만, 공자교·태극교의 사례에서 보듯이 이러한 경향은 당시 유교계의 일반적 현상이었다. 남붕의 경우 종교라고 하기에는 미흡하지만 유교에 대한 그의 신념은 거의 종교에 가까웠고, 이러한 신념을 담은 대표적 저술이 「인극도」이다. 그에게 유학은 곧 유교였으며 종교로서의 유교를 신봉했다고 할 수 있다. 그는 새벽에 일어나서 상제에게 치성을 드리고, 「서명西銘」 「경재잠敬齋箴」 「숙흥야매잠夙興夜寐箴」 등 잠명을 암송하고, 조상의 사당을 배알하는 것을 평생의 일과로 했음을 일기를 통해 확인할 수 있다. 매년 동지가 되면 맑은 물을 떠놓고 천지신명께 빌었는데, 그가 빈 것은 천국이 아니라 개과천선하여 선한 사람이 되는 것이었다.[76] 기도의 내용은 성리학적이지만 형태는 종교적이었다.

3) 일상 속의 위기지학

남붕은 54세가 되던 1923년 새해 어느 날 일기에 다음과 같이 기록했다.

> 해가 바뀌어 새해가 되었다. 인사가 복잡할 뿐만 아니라 또한 나 자신의 근독謹獨하고 극기克己하는 공부에 대해 자못 허술했음을 깨닫는다. 세월은 기다려주지 않고 늙어서 또한 죽을 것인데 마음으로부터 우러나오는 실학[心地實學]에 하루도 힘쓰지 못했으니, 어떻게 떳떳한 성품을 내려준 하늘에 돌아가 고한다는 말인가.[77]

실학에 대한 남붕의 생각은 무엇이었을까? 일기를 전체적으로 검토해볼 때, 글을 읽어 이치를 궁구하고 실천에 힘써 사람 된 도리를 다하는 것, 이것이야말로 실학이며 세상을 구제해줄 해결책으로 믿었던 것으로 보인다. 사람 된 도리를 다하는 것은 무엇보다 근독과 극기로부터 시작된다. 이런 믿음에 따라 그는 평생 근면성실하고 공부하는 삶을 살았다. 그는 인륜과 질서를 중시했지만 삶의 토대가 되는 문제에도 결코 소홀하지 않았다. 그는 가정을 유지하기 위해 철저한 계획을 세워 살림살이를 용의주도하게 꾸려나갔고, 수입과 지출을 꼼꼼히 따졌으며 장부 정리에도 빈틈이 없었다. 전통적인 성리학자들 같으면 입에도 담지 않았을 돈 문제를 매우 중요하게 인식하고 일기에 기록했다. 그것이 그가 생각하는 실학의 실천이며 올바른 삶의 모습이었기 때문이다.

앞에서 언급한 바와 같이, 일상에서 실학을 실천하고 내면을 단속하면 외세는 저절로 물러날 것이라는 이른바 '내수외양'이 그의 생각이었다. 당시의 냉혹한 국제 질서를 감안하면 다소 순진한 발상이라 할 수 있지만 이것이 식민치하에서 보수 유림들이 생각해낼 수 있는 한계였다. 그에게 식민 상태를 타개하고자 하는 독립 의식이나 서구문화에 대한 적극적 인식은 희박할 수밖에 없었다. 내면을 바르게 닦으면 외부의 사악한 세력은 저절로 물러난다는 내수외양의 철학은 개인적 수양론뿐만 아니라 국가적·사회적 차원의 경세론에서도 일관되게 나타난다.

남붕은 사회적 차원의 내수는 정치와 교육이 하나가 되었을 때 최상의 효과를 거둘 수 있다고 보았다. 이러한 생각은 향약 활동으로 나타났다. 그는 1920년 향약에 관한 자신의 생각을 정리하여 「향약설」과 「절목」을 지었다. 요컨대 요순시대에는 성왕이 정치와 교육을 함께 담당함으로써 상하가 함께 안정되었으나 후대에 와서 정치와 교육이 두 가지로 나뉘면서 모순적인 관계가 되었다는 것이다.[78] 따라서 금일의 급선무는 정치와 교육을 다시 하나로 합치는 것인데, 그가 보기에 치교합일治教合一의 가장 이상적인 모델이 바로 향약이었다.[79] 향촌의 질서 유지를 치治의 영역으로 보고, 도덕적 교화 기능을 교教의 영역으로 본 것이다. 그는 향약에 대해 확신을 갖고 실제로 향약을 실천에 옮겼는데, 남붕의 주도하에 마을의 향약 모임이 지속적으로 이루어졌음을 일기의 여러 군데에서 확인할 수 있다.[80]

이처럼 남붕은 철저히 성리학의 한계에서 벗어나지 못했고, 신구학의 대립 속에서 새로운 학문적 방향을 모색해보려는 의식도 갖추지 못했던 것으로 보인다. 심지어 신사조와 신학문을 양묵노불楊墨老佛에 비유하여 배척하는 모습을 보이기도 했다.[81] 그러나 이러한 생각은 "군자는 하늘과 합치기를 구하고 사람과 합치기를 구하지 않는다. 하늘과 합치기를 구하는 사람은 마땅히 해야 할 일을 할 뿐이니 위기지학爲己之學이 이것이고, 사람과 합치기를 구하는 사람은 외물에 마음을 내달려서 모습을 꾸미고 말을 꾸미는 것이니 위인지학爲人之學이 이것이다"[82]라는 말에서 잘 드러나듯 인심보다는 천리의 실현을 지향하는 성리학자로서의 신념의 소산이었다. 요컨대 그에게 실학이란 일상에 충실하면서 사람으로서 마땅히 해야 할 일을 하는 위기지학이었다.

20세기 보수 유림에 대한 평가

남붕의 일기를 보면 첫머리에 거의 매일 빠지지 않고 등장하는 말이 있다. "어머님께 문안드리고 조상님 사당에 배알했다[省親謁廟]", "아이들에게 공부 과제를 주었다"[授兒課業]. 그는 매일 잠자리에서 일어나면 맨 먼저 홀로 계신 어머니께 문안을 드렸으며 조상의 신주를 모신 사당에 참배했다. 그리고 집안 자제들에게는 그날그날 익혀야 할 유교 관련 공부 과제를 주었다. 사실 그가 어떤 신념을 가지고 어떤 삶을 살았는지는 이 두 구절이 웅변하고 있다고 할 수 있다. 또한 남붕은 사돈가를 비롯하여 주변의 친인척을 살뜰하게 챙겼고 사소한 인연으로 찾아오는 지인들을 먹이고 재우는 등 주자가례를 일상에서 실천하기 위해 최선의 노력을 기울였다. 쓰던 관을 고치고 있을 때는 어머님께는 문안드렸으나 사당에는 배알하지 않았고, 병이 나서 세수를 하지 않았을 때도 어머님께는 문안을 드렸으나 사당에는 배알하지 않았다. 예법에 어긋난다고 보았기 때문이다.

그의 삶이 국가와 사회의 발전에 어떤 방식으로 기여했는지, 혹은 문명의 진보와 시대의 흐름에 어떤 방식으로 영향을 끼쳤는지에 대해서는 쉽게 말하기 어렵다. 오히려 그가 시대의 흐름을 등지고 살았다고 말하기는 쉽다. 그러나 삶에 대한 그의 진지한 자세와 올바른 삶을 살고자 한 불굴의 노력은 그 자체로 우리에게 큰 감동을 준다. 남붕의 일기에서 가장 감동적인 부분은 신학을 저지하기 위한 치열한 투쟁도 아니고 유학을 전파하기 위한 정열적 노력도 아니며 국내외 저명한 유림들과의 교유도 아니었다. 그것은 바로 평소 그가 보여준 지극한 독학과 역행의 생활이었다.

남붕은 1932년 7월 어느 날 일기에서 "어느 호사가가 내 평생 쓴 일기를 정리하여 한 질의 책을 만든다면, 내가 일생 고심한 것을 알 것이고 내가 이 세상에서 이룬 것이 없음을 슬퍼할 것"이라고 했지만, 그가 사람다운 삶을 살기 위해 일생 동안 한시도 쉼 없이 노력했음은 누구도 부인할 수 없을 것이다. 이 점은 그의 구학이 시대를 넘어 평가받아야 할 부분이다. 그러나 남봉의 구학은 서세동점의 시대를 헤쳐나갈 비전을 제시하지 못했고, 신진들이 신학을 수용하고자 했을 때에도 그것을 객관적으로 평가할 식견을 갖추지 못했다. 또한 외세의 침략에 분연히 항거한 위정척사파 유림들과 달리 뚜렷한 저항 의식도 보여주지 못했다. 내면을 닦으면 외부의 적은 저절로 물러날 것이라는 소박한 세계관은 시대의 문제를 해결함에 있어서 무기력할 뿐이었다. 이러한 문제점은 보수 유림의 구학이 급속히 퇴조할 수밖에 없었던 원인이기도 했다.

참고문헌

[1차 문헌]

南鵬, 『海洲素言』

____, 『海洲日錄』

____, 『雲陶正音註解』

____, 『闕里誌選要』

李滉, 『退溪集』

金興洛, 『西山集』

李震相, 『寒洲集』

郭鍾錫, 『俛宇集』

程顥·程頤, 『二程遺書』

[저서 및 논문]

孔鎜杓, 「(국역)中和日記」, 『향토와 문화』 48호, 대구은행, 2008.

究新子, 「新學과 舊學의 區別」, 『서북학회월보』 제8호, 1909.1.1.

李鍾麟, 「新舊學의 關係」, 『대한협회회보』 제4호, 1908.7.25.

금장태, 「송기식의 유교개혁 사상」, 『퇴계학보』 112집, 퇴계학연구원, 2002.

김용직, 「保守的 狀況下의 西歐收容: 韓末 嶺南北部地方 文人들의 경우」, 『文學과 知性』, 8권 2호, 문학과지성사, 1977.

김종석, 「성와 이인재의 서구수용론과 新學에의 관심」, 『한국학논집』 26집, 계명대 한국학연구원, 1999.

서동일, 「한말 태극교의 조직과 활동」, 『청계사학』19집, 청계사학회, 2004.

유준기, 「朴殷植의 大同思想과 儒敎改革論」, 『한국민족운동사연구』10집, 한국민족운동
　　사학회, 1994.

이광린, 「舊韓末 新學과 舊學의 論爭」, 『東方學志』, 23·24합집, 연세대국학연구원,
　　1980.2.

이상성, 「眞庵 李炳憲의 儒敎改革論과 孔敎運動:『儒敎復原論』을 중심으로」, 『한국철학
　　논집』4집, 한국철학사연구회, 1995.

주광호, 「林隱 程復心과 退溪 李滉의 太極說 비교 연구」, 『퇴계학보』134집, 퇴계학연구원,
　　2013.

주

1 이광린, 「舊韓末 新學과 舊學의 論爭」, 『東方學志』, 23·24합집, 연세대국학연구원, 1980.2 참조; 究新子, 「新學과 舊學의 區別」, 『서북학회월보』 제8호, 1909.1.1; 李鍾麟, 「新舊學의 關係」, 『대한협회회보』 제4호, 1908.7.25.

2 김용직, 「保守的 狀況下의 西歐收容: 韓末 嶺南北部地方 文人들의 경우」, 『文學과 知性』, 8권 2호, 문학과지성사, 1977; 유준기, 「朴·殷植의 大同思想과 儒敎改革論」, 『한국민족운동사연구』 10집, 한국민족운동사학회, 1994; 이상성, 「眞庵 李炳憲의 儒敎改革論과 孔敎運動: 『儒敎復原論』을 중심으로」, 『한국철학논집』 4집, 한국철학사연구회, 1995; 김종석, 「성와 이인재의 서구수용론과 新學에의 관심」, 『한국학논집』 26집, 계명대한국학연구원, 1999; 금장태, 송기식의 유교개혁 사상」, 『退溪學報』 112집, 퇴계학연구원, 2002.

3 南鵬, 『海洲素言』(이하 『소언』으로 줄임), 「해주남선생행장海洲南先生行狀」.

4 南鵬, 『海洲日錄』(이하 『일록』으로 줄임), 1930년 6월 5일.

5 南鵬, 『海洲日課』, 書, 「答權覬孝相」, "此間後生中有南孝九白性薰數人, 頗留意舊學, 時來講確, 甚令人開豁也".; 『일록』, 1933년 6월 21일, "金起漢者 (…) 及歸則始留意維持舊學, 倡立學院而教育後進".

6 『소언』 권5, 「西見錄」, "因曰, 子曾赴擧乎. 對曰, 往在丁亥秋一赴鄕解後, 却不應."

7 『소언』 권7, 「先府君遺事」, "常謂不肖曰, 學問之道秖在平常. 近來學者, 多不知此意, 或徒向崖異, 甚不可也. (…) 汝當不待他求, 而取法於斯足矣."

8 『일록』, 1932년 8월 25일.

9 『소언』 권5, 「西見錄」.

10 『일록』, 1922년 윤5월 16일.

11 『소언』, 「해주남선생행장」.

12 『소언』, 「해주남선생행장」.

13 『소언』, 「해주선생묘갈명」, "壬子春, 時事異昔, 公以高蹈之意, 移寓於鷄龍山鶴田."

14 『소언』, 「해주선생묘갈명」, "公乃以理自寬, 節度之安詳, 處事之審愼, 無減昔時."

15 영해로 돌아온 해에 대해 「묘갈명」에는 을묘년(1915), 「행장」에는 병진년(1916)으로 되어 있다.

16 『일록』, 1926년 6월 19일.

17 『일록』, 1922년 9월 10일.

18 『일록』, 1926년 10월 3일.

19 『일록』, 1922년 7월 4일.

20 『일록』, 1922년 7월 14일; 1922년 7월 15일.

21 『일록』, 1922년 7월 26일.

22 『일록』, 1922년 7월 29일.

23 『일록』, 1922년 7월 29일.

24 『일록』, 1922년 8월 6일.

25 『일록』, 1922년 9월 2일.

26 『일록』, 1926년 6월 2일; 1929년 7월 22일; 1930년 8월 22일; 1932년 8월 14일; 1933년 5월 22일.

27 『소언』 권3, 「答李曉庵」; 권6, 「郭俛宇心說辨辨」.

28 『소언』 권7, 「인극도」. "私竊纂集義黃以下聖神賢哲開物成務之要, 爲人極大全一部書, 附以人極圖一圈于下. 蓋取周子圖說中語, 以立圖書之名, 而其圖則又皆本於太極圖及我東退溪李子天命圖之意也."

29 『일록』, 1926년 6월 13일.

30 남붕, 『운도정음주해雲陶正音註解』, 「跋」.

31 『일록』, 1924년 2월 27일부터 연속되는 내용 참조.

32 전광옥田光玉(1694~1761)이 1750년경에 건립한 재사로 영해면 묘곡리 북쪽 백일동에 위치.

33 『일록』, 1922년 9월 29일; 10월 29일; 11월 10일; 11월 11일.

34 『일록』, 1922년 10월 19일; 1923년 2월 15일.

35 『일록』, 1922년 9월 22일; 1923년 10월 21일.

36 2019년 7월 17일, 현장 답사에서 난고종택 남석규, 남정휴 씨의 증언.

37 『일록』, 1923년 10월 23일, "與從叔論敬天惺心之道, 蓋從叔方致誠于天帝, 而每中夜爲度云也."

38 1868~1933, 자는 문오文五, 호는 청은淸隱이다. 공자 74세손으로 곡부 공씨 대동보를 편찬하면서 잘못된 공씨 세계를 바로잡기 위해 1915년 중국 곡부로 가서 연성공을 만났는데, 돌아올 때 연성공으로부터 공자 영정을 받아 가지고 왔다. 곡부행 도중 단동에서 대계 이승희를 만났다.(중화일기中和日記)

39 『궐리지선요』는 모성당에서 사용할 교재 성격의 책으로, 발간 계획까지 세웠으나 결국 간행되지 못하고 4권 2책의 필사본으로 남아 있다.

40 모성당은 당장堂長, 총무總務, 유사有司, 도훈장都訓長, 훈장訓長, 강사講師, 찬성장贊成長, 찬성원贊成員, 찬교사贊敎師, 장서기掌書記, 장서사掌書寫, 덕행과교수德行科敎授, 학과교수學科敎授, 언어과교수言語科敎授, 정사과교수政事科敎授, 외교서무원外交庶務員으로 총 16부 152명으로 계획했다.(『일록』, 1924년 1월 16일자 참조)

41 『일록』, 1924년 1월 24일.

42 『일록』, 1924년 1월 24일, "又作片牘于衍聖府 (…) 且請衍聖府爲天下宗敎之本, 以本所爲支部之意."

43 『일록』, 1924년 2월 11일, "又以葉書通指于方用浩, 使錄送平南北各郡儒士, 可謂有司者, 通指于禹相浩, 使錄送黃海道各郡儒士, 可謂有司者."

44 『일록』, 1923년 8월 12일, "將崇奉聖像, 而要余幹事, 故余今始來觀, 將欲廓張規模, 而爲尊聖興學之計."

45 『일록』, 1924년 3월 3일, "朝後以通文及公函, 給李允欽, 使巡廻江原咸鏡兩道各郡, 布敎收契帖, 蓋此人本作北關之行故, 因而囑託之也".; 1929년 9월 17일, "忠南權甥孝相書來, 有儒林敎會趣旨文搆送之請."

46 『일록』, 1925년 3월 11일.

47 『일록』, 1933년 1월 12일, "蓋世道日益黑窒, 而念維持吾道之策, 莫如連絡陶山士林, 以退陶夫子爲宗敎先師, 而與世之同志者, 團合設敎, 以獎勵後進之士."

48 서동일, 「한말 태극교의 조직과 활동」, 『청계사학』 19집, 2004. 247쪽, 〈표2〉 참조.

49 『소언』,「행장」.

50 『일록』, 1924년 2월 22일.

51 『소언』 권4,「答太極敎儒林問目(辛酉)」.

52 『일록』, 1930년 8월 15일; 8월 16일; 1932년 11월 11일.

53 『소언』 권4,「答太極敎儒林問目(辛酉)」, "今之學校, 乃技藝術業之敎, 其於聖人大學之道, 相去遠矣, 而亦不可闕於今之世也. 但本領都喪, 是可歎也. (…) 專尙功利, 則雖有目前之可觀, 而亂亡隨至 (…) 若使孟子生於今世, 而欲救時之弊, 則亦不過曰仁義而已."

54 『일록』, 1922년 7월 21일.

55 1854~1930, 자는 백정伯定, 호는 조암澡庵. 하영봉夏靈峰으로 널리 알려져 있다.

56 『일록』, 1930년 5월 26일, "靈峯先生 (…) 余所以服事之義, 不可自同平人於聞訃之後, 故着素服布帶, 以表……."

57 1853~1932, 자는 의지宜之, 호는 자래紫來. 의학가醫學家이고 사천 삼태三台 사람이다.

58 1861~1941, 자는 범경範卿.『서학변西學辨』저술. 즉묵卽墨 사람이다.

59 『일록』, 1932년 10월 25일.

60 『일록』, 1930년 6월 14일.

61 이진상李震相,『한주집寒洲集』, 권8,「答尹士善(癸酉)」, "朱子曰, 心固是主宰底, 所謂主宰者, 卽此理, 非理外別有箇心. 今以心之氣爲主宰, 恐未安."; 郭鍾錫,『俛宇集』, 卷130,「柳省齋心說辨(辛卯)」, "朱子則曰, 心固是主宰底, 所謂主宰者, 卽此理. 不是心外別有箇理, 理外別有箇心."

62 『소언』 권6,「郭俛宇心說辨辨」, "天理, 不能離陰陽而獨爲主宰, 則人性, 亦不能離心而獨爲主宰也."

63 상동. "愚謂, 兼理氣言心, 乃爲周備. 今日, 心卽氣者, 涉於血肉之心, 其說也麤. 曰心卽理者, 不免認心爲性, 其說也誕. 誕則入於空虛, 麤則流於猥屑. 二者均之爲說, 心之病也. 虛靈知覺合下, 兼理氣物事. 此豈可直曰氣, 直曰理而已哉."

64 『이정유서二程遺書』, 권21 하,「附師說後」, "聖人本天, 釋氏本心."

65 『일록』, 1926년 6월 26일, "午後閣近思錄, 蓋以靈峰書中, 有熟復程子聖人本天釋氏本心之說……." 동년 6월 29일; 7월 1일; 7월 3일; 7월 5일; 7월 16일 참조.

66 『소언』 권3,「答靈峯先生」, "程子聖人本天釋氏本心之訓, 以救我三韓諸儒主理主氣同歸主心之蔽, 而欲其興聖道於東方 (…) 聖人本天, 故循天理而公天下, 佛氏本心, 故遺事物而私一己, 此儒釋之大分也."

67 『소언』 권6,「傳習錄辨」, "謂心卽理則, 理卽性也, 是不幾於認心爲性之弊乎. 旣以心爲性則, 心之所發, 果皆天理之當然乎."

68 『소언』 권7,「謹書天命圖後」, "故著圖垂象之際, 皆因天地自然之理, 而絶無人力修爲之方也. 至周子圖說, 始以聖人定之以中正仁義而主靜立人極爲言者, 蓋以化育之功, 雖天地, 亦不能無待於人以成參贊之效也."

69 『소언』 권7,「謹書天命圖後」, "然於圖象, 則周子亦不容着人爲一毫者, 正以其於穆不已之命, 乃自然而然, 非有所作爲於其間, 則不可以人功修爲之方錯雜於天命之自然也."

70 『소언』 권7,「謹書天命圖後」, "今按是圖, 以天命爲目, 而性情之圈, 各入一敬字. (…) 若以敬之一字, 謂聖學成始成終之要而入, 則是天命之性率性之道, 亦必待人力致敬而有也."

71 『소언』 권7,「人極圖」, "但天命圖主天而言, 故圈內只排仁義禮智之性, 此圖主人而言, 故取程林隱復心心學圖中意, 以虛靈知覺神明分排圈內四隅."

72 『소언』 권7, 「人極圖」, "獨神明之居南, 乃彼無而此有也. 然虛靈知覺約言之, 則一個神明之爲也. 故朱子以人之知覺爲心之神明, 而謂能妙衆理宰萬物者也. 此鵬之所以竊取林隱之意, 以充心圈之中者也."

73 주광호, 「林隱 程復心과 退溪 李滉의 太極說 비교 연구」, 『퇴계학보』 134집, 퇴계학연구원, 2013, 33쪽.

74 『소언』 권7, 「人極圖」, "氣質不齊, 物欲昏蔽, 心失其主宰, 而性有不性, 情有不情矣. 然則欲性天性情其情, 而愚可以智, 不肖可以爲賢, 必先立此心之主宰, 欲立此心之主宰, 非敬不能也."

75 『일록』, 1929년 8월 23일; 1930년 9월 11일.

76 『일록』, 1929년 11월 22일; 1932년 5월 11일.

77 『일록』, 1923년 2월 15일.

78 『소언』 권7, 「鄉約說(庚申)」, "周衰, 治敎不行於上, 而風俗日壞於下, 時則有若孔子之聖, 而不得君師之位 (…) 於是, 治敎之目始分爲二."

79 『소언』 권7, 「鄉約說(庚申)」, "當今之計, 莫若合治敎而爲一, 先之以道德禮樂而導其秉彝之性, 輔之以法制禁令而率其梗化之民, 則庶乎風淸俗美, 上下相安矣."

80 『일록』, 1926년 6월 2일; 10월 15일; 1929년 7월 22일; 1930년 8월 22일; 1932년 7월 17일.

81 『소언』 권16, 「人極大全序」, "若古之所謂老佛楊墨, 今之所謂邪回諸說, 別爲一端, 必闢之而後, 可以入吾道也."

82 『소언』 권17, 「行狀」, "又曰, 君子求合於天, 不求合於人. 求合於天者, 爲善所當爲而已, 爲己之學也, 求合於人者, 馳心於外而假貌餙言, 爲人之學也."

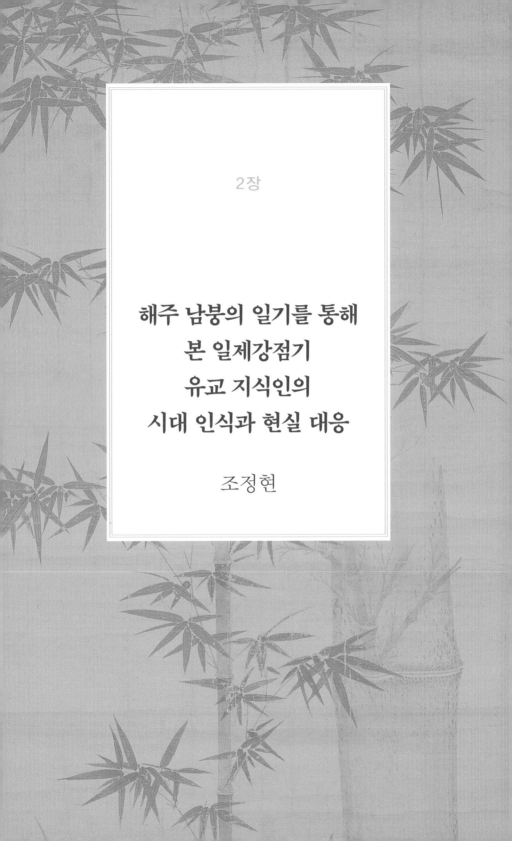

2장

해주 남붕의 일기를 통해
본 일제강점기
유교 지식인의
시대 인식과 현실 대응

조정현

머리말

구한말과 일제강점의 격변기 속에서 해안 지방의 한 작은 고을에 세거하던 해주 남붕이라는 인물은 조선 선비의 덕목을 지키면서 지역사회에서 일정한 위상과 역할을 담당하고 있었다. 그는 '수기치인修己治人'이라는 유가儒家의 덕목을 변화된 환경 속에서도 실천하고자 부단히 노력한 전통적 '유교 지식인'[1] 중 한 명이다. 시대의 변화와는 무관할 것만 같은 한 선비의 삶은 모순과 혼란 속에서도 일정한 방향성[2]을 보이고 있었다.

해주 남붕이 인식하고 진지하게 모색했던 시대적 방향성은 다양한 방식으로 표출되었던 것으로 보인다. 향교에 신식 중학교를 세우려고 할 때에 많은 지역 인사들과 논쟁을 벌이는 과정에서도 드러났으며, 태극교에 가담하여 서신을 주고받으며 유교 진흥 활동을 이어간 사례에서도 확인된다. 또한 이러한 방향성은 스승인 서산西山 김흥락金興洛(1827~1899)과 석주 이상룡(1858~1932), 해창海窓 송기식宋基植 (1878~1949) 등 안동 지역 인사들과의 교유 활동에서도 나타나, 지역을 대표하는 선비이자 현실에 대응하며 활로를 모색했던 유교 지식인 중 하나로 자리매김 되었던 것으로 파악된다.

해주 남붕의 일상을 기록한『해주일록』등의 일기 자료를 살펴보면, 지역사회의 향약이나 태극교와 관련한 활동을 한 것이 구체적으로 확인되며, 몸으로 체화된 유교 문화를 사상적 신념을 바탕으로 신실하게 실천하고 있음을 알 수 있다. 남붕은 일기를 쓴 이유로 "살피고 증거로 삼는 데 도움이 된다"[3]고 밝히며, 자신의 일상을 소상하게 기록하였다. 또한 일기를 쓰기만 한 것이 아니라 후에 다시 보면서 수정하기도 하였던 것을 보면, 일기를 대중에게 공개되는 공식적인 기록이자, 당시의 사실과 자신의 의견을 피력할 수 있는 '공공의 문서'로 인식하였던 것으로 보인다.

어찌 보면 해주 남붕의 일생은 근대화·산업화로 치달아가는 역사적 상황과 반일 혹은 독립 운동에 유교가 적극 나서야 한다는 시대 인식을 거슬러,[4] 전통적인 조선시대 선비의 삶을 살고자 노력한 것이라 할 수 있다. 한편 중국과 활발히 교류하면서 중국어 공부에 진력하는 모습이나 우편제도의 효율성을 치하하는 모습, 일본식 농경 기술을 수동적으로나마 받아들이는 모습 등을 보면 변화하는 세계에 대한 시대 인식도 동시에 갖춘 것으로 보인다. 이러한 양면성을 어떻게 바라보아야 할 것인지에 대한 논의가 필요하다.

이 글은 기존 연구에서 잘 다루어지지 않았던 해주 남붕의 일기 자료를 통해 격변기 한 재지在地 유림이 지식인으로서 어떻게 역할을 수행했고 어떤 사회문화 활동을 했는지에 대해 주목하였다. 해주 남붕의 시대 인식과 사회문화 활동을 살펴볼 수 있는『해주일록』『해주소언海洲素言』『해주일과海洲日課』등의 기록 자료와 현장, 후손 및 지역 주민들의 증언을 통해 당시 재지 유교 지식인의 일상과 현실 대응 양상 및 그 의미를 구체적으로 살펴보고자 한다.

『해주일록』에 기록된 일제강점기 선비의 일상

남붕은 경북 영양英陽이 본관이고 아버지 남태진, 어머니 안동 권씨(권석룡權錫龍의 딸) 사이에서 맏아들로 태어났으며, 초명은 호직이고 자는 양지, 호는 해주이다. 영양 남씨 송정공파 광계공 상소의 10대 주손으로, 당시 소안동小安東[5]으로도 일컬어졌던 경북 영덕군 영해 지역에 거주하면서 퇴계 이황의 계보를 이은 영남 남인의 한 사람이다. 그는 1886년 17세 때부터 일기를 쓰기 시작해 무려 48년 동안 기록을 남겼는데,[6] 현재 후세에 전하는 것은 그가 오십대 이후 1923년부터 1933년까지 쓴 11년 정도의 분량이다.

해주 남붕의 일기에는 하루하루의 일상적 내용뿐만 아니라 자신이 공부한 서적의 목록과 내용, 집안을 경영하기 위한 대소사와 금전 출납 상황, 농사일과 관련한 상황, 지역사회 유림의 동향과 교유 양상 등 다양하고 풍부한 기록이 남아 있다. 따라서 이 일기를 통해 당대의 생활상과 유림 사회의 생각, 유교 지식인의 실제적 움직임을 포착할 단초를 마련할 수 있을 것으로 기대한다.

1870년 12월 경상도 영해현 원구마을에서 태어난 남붕은 8세 때부터[7] 조부에게 학문의 기초를 익혔으며, 대흥 백씨와 혼인하면서 손위 처남인 백규와 함께 공부했다. 18세 때 향시에 한 번 응시했지만 합격하지 못하였고 그 뒤로는 일체 과거에 응하지 않았던 것으로 보인다. 남붕은 부친의 지시에 따라 21세가 되던 1890년 가을 서산 김흥락의 문하에 입문했으며, 1899년까지 총 5회에 걸쳐[8] 서산 선생에게 찾아가 배움을 구했던 것으로 보인다.[9] 대부분의 기록에는 서산이 남붕에게 『소학』을 강조한 것으로 나타난다. 서산은 "먼저 『소학』을 읽어 바탕을 확립하고 본원을 함양한 후에 다시 『대학』을 읽는다면 아마 단계를 뛰어넘는 병폐가 없을 것"[10]이라고 했다. 서산의 가르침은 평소 부친이 강조했던 일상적 실천의 중요성과 일맥상통하는 것이었고 이는 이후 남붕의 사상 형성과 유학의 수행적 실천에 상당한 영향을 끼친 것으로 보인다.

　　해주 남붕은 과거시험에 낙방한 뒤 자의반 타의반 벼슬길에 나아가지 않았지만 독서와 중국어 공부, 유림들과의 교유, 태극교 활동, 후진 양성 활동 등을 통해 지역 유교 지식인으로서의 삶을 살았다. 일기 자료에서도 나타나듯이 매일 새벽 치성을 올리고 모친에게 문안을 드린 뒤 사당을 참배하며 하루를 시작하고, 독서하고 편지를 주고받으며 농사와 지역사회 대소사를 챙기는 일상을 반복했다.

　　해주 남붕은 1910년 경술국치 이듬해, 태극교 발기인 중 한 사람인 하산 남정철[11]의 초청으로 서울을 방문했을 때 왕조가 사라지고 사직이 망해버린 조국의 실체를 절감했던 것으로 보인다. 당시의 심경을 "42년 만에 비로소 서울에 왔는데 서울의 궁궐은 넓기가 바다와 같구나. 막막한 검은 구름은 해와 하늘을 가리니 삼각산의 누런 잎은 심정을 이기지 못하겠네"라는 시[12]로 남겼다. 이후 1912년 해주 남붕은 40대 중반의 나이에 아들 원모와 함께 충청도 계룡산에 자리 잡은 학전 마을로 들어갔다. 남붕이 왜 영해를 떠나 계룡산으로 들어갔는지에 대해서는 분명한 이유를 알 수 없지만, 그의 문하생 백성훈에 따르면 "시사가 옛날과 달라져 은거의 뜻을 품고" 계룡산에 우거한 것[13]이라고 했다. 남붕이 계룡산에서 무슨 일을 했는지는 기록이 거의 없다. 남붕은 1916년 다시 영해로 돌아온다. 고향에 돌아온 그는 박도산과 함께 구봉서원에 강회를 개설하고 사서육경을 강의했다[14]고 전한다.

고향에 돌아온 뒤 해주 남붕은 지역사회의 유림으로서 활동을 재개했을 뿐만 아니라 집안의 농사와 대소사를 직접 지휘했다. 또한 1924년부터 3여 년간 '실업근면회사'라는 기업체 설립을 추진하기도 했다.

새벽에 일어나 치성을 드리고 잠 외우기를 전과 같이 하였다. 촛불을 밝히고 단정히 앉아 오랫동안 있으면서 실업근면회사의 규장規章 무릇 36조항을 거듭 정정했는데, 닭이 처음 울 때부터 창이 밝을 때까지 했으나 마치지 못하였다. 아침에 어머님께 문안드리고 사당에 배알하였다. 아이에게 공부를 가르쳐주었다. 그리고 규장을 정정하였다. 반포反浦의 박씨 집에서 그 모친의 생신이라 하여 이른 아침에 넘어왔다. 아침을 먹은 뒤에 회사의 규장을 마쳤다. 대개 규장의 초고는 이미 갑자년(1924) 동짓달에 완성했으나 시행하지 못했으므로 상자에 보관했는데, 지금 양병두가 와서 회사 설립을 의논하므로 다시 조례를 정하는 것이라 살펴보아야 할 점이 자못 있었다. 오후에 올해 정월 이후의 지출 장부를 정리했는데 마치지 못하였다. 대개 재용이란 것은 백성에게 가장 긴급한 것으로서 하루라도 없어서는 안 되는 것이고, 한 집안의 산업은 장부 기록을 하찮게 여겨 기록하지 않아서는 안 되므로 정리한 것이다. 또한 재용을 끌어다 쓴 곳과 재용이 거쳐 온 곳은 더욱이 기록하지 않아서는 안 된다.[15]

해주 남붕은 영해 향교에 신식 중학교를 설립하는 움직임에 반대하는 활동도 유림들과 공의하여 적극적으로 수행했고, 유학 진흥과 중학교 설립을 막기 위해 경학강명소를 설치하고자 하였다. 하지만 영해 향교에 신식 중학교 설립이 이루어지고 문중의 젊은이도 입학하는 모습을 보면서 남붕은 자신과 지역 유림의 무기력함을 한탄할[16] 수밖에 없었다.

이 시기 해주 남붕은 지역에서 전통적 유가의 방식인 향약의 유지에 관심을 보인다. 「향약설」을 제정하고 「향약절목」 「문약예규」 「약문」 등을 지었으며, 향약에서 수행되는 강학에 참여하였다. 또한 서산으로부터 수학한 퇴계학을 이어받아 주렴계의 「태극도」와 퇴계의 「천명도」를 발전시켜 『인극대전』과 「인극도」를 저술하였다.[17] 주자와 퇴계의 시를 발췌하고 주해 및 평성을 붙여 『운도정음주해』를 저술하였고 퇴계의 서법을 따라서 연습하였다.

말년에 해주 남붕은 어머니의 삼년상을 마치고도 매일 성묘와 곡을 멈추지 않았고 신사조에 물들어 항렬이 무너지는 현상을 보고 친척들과 함께 종약의 규정을 정비하였다. 또한 서산 선생의 언행록을 저술하고 안동 등지를 돌며 유교를 진흥할 방안을 논의하였다. 이러한 활동을 의욕적으로 펼쳐가던 남붕은 향년 64세로 갑자기 별세하였다.

이제 일기 자료를 통해 해주 남붕의 일상생활을 살펴보자. 기록에 따르면 그의 하루는 치성으로부터 시작된다. 이것이 지역사회에서 전해 내려오는 민간신앙의 전통에 따른 것인지, 아니면 태극교 등과 관련된 것인지, 아니면 기타 다른 신앙 체계에 의한 것인지에 대해 확인할 필요가 있다. 일기를 통해 구체적인 치성 방법을 확인해보고자 한다. 남붕이 치성을 올리게 된 계기는 일기와 행장에서 찾아볼 수 있다.

> 도동재사에 들어가 타작하는 것을 보고 재사에서 잤다. 종숙과 함께 하늘을 공경하고 마음을 깨우치는 방도를 논하였다. 대개 종숙이 바야흐로 천제天帝에게 치성을 드리는데 매일 한밤중에 하는 것을 법칙으로 삼는다고 한다.[18]

이전 일기에는 치성에 대한 기록이 없는 것으로 보아, 종숙과 재사에서 자는 가운데 천제에게 치성을 드리는 방법을 듣고는 치성을 고민하다가 이해 동지부터 본격적으로 실천하게 된 것으로 파악된다.

> 이해 11월 동짓날에 처음 개과진덕改過進德의 뜻을 나타냈다. 목욕재계하고 옷을 깨끗이 입고 맑은 물과 청향을 피워놓고 서쪽 뜰에서 남쪽으로 상제에게 축원하여 절하면서 이르기를 "하늘로부터 명을 받아 인간 세상에 태어나 다닌 지 50년이라. 천리를 어긴 것이 이루 말할 수 없을 정도니 이 어찌 황상제皇上帝가 생명을 부여한 본뜻이겠는가. 일양一陽이 반복하여 만물이 화생하여 이로부터 나오고, 일념이 막 싹터 만선萬善이 이로부터

말미암아 족하다. 지금으로부터 옛것을 버리고 새로움을 따라 모든 생각 모든 말, 모든 일을 다 우리 상제의 밝은 명에 따를 것이다. 작은 정성으로 굽어살피시고 음덕으로 묵묵히 도와주소서. 이 하계(인간 세상)의 제자는 높고 밝은 덕을 능히 체득하여 소인으로 돌아감을 면할 것입니다"라고 했다.[19]

해주 남붕은 치성의 대상을 천제·천지신명·황상제 등이라고 기록하고 있는데, 이는 원시 유학에서 사용된 개념이다. 이것은 송대에 이르러 탈인격화 되면서 천인합일 사상으로 발전했다. 남붕은 중국의 초기 유학 전통에서 마음공부의 단초를 마련하고 있는 것으로 보인다. 이후 10년 뒤 일기에서는 자신의 '치성 올리기'에 대한 자평을 기술하고 있다.

이전 계해년(1923) 조 『일록』을 우연히 열람하다 책 가운데에서 협지夾紙를 보았는데, 그해 동짓날 목욕재계하고 개과자신[20] 할 것을 하늘에 고하는 내용이었다. 올해는 계해년으로부터 딱 10년이 되는 해인데 덕이 이와 같이 향상되지 못했으니, 어찌하겠는가. 10년 동안 매번 동지를 만나면 목욕하고 하늘에 고했으며, 밤마다 자시와 축시 사이에 뜰에 서서 묵묵히 기도했으니, 이것은 항심이 없는 자라고 말할 수 없다. 그러나 반성하고 수양하는 공부는 매양 흠결이 많고 마음과 입의 허물은 하늘과 땅에 부끄러움이 많았다. 지금까지도 고치지 못했는데, 어느 때에야 착한 사람이 될 수 있겠는가. 이제부터 분연히 한 번 뛰어올라 진실로 전에 한 말을 실천한다면 거의 소인으로 귀결됨을 면할 수 있을 것이다. 이것이 내가 스스로

난고정 종손(좌)과 남정휴 어른(우)

기약하는 것이므로 이와 같이 적는다.[21]

10년 동안 치성을 올리며 자신을 수양하고자 했지만 여전히 흠결이 많음을 반성하고 앞으로도 더욱 열심히 치성을 올리며 스스로를 개과자신 해나갈 것이라 다짐하고 있다. 남붕의 치성에 대해 지역사회에서는 상당히 독특하고 유별난 행동으로 인식하고 있었던 것으로 보인다. 마을에서 문장 역할을 하는 남정휴 어른의 제보에 따르면,[22] "매일 밤 12시면 덩치가 커서 쪽문으로 나가기도 어려운 분이 문을 박차고 나가 용당산 아래 용당(용당샘)에 가서 물을 먹고 와서 접신을 했다"는 것이다. 이때 물을 먹고 왔다는 표현은 목욕재계를 포함하는 것으로 보이며, 접신을 했다는 표현은 기도하고 절하는 모습을 얘기하는 것으로 판단된다.

원구마을 용당샘과
용당샘 안내판

해주 남붕에게는 진지하고 견실한 마음공부이자 수양의 실천 방법
이었지만 주변에서 보기에는 기인의 행동으로 비춰졌음을 단적으로
드러내는 증언이다. 실제로 용당샘은 마을 주민들의 전통적인 신앙처
로 모셔지는 곳[23]이자 청룡과 황룡이 살고 있다는 전설[24]이 남아 있는
신성 영역이다.

남붕은 유교적 신념을 가지고 하루도 거르지 않고 치성을 올렸고,
이를 마치고 나면 방으로 들어와서 선현의 잠명을 외웠다. 잠명을 외
운 이후에는 새벽 공부를 하였고, 동이 트면 어머님께 문안을 올리고
사당에 배알하였다. 이러한 과정이 끝난 뒤 아침을 먹고 본격적인 하

루 일과를 시작했다.

해주 남붕 스스로는 독서하지 못한 날이 많았고 낮 공부도 폐하는 날이 많았다며 자신의 독서가 보잘 것 없다고 자평하기도 했는데,[25] 낮에 손님이 찾아오거나 다른 일로 공부를 하지 못한 날이라도 새벽 공부는 빠지는 일이 거의 없었다. 사실상 그의 하루는 독서로 시작해서 독서로 끝났다고 할 정도로 공부에 매진했다. 그 스스로도 8세부터 공부를 시작하여 죽을 때까지 50여 년 동안 독서에 매진했다고[26] 자평하였다.

해주 남붕의 공부는 상당히 꼼꼼하고 치열했다. 한 예로 그의 중국어 공부를 들 수 있다. 남붕은 중국어 공부에 남다른 애착을 가졌던 것으로 보이는데, 일기 자료에 기록된 중국어 공부 관련 기사 중 주요한 것만 소개하면 다음과 같다.

- 며칠 동안 또한 『한어漢語』[27]를 조금씩 익히며 매일 일과로 삼았다.[28]
- 아침을 먹은 뒤에 『한어』를 조금 익혔다. 며칠 전부터 날마다 조금씩 익히는데, 모르겠지만 이렇게 하여 날이 오래되면 통달할 수 있지 않겠는가. 대개 중국어의 음과 조선어의 음은 같은 것이 꽤 많으나 다른 것도 적지 않으며, 또한 중국어는 글자를 연결하여[29] 말을 만드나 조선어는 뜻을 풀어서 말을 만드니 이것이 다른 점이다. 그러나 일본어의 괴이하고 깍깍거림에 비하면 배우는 것이 또한 심히 어렵지는 않다.[30]
- 아침을 먹은 뒤에 『한어』를 익혔다.[31]
- 『한어』를 조금 익혔다.[32]
- 『한어』를 조금 익혔다.[33]

- 아침을 먹은 뒤에 『한어』 제12과를 30번 익혔다. 매번 1과를 30번 익히는 것을 법도로 삼았기 때문이다.[34]
- 『한어』 제13과를 익혔다.[35]
- 『한어』 제13과 이상을 익숙하게 익히느라 새로운 과정을 나가지 못하였다.[36]
- 『한어』 제14과를 익혔다.[37]
- 『한어』 제15과를 익혔다.[38]
- 『한어』 제16과를 익혔는데 오시에 이른 뒤에야 마쳤다.[39]
- 아침을 먹은 뒤에 『한어』 제17과를 익혔는데 오후에 이르러서야 마쳤다.[40]
- 아침을 먹은 뒤에 『한어』 제18과를 익혔는데 오후에 이르러서야 마쳤다.[41]
- 아침을 먹은 뒤에 『한어』 제19과를 익혔다.[42]
- 아침을 먹은 뒤에 『한어』 제20과를 익혔다.[43]
- 오후에 『한어』 제21과를 익혔다.[44]
- 아침을 먹은 뒤에 『한어』 제21과 중편中篇을 익혔는데, 오후가 되어서야 마쳤다.[45]
- 『한어』 제22과 하편을 익혔다.[46]
- 『한어』 제23과를 익혔는데 오후에 이르러서야 마쳤다.[47]
- 아침을 먹은 뒤에 『한어』 제23과를 익혔는데, 오후에 이르러서야 마쳤다.[48]
- 『한어』를 제1과부터 15과까지 한 번 익혔는데, 대개 읽은 것을 다시 익힌 것이다.[49]
- 『한어』 제24과를 익혔는데, 저녁에 이르러서야 마쳤다.[50]
- 아침을 먹은 뒤에 『한어』를 제1과 이하부터 제24과까지 한 차례 읽고,

제25과를 익혔는데 저녁에 이르러서야 마쳤다.[51]

- 아침을 먹은 뒤에 『한어』 제26과를 익혔는데, 오후에 이르러서야 마쳤다.[52]

- 아침을 먹은 뒤에 『한어』 제27과를 익혔다. (…) 저녁에 『한어』를 익혔
  는데 마치지 못하였다.[53]

- 어제 마치지 못한 『한어』를 익혔는데 오후에 이르러서야 마쳤다. 오후
  에 또한 『한어』 제28과를 익혔는데 저녁에 이르러서야 마쳤다.[54]

- 아침을 먹은 뒤에 『한어』 제29과를 익혔는데, 오후에 마쳤다.[55]

- 『한어』를 제1과부터 제29과까지 재차 익혔다. 오후에 『한어』 제13과를
  익혔는데, 저녁이 되도록 마치지 못하였다.[56]

- 아침을 먹은 뒤에 어제 마치지 못한 『한어』를 익혔다. (…) 오후에 『한
  어』 제31과와 제32과를 다 익혔다.[57]

- 『한어』 제33과를 다 익히고, 제34과를 익혔으나 마치지 못하였다.[58]

- 아침을 먹은 뒤에 『한어』 제34과를 익혔는데, 어제 마치지 못한 것이
  다. 오후에 『한어』 제35과를 다 익혔다.[59]

- 아침을 먹은 뒤에 『한어』 제36과 및 제37과를 다 익혔다. 저녁에 제38과
  를 다 익혔다.[60]

- 아침을 먹은 뒤에 『한어』 제38과를 20번 익혔다. 그리고 『한어』 제39과
  를 10번 익혔다.[61]

- 아침을 먹은 뒤에 『한어』 제39과를 익혔는데, 28일에 마치지 못한 것이
  다. 그리고 제40과를 22번 익혔다.[62]

- 아침을 먹은 뒤에 『한어』 제40과를 익혔는데, 어제 마치지 못한 것이
  다. 그리고 제41과를 다 익혔다.[63]

- 아침을 먹은 뒤에 『한어』 제42과를 다 익혔다. 오후에 『한어』 제43과를

다 익혔다.[64]

- 아침을 먹은 뒤에 『한어』제44과를 다 익혔다. 오후에 『한어』제45과를 다 익혔다.[65]

- 아침을 먹은 뒤에 『한어』제46과를 익혔는데, 오후에도 마치지 못하였다.[66]

- 아침을 먹은 뒤에 『한어』제47과를 다 익혔다. 오후에 제48과를 다 익혔다.[67]

- 잠시 뒤에 돌아와서 『한어』제49과를 다 익히고, 또한 제50과를 5~6번 익혔다.[68]

- 『한어』제50과를 익혔는데, 어제 마치지 못한 것으로 25번 암송하였다.[69]

- 아침을 먹은 뒤에 『한어』제51과를 다 익히고, 제52과를 14번 읽었다.[70]

- 『한어』제52과를 익혔는데, 어제 마치지 못했던 것으로 16번 읽고 외웠다.[71]

- 저녁에 『한어』제53과를 7번 읽었다.[72]

- 아침을 먹은 뒤에 『한어』제53과를 23번 익혔는데, 어제 마치지 못한 것을 외운 것이다. 그리고 제54과를 10번 읽었다.[73]

- 아침을 먹은 뒤에 『한어』의 전에 마치지 못한 것을 20번 익히고 외웠다. 그리고 제55과를 30번 익히고 외웠다.[74]

- 아침을 먹은 뒤에 『한어』제56과를 익혔다. 그리고 제57과를 10번 익혔다.[75]

- 어제 마치지 못한 『한어』제57과를 20번 익히고 외웠다. 그리고 제58과를 10번 익혔다.[76]

- 아침을 먹은 뒤에 어제 마치지 못한 『한어』제58과를 20번 익히고 외웠다.[77]

- 아침을 먹은 뒤에『한어』제60과를 익혔는데, 저물녘에 이르러서야 마쳤다. 9월 10일부터『한어』를 익히기 시작했으나 그 사이에 간평看坪 때문에 남협南峽에 여러 날 나갔다가 돌아왔고, 또한 10월 7일부터 12일까지 잇따라 선영을 성묘하는 일을 하고 13일에야 비로소 집에서 지내며 책상을 마주하며 매일『한어』1과씩을 외우고 익혔다. 그러나 그사이에도 일 때문에 공부를 빠트린 것이 여러 날이다. 통계를 내보면 두 달 남짓에 60과를 비로소 마친 것이다. 그러나 또한 재차 잇따라 암송을 하면 며칠을 소비할 듯하다. 이러한 세상에서 이러한 공부를 하는 것은 심력을 허비하는 것이나 아닌지 모르겠으나, 대개 중국과는 교제하지 않을 수 없기 때문이다.[78]
- 아침을 먹은 뒤에『한어』끝 장의 부록인 격언을 여러 번 익혔다.[79]
- 『한어』끝 장을 익혔는데, 이것은 번수를 채우고 외우려 한 것이다. 대개 과정課程에 있는 본문은 아니지만 한 책의 끝에 있으므로 반드시 이것까지 관통한 뒤에야 비로소 처음에는 부지런히 하다가 끝에는 태만해지는 병통을 면하는 것이기 때문이다. 그러나 한 차례 처음 읽은 것이 끝내 자신이 소유한 물건이 아니어서 중국인을 만나 이야기하는 데에 무익하다면 중국어를 배우지 못한 자와 다를 것이 없어 지난 공로가 애석할 것이니, 어찌하겠는가.[80]
- 밤에 재차『한어』를 읽는데, 과정마다 20번을 잇따라 외울 계획이다. 대개 이렇게 하지 않으면 지난 공부가 다 버려지게 되므로, 장차 얼마간의 시간을『한어』를 연습하는 공부에 소비하려 한다.[81]
- 『한어』를 제17과까지 외웠다.[82]
- 『한어』를 제18과부터 제21과까지 익혔는데, 각각 20번을 숙독하고 외

웠다. 대개 처음 읽을 때는 30번을 숙독했는데 이번에는 20번으로 정했기 때문이다.[83]

- 아침을 먹은 뒤에 『한어』를 제22과부터 제25과까지 익혔다.[84]
- 아침을 먹은 뒤에 『한어』 제26과와 제27과를 익혔는데, 20번 숙독하고 외웠다.[85]
- 『한어』 제28과와 제29과를 익히고 숙독하였다.[86]
- 『한어』 제30과 및 제31과를 익혔는데, 어제 마치지 못한 것이다. 그리고 제32과와 제33과, 제34과를 15번 익혔다.[87]
- 오후에 『한어』 제32과 제33과 제34과를 익혔는데, 어제 마치지 못한 것을 마친 것이다.[88]
- 아침을 먹은 뒤에 『한어』 제25과와 제26과를 익히고 숙독하였다.[89]
- 『한어』 제37과와 제38과부터 제40과를 익혔다.[90]
- 아침을 먹은 뒤에 『한어』 제40과를 익히고 거꾸로 1과를 내려가 여러 번 외웠다. 대개 모두 이미 숙독한 뒤에 외웠으나 또한 잊어버렸으므로 복습한 것이다. 그리고 제41과와 제42과까지를 익혔다.[91]
- 『한어』 제43과와 제44과를 익히며 숙독하였다.[92]
- 아침을 먹은 뒤에 『한어』 제45과와 제46과를 익히고 숙독하였다.[93]
- 『한어』 제47과와 제48과를 익혔다.[94]
- 『한어』 제49과와 제50과를 익히고 숙독하였다.[95]
- 아침을 먹은 뒤에 『한어』 제51과와 제52과를 익히고 숙독하였는데, 오후에 이르러서야 마쳤다.[96]
- 오시에 『한어』 제53과와 제54과를 익히고 숙독하였다.[97]
- 아침을 먹은 뒤에 『한어』 제55과와 제56과를 익히고 숙독하였는데, 오

후에 이르러서야 마쳤다.[98]

- 아침을 먹은 뒤에 『한어』 제57과와 제58과를 익히고 숙독하였다.[99]

- 아침을 먹은 뒤에 재실에 거처하며 『한어』 제31과를 다 숙독하였다. 대개 9월부터 『한어』에 유념하기 시작하였으나 혹은 매일 1과를 익히고 혹은 일이 있어서 여러 날 접었다가 다시 공부를 이어서 하였는데, 대개 지금까지 석 달 곧 90일이다. 그러나 그동안에 일이 있어서 외출하거나 손님을 접대한 날을 제외하면 60~70일이다. 오전 공부는 『한어』에 전념했다고 말할 수 있으니, 처음에는 30번을 읽고 외우고 두 번째는 20번을 읽고 외워서 지금에야 공부를 마쳤다. 그러나 자음字音이 같지 않고, 나는 비록 외웠더라도 또한 쉽게 잊어버리니, 이렇게 노력했으나 중국인과 대화를 할 수 있을지 모르겠다. 이후로 만약 줄곧 버려두고 복습을 하지 않으면 또한 지난 공부를 버리게 되지 않을까 두려우니, 어찌하겠는가. 천하의 일은 모두 한 삼태기가 모자라서 무너지니, 경계해야 한다. 대저 내가 『한어』에 유의하는 것은 대개 중국은 곧 선왕과 선성의 나라이나 언어가 통하지 않는 것이 큰 흠결이 되는 나라이기 때문이다. 만약 기회가 마련된다면 중국에 한 번 가보고 싶다.[100]

- 『한어』를 세 번째로 익혔는데, 제60과부터 제43과와 제44과까지를 숙독하였다. 대개 서너 번 복습한 뒤에 암송하고 끝냈다.[101]

- 『한어』를 제41과와 제42과부터 제30과까지 익혔다.[102]

- 오후에 『한어』를 제29과부터 제26과까지 익혔다.[103]

- 오후에 『한어』를 제25과부터 제8과까지 익히고 숙독하였다.[104]

- 오후에 『한어』를 제7과부터 제1과까지 익히고 숙독하였다. 이에 『한

어』읽는 것을 3회 마쳤다.[105]

- 저녁에 『한어』를 한 번이나 두 번씩 거듭 익혔는데, 복습을 위에서부터 내려오면서 하였다.[106]
- 저녁에 『한어』를 세 번째로 제34과까지 익혔다.[107]
- 저녁에 『한어』를 외우고, 세 아이에게 공부를 가르쳐주었다. 밤에 『한어』를 외웠다.[108]
- 오후에 『한어』를 제45과부터 제49과까지 익혔다.[109]
- 밤에 『한어』를 조금 익혔다.[110]
- 밤에 『한어』를 조금 익혔다.[111]
- 아침을 먹은 뒤에 『한어』를 익혔다. 석천石川 아재가 찾아오고, 권후경 權厚卿이 찾아왔다. 밤에 『한어』를 익혔다.[112]
- 『한어』를 익혔다. 아침을 먹은 뒤에 손자아이로 하여금 입춘에 축원하는 글을 베껴 쓰게 하였다. 번포 족조가 와서 이야기를 나누고 한참 있다가 갔다. 오후에 『한어』를 익혔다.[113]
- 밤에 『한어』를 조금 익혔다.[114]
- 오후에 『한어』를 서너 과 익혔다.[115]
- 오후에 『한어』를 익혔다. 밤에 『한어』를 네 번째로 다 익혔다. 대개 처음에는 30번을 읽고 외웠고, 두 번째는 20번을 읽고 외웠으며, 세 번째는 네 번을 읽고 외웠으나, 이번에는 다만 암송하는 것을 목적으로 하여 번수를 정하지 않으니, 혹은 서너 번을 읽거나 대여섯 번을 읽는 데 지나지 않았다.[116]
- 『한어』를 익혔는데, 대개 제1과마다 또한 서너 번씩 외우고 익혔다.[117]
- 『한어』를 익혔다.[118]

- 아침을 먹은 뒤에 읍저邑邸에 갔는데, (…) 나는 청나라 사람의 가게 안에 들어가서 청나라 사람과 중국어로 묻고 대답하였다. 대개 나는 지난 가을부터 중국어를 공부했기 때문이다.[119]
- 『한어』를 제60과까지 익혔다. 대개 이미 여러 번 처음부터 끝까지 복습을 하였으나 아직도 미숙한 곳이 있으니, 어학語學의 어려움이 이와 같다.[120]
- 저녁에 또한 『한어』를 익혔는데, 대개 잊어버려 이전 공부를 다 버리게 될까 염려해서이다.[121]
- 밤에 한어를 익혔는데, 갈 때 『한어독본漢語讀本』을 가지고 갔던 것이다.[122]
- 『한어』 서너 과를 외웠는데, 대개 이전에 한 공부가 아깝고 버려서는 안 되므로 때때로 복습하여 훗날 쓸 때에 대비한 것이다.[123]

일기 자료에 기록된 중국어(한어) 공부와 연습에 대한 내용은 남붕의 학습 방법, 공부론을 엿볼 수 있는 단서가 된다. 중국어 공부는 끊임없이 반복하면서 거의 하루도 거르지 않으며 치밀하게 수행되었고, 눈으로 공부하는 방식이 아닌 입으로 반복해 외우는 방식으로 익히고 있음을 알 수 있다. 즉 지식으로서의 중국어가 아닌 실용적인 대화와 이해의 도구로서 중국어를 분명하게 인식하고 있었던 셈이다.

해주 남붕은 3~4개월에 걸쳐 중국어 교재를 세 번 정도 반복 학습한 뒤 청나라 상인에게 찾아가 직접 대화를 시도하였다. "중국인을 만나도 대화하는 데 무익하다면 중국어를 배우지 못한 자와 무엇이 다르겠느냐?"며 실용성을 강조하고 있다. 또한 중국어 공부의 목적 역시 중국의 사례를 배워야 하는데 말이 통하지 않는 것이 아쉬워서임을 분명히 하였다. 이후 이러한 중국어 공부가 실제로 어떻게 활용되었는지는 구체적으로 기록된 바가 없어 확인할 수 없지만, 중국 학자들과 활발히 교류했던 남붕이었기에 분명 쓰임새가 있었을 것이다.

정리하자면, 일기에 기록된 남붕의 일상은 대체로 '치성 → 잠 외우기 → 선잠 → 아침 공부 → 모친 문안 → 사당 배알 → 조찬 → 오전 공부 또는 후학 교육 → 정찬 → 오후 공부 → 만찬 → 저녁 공부 → 일기 쓰기 → 취침'의 패턴으로 구성되었던 것으로 보인다. 하루 전체가 자신을 수양하고 공부하는 일에 근간을 두고 운영되었다. 또한 그의 공부는 체계적으로 일정한 분량을 정해놓고 하루하루 실천해가는 방식이었고, 마음공부와 경전 공부, 필사와 작문, 후학 교육 등이 함께 이루어지는 통합적 공부였음을 확인할 수 있다.

격변기 재지 사족의 사회 활동과 이상 추구

남붕은 1907년 송병화宋炳華(1852~1916)가 창시한 유교계의 신종교인 태극교에 관여하면서『해주일록』과『해주소언』에서 자칭 "태극교 유림"이라는 표현을 사용하고 있어, 당시 태극교에서 유림의 비중이 어느 정도는 되었고 지방의 유림들도 참여했던 것으로 파악된다.

태극교[124]의 통문이 왔는데,『한사경韓史綮』[125]을 지은 김택영金澤榮을 토죄하기 위해 모이는 일 때문이다.[126]

저녁에『한사경변韓史綮辨』[127]을 보았다. 대개『한사경』의 작자인 개성 사람 김택영은 중국에 있는 자이고, 『한사경변』을 지은 자는 경성 **태극교 유림** 김종수이고, 이병선李炳善이 그 대표가 되는 자이다. 역사라는 것은 만세의 공정한 비평이므로 비록 임금의 허물일지라도 숨기지 않는다. 다만 조선의 임금과 신하가 한 사람도 사라지지 않았는데 갑자기 직필을 드러내니 섣부른 계책이 아니겠는가. 이것이 **태극교 유림**이 성토하고 논박하는 까닭이지만 또한 사사로이 화풀이를 하면서 나라를 위하여 숨기는 의리에 끌어 붙이는 것을 면하지 못하였다.[128]

서울 염동 50번지 태극교에서 통첩이 왔다. 대개 융희의 장례식이 양력 5월 2일 해시에 거행되므로 사림이 가서 애도하기를 청하는 내용이었는데, 날짜가 이미 지나 미칠 수 없었다. 또 초야의 비천한 선비로서 참석할 자리도 없는데 어떻게 가서 애도할 것인가. 다만 몸이 이씨의 유민이고, 융희도 세자로 책봉되었었고, 또한 4년 동안 왕위에 있었으니 상이 났다는 소식을 듣고서 고을의 곡반哭班에 나아가지 않는 것도 옳지 않고 시속을 어기고서 백립을 쓰지 않는 것도 옳지 않을 뿐이다.[129]

간간이 『한사경변』을 살펴보았다.[130]

『해주소언』에는 남붕이 태극교에 몸담고 있으면서 계룡산 지역(화산)에 지부를 설립하여 성상(공자의 상)을 봉안하고 성학을 강할 것을 모의하였다고[131] 기록하고 있다. 또한 대전 유성 지역 진잠 향교 사림들에게 태극교의 취지와 재정 문제를 언급한 통문[132]을 보내기도 하였고, 진잠 지역 향약의 계장을 맡기도[133] 하였다. 이로 볼 때 남붕의 계룡산 학전 마을 이주는 상당 부분 태극교와 관련되어 있을 가능성이 높아 보인다. 새로운 지역에 가서 태극교를 기반으로 유교 진흥 운동을 펼쳐보고자 했던 것으로 판단된다.

해주 남붕은 태극교에 대해 비판적인 시각을 보이기도 하였는데, 1921년 태극교 유림의 문목에 대한 답서에 따르면,[134] 유교계의 신종교인 태극교에서『소학』의 여자 나이 10세면 밖에 내보내지 않는다는 구절,『대학』의 8세 입학入學 구절,『중용』의 연비어약鳶飛魚躍 구절,『논어』의 공호이단攻乎異端 구절,『맹자』의 언인의이불언리言仁義而不言利 구절,『근사록』의 태극도설 구절 등에 대해 현대식 개념에 어긋남을 지적하자 이를 저자가 바로잡아준다.[135] 태극교에 가담했지만 현대적인 방향으로의 선회는 거부하고 있음이 잘 드러낸다.

태극교와 관련된 위 기록들은 동해안 지역의 한 선비가 유교적 개혁을 꿈꾸는 종교에 관여하고 있는 상황을 절묘하게 나타내는데, 기록의 행간으로 볼 때 해주 남붕은 태극교의 정책이나 사업에 대해 긍정적이기도 하지만 비판적인 입장도 보이고 있음을 알 수 있다. 남붕은 경술국치 후 태극교 인사의 초청으로 서울에 방문했다가 큰 좌절감을 느끼고 영해로 돌아온다. 이후 계룡산 아래 학전 마을로 들어가 유자로서 서당을 세우고 후학을 양성한다. 아들을 동반하였지만 부인은 함께 가지 않은 듯하다. 그의 계룡산 자락 이주는 태극교와 관련된 것으로 보이며, 계룡산 왕대리에 거주하는 생질 권효상과 주고받은 서신의 내용을 보면 영해에 돌아온 뒤로는 일정한 거리를 유지했던 것으로 파악된다.

해주 남붕에게 유교는 종교로서 신봉되었다. 그는 매일 새벽 치성을 드리고 잠명을 외우는 것으로 하루 일과를 시작하였다. 그의 경전 공부는 학문 탐구라기보다는 종교적 차원에서 매일 암송하고 체득하는 과정이었다. 그가 64세 되던 해 「유교취지문」을 안동의 유림에게 보낼 무렵 작성한 일기를 보면 유교를 어떤 자세로 받아들였는지 알수 있다.

> 오늘 아침에 「유교취지문」과 함께 봉하여 상계上溪의 이서경李恕卿 형에게 부쳐주었다. 대개 세도가 날이 갈수록 어두워지는데 우리의 도를 유지할 계책을 생각해보면 도산의 사림과 연락하여 퇴도 부자를 종교의 선사로 삼아서 세상의 동지들과 함께 단합하여 종교를 설립하고 후배 선비들을 장려하는 것만 한 것이 없다. 그러므로 이러한 뜻으로 지난해 정초에 취지문 1편을 작성했으나 내가 거상 중에 있어서 꺼내서 남에게 보여주는 것이 마땅하지 않으므로 다만 마음속으로만 경영하였다. 근래에 향리의 동지 몇 사람이 편지로 이서경의 의사가 어떤지 탐문했으므로 편지를 보낸 것인데, 이서경 등 여러 사람이 어떻게 생각할지 모르겠다.[136]

이후에도 해주 남붕은 퇴계 이황 종가의 이서경 종손에게 영해 지역을 대표하여 서신을 보내면서, "대개 세상 도의가 날이 갈수록 혼미하고 어두운 데로 들어가기에 지금 도산지회陶山支會를 설치하여 유교를 세우고 후진을 양성하려 한다는 뜻"[137]을 재차 전하기도 했다. 이후 이러한 계획이 어떻게 마무리되었는지는 확인할 수 없지만 해주 남붕은 유교 지식인으로서 실천의 부면에서 다양한 시도를 한 것으로 판단된다.

영해 향교에 신식 중학교인 태화학원을 설립하는 문제에 해주 남붕과 지역 유림들은 적극 반대했다.[138] 당시 청년회를 중심으로 신식 학교 설립을 적극 추진하는 상황이어서 세대 간 갈등이 첨예화되었다. 심지어 주재소 일본 관헌이 양측의 충돌을 걱정하기에 이르렀을 정도였다. 결국 영해 향교에 신식 중학교가 들어서자 남붕은 자신과 유림의 무기력함에 크게 실망했다.

오후에 칠우정七友亭[139]에 들어가 권씨인 여러 장로와 향교에 중학교를 설립하는 것이 잘못임을 논했는데, 여러 어른들이 모두 예예 옳다고 하였다. 유림에서 각각 금전을 거두어 향교의 건물을 중수重修했으나 고을 안의 신진 젊은이들이 산과 나루에 몰려다니며 각각의 사람들이 장차 향교 건물에 중학교를 설치하려 하는데, 이렇게 되면 향교의 건물이 성인을 존숭하는 제사를 지내는 곳이 아니고 도리어 신학문을 연습하는 마당이 되기 때문에 온 고을의 원로들이 모두 그 불가함을 알면서도 신진들에게 압박을 받아 금지하지 못하였다. 그러므로 내가 그 도리를 깨우쳐주어 그들로 하여금 향교를 진작하고 중학교를 금지할 가망이 있게 하고 싶었다. 그러나 끝내 어떻게 될지 모르겠다. 저녁에 집에 돌아왔으나 몹시 번뇌가 일어나 괴로웠다.[140]

오후에 나의 장인인 백씨 어른의 사당에 가서 배알했는데, 기일이 내일이기 때문이다. 말하다가 또한 중학교를 금지하는 일을 언급하였다. 밤에 외우기는 하지 않았다.[141]

아침을 먹은 뒤에 순필舜弼 족조의 집에 가서 이경두李景斗 어른 및 덕우德郵

족조를 보았는데, 병문안을 와서 머물고 있기 때문이다. 내가, 중학교를 향교에 설립하는 것이 사체事體에 몹시 어긋남을 말하자, 이경두 어른도 그렇게 여겼다. 대개 그 아들 이덕초李德初가 중학교의 원장이 되었으므로 이경두 어른에게 그것이 불가함을 명백하게 말한 것이다. 그러나 이경두 어른이 과연 금지할 수 있는지는 모르겠다.[142]

해주 남붕은 영해 향교에 신식 중학교가 들어서는 문제로 감정적으로 흔들린 것으로 보인다. 인맥을 동원하여 중학교 원장의 부친에게 중학교 설립의 부당성을 피력하여 압박하는 등 수단과 방법을 가리지 않았다. 계속해서 일기를 살펴보자.

아침을 먹은 뒤에 백극칠白極七 어른의 빈소에 가서 곡을 했는데, 소상小祥이 내일이기 때문이다. 중학교를 향교에 설립하는 것을 금지할 것을 백중여白重汝와 약속하였다.[143]

아침을 먹은 뒤에, 권후경이 찾아와서 이야기를 나누고, 기망旣望에 적벽赤壁의 놀이[144]를 할 것을 약속하였다. 그리고 향교에 중학교를 설립하는 것이 잘못임을 논하였는데, 이 형님의 소견도 대략 같아서 드디어 서로 협력하여 금지하는 뜻으로 약속하였다. 오후에 상중喪中에 있는 백우여白雨汝를 찾아가서 또한 학교의 일을 논의했는데, 역시 나의 뜻과 맞았다. 공선孔善 족조가 읍에서 와서 전하기를, 괴시槐市의 직원[괴시 마을에 사는 향교 직원]은 끝내 생각을 돌리려 하지 않는 듯한데, 그에게 향교에 중학교 설립의 불가함을 가르치고 이끌어주어도 그는 아무 것도 알아듣지 못한다고 하고, 인상仁上[145]의 이내형李乃亨은 소견이 매우 명확하여 우리와 같은 마음으로 향교에 중학교 설립하는 것을 금지할 뜻이 있는 듯하다고 하였다.[146]

오후에 백사칙 어른을 만나서 중학교를 향교에 설립하는 것을 금지하는 일을 상의하였다.[147]

생가의 큰집에 들어가서 조금 쉬다가 우현禹玄 씨를 만났는데, 그가 내게 술을 대접하였다. 돌아오는 길에 백씨의 재사에 이르자, 박국빈朴國斌, 이세경李世卿 및 내 사위 박종무朴鍾武가 이곳에 와서 기다리고 있었는데, 이것은 내가 사람을 보내 서로 약속했기 때문이다. 조금 있다가 이성칙李聖則, 백성기白聖器, 이백윤李伯允과 모여서 중학교를 금지하는 일을 논의했는데, 나도 모르게 날이 이미 저물었다. 드디어 이백윤의 집에 들어가 달밤에 운자韻字를 부르며 시를 지었다.[148]

백우여 및 백성화白聖化에게 부탁하기를, 백사칙 어른께 익동에 가서, 내일 향회鄕會[149]에 같이 가 일에 힘을 쏟으라는 뜻으로 백중여를 권면해줄 것을 청하였다. 저녁에 옥금에 사는 성중聖重 씨의 편지를 통해서 권후경에게 통지하며, 내일 그의 인척 어른 및 마을 안 원로들을 모시고 향회에 참여해달라는 뜻으로 청하였다. 대개 권후경의 대인大人 어른은 중학교를 향교에 설립하는 것을 금지하려는 뜻을 깊이 지니고 있기 때문이다. 저녁을 먹은 뒤에 월촌越村의 동구洞口에 가서 백사칙 어른을 방문하여 향교의 일을 상의하였는데, 백씨 어른은 과연 오후에 익동에 가서 백중여 등 여러 사람을 일으켜 보내려 하였으나 백중여는 과연 도리어 사양하며 가고 싶

어 하지 않았다고 한다.[150]

드디어 태화루太和樓에 중학교를 설립해서는 안 된다는 의논을 내자, 참가한 모든 사람이 한 목소리로 호응하였는데, 결정문을 벽에 걸려 할 때 날이 이미 저물고 하늘에서 또 비가 내렸다. 여러 인원이 차츰차츰 흩어져 가고 원로들은 유숙하였다. 나와 박희도·박국빈朴國斌·백성기白聖器·권원립權爰立·이내형李乃亨·권태첨權泰瞻 및 공선 씨는 모두 유숙하였다. 대개 이미 비가 내리고 있어서 이와 같이 흩어져 갈 수 없었고 향교의 일을 조치할 방도가 없었기 때문이다. 저녁을 먹은 뒤에 여러 벗들과 중학교를 설립하는 것을 금지시킬 방책을 상의하였는데, 대개 회의 중에 이미 말했던 것들이다. 태화루에 중학교를 설립해서는 안 된다고 한 일에 대해서는 또한 결정문에 따라 설립을 엄격하게 배척해야 한다는 주장이 있었다. 그러나 만약 다만 이와 같이 할 따름이라면 신진 후배들이 반드시 염치를 무릅쓰고 체면도 없이 용감히 진행하여 설치할 것이고, 이미 설치되면 또한 갑자기 물리치기 어렵다. 이것이, 스스로 우리의 도를 닦고 경학강명소를 설립하여 초하루마다 모여 강학하면 위로는 향교를 세운 본뜻을 잃지 않고 아래로는 중학교 설립을 무릅쓰고 진행하는 것을 금지할 수 있는 것만 한 것이 없는 이유이다. 이에 여러 사람의 뜻이 드디어 안정되었다.[151]

아침에 만경萬卿 씨가 밖으로부터 왔는데, 대개 이 사람은 중학교 설립을 주장하는 사람이므로, 간략하게 그와 옳고 그름을 따져 물었다.[152]

박국빈·권태첨 등 여러 사람이 회의에 왔는데, 관청에서 순사를 보내어 검사하고 살피게 하였다. 권태첨 등 여러 사람이, 태화루에 중학교를 설치해서는 안 되는 뜻을 매우 자세히 설명하자, 순사가 관청의 주의主意를 말하되, 관청과 협의하지 않고 마음대로 회의를 여는 것은 안 된다고 하였다. 권태첨 등 여러 사람이 답하여 말하기를, "공씨가 동양의 종교가 된 것이 지금 2천여 년이고, 향교에서 공자와 맹자의 경학을 강명하는 것은 본래 떳떳한 일이다. 그러므로 협의할 겨를이 없었다. 그러나 만약 실제로 시행한다면 종국에는 마땅히 통지하겠다"라고 하였다. 여러 사람이 관청에 들어가 말하고자 하였으나 박국빈이 또한 말하기를, "훗날을 기다리면 설치를 실현하지 못할 것이다" 하였다.[153]

이때 중학교가 향리에서 크게 성하여 우리 가문 내에도 유행하여 젊은이 아무개 아무개 역시 이미 중학교에 다니니 너무나 개탄스럽다. 월촌의 백군白君이 찾아와서 토론하였다. 또한 호의浩義 족제族弟를 불러 여러 가지를 자세하게 알려주었는데, 그가 기꺼이 믿고 따를지는 모르겠다. 내 동생이 성내城內에서 돌아와 말하기를, 이유정李裕禎을 만나 사정의 옳고 그름을 따져 물었는데, 그는 답변을 한 마디도 하지 않고 다만 머리를 숙이고 사과할 뿐이었다고 한다. 대개 이유정은 태화루에 중학교를 설립하는 일에 앞장서며 비난을 스스로 감당하여, 그곳 향촌의 부로들을 위험한 말로 두렵게 한 것이 한두 번에 그치지 않았고, 얼마 전에는 중학교 총회 자리에서 근거 없는 말을 하며 향촌의 원로들을 욕했는데 더욱이 나를 지목하여 배척하였다. 그래서 내 아우가 그를 붙잡고 옳고 그름을 따져 물은 것이다. 그가 오는 10일에 내게 와서 사과하겠다고 했다 한다.[154]

오늘 향교에서 석전례釋奠禮[155]를 행했는데, 나는 헌관獻官으로서 재계에 들어가지 못하였다. 대개 작년 이맘 때 향촌 사람들이 향교에 중학교를 설립하려 했는데, 내가 박국빈 등 여러 사람과 함께 안 된다고 하며 드디어 경학강명소를 설립하며 극력 배척했으나 결국 향촌의 젊은이들에게 밀려나 뜻을 행하지 못하였다. 지금 향교 안은 신학문을 배우는 장소로 변하여 다시는 옛날의 모습이 아니다. 세태가 이미 이렇게 위험하니, 차라리 대문을 닫고 나의 뜻을 행하면서 대문 밖으로 나가고 싶지 않았다. 그래서 제향의 자리에 달려가지 않았는데, 의리에 어떠한지 모르겠다. 그러나 일단 나의 견해를 스스로 지킬 뿐이다.[156]

위 기사들을 보면, 남붕은 중학교 설립 반대 활동에 적극적으로 나서, 만나는 사람들마다 논쟁을 벌이고 반대 의견을 적극 피력했을 뿐만 아니라 경학강명소라는 교육기관을 부설하여 자연스럽게 전통을 지키면서 중학교 설립에 반대할 명분을 세우고자 하였다. 중학교 설립 총회 모임에서는 반대 인사의 대표격으로 남붕이 언급되기도 하였다.

해주 남붕은 지역의 수많은 인사들과 만나 향교에 경학강명소를 두어 전통 유교의 방식으로 젊은이들과 소통하고자 의견을 나누었지만 젊은 세대들이 이를 외면하고 신식 중학교 설립을 적극 추진하면서 갈등의 골이 깊어졌으며, 결국 젊은 세대와 신조류에 밀려나는 형국에 놓인 것이다. 게다가 향교에서의 회의 자체를 일본 순사들이 와서 감시하고 당국의 허락을 얻어야 모임을 할 수 있다며 압박하는 상황도 맞이했다.

결국 중학교가 설립되고 자기 집안의 젊은이도 입학한 상황을 맞이해서는 자포자기의 심정이 된 듯하다. "세태가 이미 이렇게 위험하니, 차라리 대문을 닫고 나의 뜻을 행하면서 대문 밖으로 나가고 싶지 않았다"고 하면서 외부 활동을 일체 하지 않았다. 하지만 본래 자신이 추구하던 유교 지식인으로서 활동을 중단하는 것에 대해서는, 어떤 것이 의리를 지키는 것인지 모르겠다며 혼란스러워 하기도 하였다.

남붕의 또 다른 사회 활동 및 실천 방편으로 향약을 들 수 있다. 그는 이십대 젊은 시절부터 여씨 향약과 퇴계 향약을 따라 강학에 참여했고, 계룡산 학전 마을에 가서도 진잠 지역 계장에 임명될 정도로 향약에 적극 가담하였으며, 1920년대부터는 영해 지역 향약을 이끌어가는 주도적인 역할을 담당했다. 향약이 지닌 봉건적 계급의식에 기초한 사회 교화 및 질서 유지 기능에 대한 믿음이 강했던 것으로 보인다.

> 오후에 마을 회의에 참여할 때 양반과 상놈이 시끄럽게 다툴 단초가 있었는데, 마을 안 젊은이 몇 사람이 극력 방비하여 이미 그 악습을 징계하였고, 또한 농무회農務會를 설립하여 그 가운데에 약법約法을 담아서 한 마을을 유지하는 계책을 세웠으니, 매우 아름다운 일이다. 오늘 총회를 하며 마을 안 연세 높은 사람들을 초청하였으므로, 나도 참가하여 찬성하였다.[157]

> 아침을 먹은 뒤에 갈물동에 갔는데, 향약계의 회원이 모이기 때문이다. 대개 나는 이 계를 본래 박국빈과 함께 설치하여 우리의 유학을 흥기하는 기초로 삼았는데 박국빈 형이 갑자기 세상을 떠났다. 지금 회의 자리에 오니

소일지탄少一之歎[158]이 더욱 간절하다. 오늘 모인 회원은 10여 사람이고, 저녁에 헤어져 돌아갔다.[159]

아침을 먹은 뒤에 향교의 향약 계회에 참석했는데, 모인 사람이 겨우 8~9명이었다. 많은 사람이 일 때문에 참석하지 못했다고 한다.[160]

아침을 먹은 뒤에 태화루에 가서 향약회에 참석하였다. 오후에 각자 율시 한 수를 짓고, 저녁 무렵에 돌아왔다.[161]

아침 식사를 한 뒤에 갈물동에 가서 향약 계회에 참석하였다. 아우와 손자에게 대동산 투장을 금단하는 일로 관청에 고소하게 하였다. 갈물동 모임 장소에서 점심을 먹었으니, 노소 인원이 모두 10여 명이었다. 운자를 내어 시를 지으려 할 때 백중여와 백창가白昌可가 와서 이야기를 나누었다.[162]

해주 남붕의 일기에 기록된 향약 관련 내용을 살펴보면, 1924년 갈물동 농무회와 연계하여 약법을 시행하는 대목에서는 상하합계적 성격의 향약이 언급되고 있다. 당시 문맹 퇴치와 농촌 계몽 운동의 일환으로 확산되고 있던 농무회 조직이 영해 지역에서도 설립된 것으로 파악된다. 하지만 이후 나타나는 기록에서는 마을 주민들과의 상하합계가 아니라 유림들의 친목계 성격으로 향약이 축소되어 있음을 알 수 있다. 또한 그 내용에 있어서도 10여 명 안팎의 유림이 모여 주과를 나누며 시를 짓고 자신들의 문제에 대처해나가는 데 그쳐 사회적인 영향력이 거의 사라진 향약이었음을 알 수 있다.

해주 남붕의 사회 활동은 위와 같은 여러 한계가 노정되었지만 일상생활 속에서의 실천이라는 덕목은 여전히 의의가 큰 것으로 보인다.

대동에서 집으로 돌아왔다. 바람의 세기가 더욱 심한데 예전에 없던 것이다. 이웃집 초가지붕이 다 말려 올라갔으나 주인이 밖에 나가 있어서, 내가 어린 일꾼 두어 사람과 바람을 무릅쓰고 덮고 묶었다.[163]

아침을 먹은 뒤에 성봉聖峰이 와서 배웠다. 그는 글을 읽을 수 없는 처지이나 성품이 부지런하고 민첩하므로 땔나무를 하는 겨를에 글을 읽는데, 올여름에는 모내기철에 독서를 접고 전력으로 돈을 벌어 거의 10원을 만들었다고 한다. 근자에는 가을일을 마쳤으므로 글을 읽고 싶어 하니, 그의 뜻이 매우 가상하므로 『당음唐音』을 가르쳐주었다.[164]

갑작스러운 바람으로 인해 이웃집의 초가가 무너질 위기에 처한 것을 보고 직접 초가지붕을 다시 덮고 묶는 모습이 기록되어 있다. 또한 집안 사정이 어려워 공부하기 어려운 청년이 성실하게 일하며 공부하고자 하는 의지를 보이자 적극 가르쳐주는 모습도 나타난다. 시대적·환경적 제약으로 인해 공식적인 차원의 사회 활동에서는 많은 한계가 드러났지만, 몸으로 실천하는 공부와 안인安人을 위한 행동은 여전히 일상적 힘을 확보하고 있었던 것으로 보인다.

해주 남붕은 당시 벼슬에 나아가지 않았기에 편지를 통해 자신의 뜻을 펴고자 노력하였던 것으로 보이며, 이와 관련해서 일제강점기를 맞아 달라진 우편제도에 의지하며 그 효용성을 칭찬하기도 했다. 특히 국내 여러 지역의 선비들, 중국의 선비들과 교유하는 매개로 편지를 적극 활용하였고, 자신의 이상과 신념에 부합하는 인물이라면 전혀 안면이 없는 사람에게도 편지를 보내는 적극성을 보였다.

> 보은普恩 선비 선정훈宣政勳에게 보내는 편지를 썼다. 이 사람은 뜻이 높고 재력이 있어 한문 교육 과정을 설립하여 생도를 모집하고 선생으로 유학자를 초빙하였다고 한다. 그래서 그 일을 갸륵하게 여겨, 이미 공함 엽서로 통지하고도 이 편지를 써서 아름다운 덕을 칭송하는 것이다.[165]

남붕은 일기에 집안의 대소사, 교유 관계, 여러 사건들에 대한 소회 등을 기록하였다. 집안 대소사와 관련해 그가 가장 자주 참여한 사항은 당시의 가장 기초적 산업인 농사와 토지에 관련된 것이었다. 또한 잃어버린 종택을 되찾기 위해 고분군투하기도 했다.

남붕의 삶은 대체로 단조롭고 반복적이었지만 수많은 제례와 관혼상례 등을 통해 유자로서의 소임을 다하고자 노력하였다. 특히 문중 선산에 투장 사건이 일어나고 선영에 불이 났을 때에는 심하게 괴로워했다. 또한 일제강점기를 맞이해서는 두 가지 양가적인 인식을 보여주는데, 하나는 침략자 일본에 대한 반감의 표출이고 다른 하나는 과학 문명의 혜택에 대한 놀라움이다. 단발령과 문중 재산 침해에 대해서는 크게 분노했고 눈부시게 빨라진 우편제도에는 감탄했다.

일기 자료에 등장하는 남붕과 교류한 중국 인사들은 산동山東의 양자앙楊子昂, 절강의 하영봉·하성길夏成吉, 항주杭州의 왕전성王展成·서자래, 청도靑島의 장범경張範卿 등이다. 이 가운데 주요한 인물은 하영봉과 서자래로 보이는데, 그들이 세상을 떠나자 해주 남붕은 성인의 학문에 큰 공로를 세운 위대한 인물이라고 평가하면서 중국의 전통에 따른 문체로 만사를 지어 보내기도 하였다. 중국 인사들과는 서신과 도서를 교류했던 것으로 파악된다. 궁벽한 동해안 영해 지역에 있으면서도 국제적인 감각을 유지했던 것이다.

> 이병두가 와서 잤다. 손님이 와서 함께 잤으므로 다만 마음속으로 잠과 명과 『춘추』 경문까지 다 외웠다. 옷깃을 가다듬고 정좌하니 이군도 일어났다. 이에 유교를 발기할 일에 대하여 상의하였다. 이군은 젊은 나이에 멀리 중국에 유학하여 이목을 열고 넓혀서, 문을 닫고 홀로 앉아 있어서는 안 되는 세상임을 알았으므로 사림을 단결하여 국맥을 유지할 계획을 세웠다. 그러므로 내가 뜻을 비장하게 가지고 그와 함께 논의한 것이다.[166]

> 『매일신문每日新聞』을 보니, 현재 중국이 크게 어지러워져 일본군이 수없이 전투에 들어갔고 서양에서도 군대를 일으키려 하니 장래의 일이 크게 우려되었다. 게다가 천기가 어그러져 함남 지방에는 눈이 세 치나 내렸고 의성 지방에도 서리가 내렸다고 하였다.[167]

아침 뒤에 중국 사천성 삼태현 동구 자항루 서자래 선생의 답서가 왔는데, 3월 20일 보낸 것이었다.[168]

해주 남붕은 중국 유림들과의 교류도 활발했고, 독학하여 중국어에도 어느 정도 능통했던 것으로 파악된다. 특히 일기 자료에는 "한어(중국어)를 배우고도 중국인과 대화하지 못한다면 무슨 소용이 있겠느냐?"며 직접 청나라 상인에게 찾아가 회화 연습을 하는 등 적극적인 외국어 학습자의 모습이 나타난다. 또한 중국 유림들과의 교류에 있어서 '사륙변려체四六騈儷體' 등 중국 문장의 전통을 존중하며 그 형식에 맞춰 서신이나 만사 등을 작성하기도 하였다. 그는 유학자의 입장에서 당시 국제 상황을 통찰하고 나름의 해법을 제시하고자 노력했다. 그 일환으로 『매일신문』을 구독하였고 중국 유학을 권장하기도 하였다.

한편 위 기록으로는 중국 사천성으로부터 편지가 도착하기까지 45일 정도 걸린 것으로 확인되는데, 신문물의 첨병으로서 우편제도에 대한 동경과 활용이 국제 교류의 주요한 계기가 된 것으로 보인다. 이후에도 해주 남붕은 우편제도를 적극 활용하면서 국내외 네트워크를 구축하였고, 이를 통해 동해안 변방이라는 입지 조건을 극복하고자 한 것으로 보인다.

분명하게 드러나진 않지만 남붕이 어떻게 중국과 인연을 맺고 적극적으로 중국어를 배우게 되었는지를 살펴볼 필요가 있다. 일기에는 북간도에 사는 종인을 통해 최초로 서자래를 소개받았다[169]고 기록되어 있다. 중국 유학자들과의 교류는 편지를 통해 이루어졌고, 해주 남붕의 열린 자세는 국경을 뛰어넘어 교감을 형성했으며 서로 행장이나 만사를 써줄 정도까지 관계를 발전시켰다.

한편 당시 일본으로부터 유입되던 과학기술과 합리성 담론에 따른 변화에 대한 인식을 단적으로 드러내는 사례가 있는데, 바로 '정#자형 줄모심기' 문제이다.[170] 당시 영덕 지역에는 201가구 774명의 일본인이 거주하고 있었고,[171] 관청에서도 일본식 농경기술을 적극 도입하도록 권장하던 상황이었다. 정자형 줄모심기 이전 및 이후의 변화상과 관련한 자료를 살펴보면 다음과 같다.

어머님께 문안드리고 사당에 배알하였다. 아침을 먹은 뒤에 모내기를 하였다. 묘곡에서 일꾼을 고용했는데, 모두 20명이고 각각 30전이다. 본동本洞의 역군役軍은 4명이다. 밤에 가랑비가 내렸다.[172]

산골짜기가 가뭄으로 말라 모내기를 하지 못하였는데, 오늘 큰비가 내렸으니, 때맞춰 내린 단비라고 할 만하다.[173]

다 마치지 못한 강단江端 논의 모내기를 일꾼 세 사람을 써서 하였다. 전후로 쓴 일꾼이 모두 스물인데, 전에 비해 7~8인이 늘어난 것은 못줄을 대면서 모내기를 하였기 때문이다.[174]

이날 동네에 모내기가 처음 시작되었는데, 군청과 면사무소에서 사람을 보내 '정' 자로 모내기를 하도록 시켰다. 대개 작년에 이와 같이 하였으나 소출이 줄어들었으므로 동네의 노인과 젊은이들이 면사무소에 가서 담당자를 만나 소출이 감소되어 행할 수 없다고 말하였다. 오후에 드디어 '정' 자로 심

는 새로운 법을 따르지 않고 전날 방식으로 모내기를 하였다고 한다.[175]

봉후, 유전, 강단의 논 도합 7두락에 모내기를 하였는데, 일꾼 20여 명을 썼다. 대개 면사무소 사람이 채근하는 바람에 한 줄씩 모를 심었으므로 일꾼이 전보다 더 들었다. 곡식 소출도 이익이 없고 감소되었다고 하니 한탄스럽다.[176]

아침을 먹은 뒤에 성봉이 와서 배웠다. 그는 글을 읽을 수 없는 처지이나 성품이 부지런하고 민첩하므로 땔나무를 하는 겨를에 글을 읽는데, 올 여름에는 모내기철에 독서를 접고 전력으로 돈을 벌어 거의 10원을 만들었다고 한다. 근자에는 가을일을 마쳤으므로 글을 읽고 싶어 하니, 그의 뜻이 매우 가상하므로 『당음』을 가르쳐주었다. (…) 오늘 저녁에야 비로소 모내기한 논과 파종하고 김맨 상황, 봉후峯後 및 옥금 등 여러 곳을 돌아다니며 살펴보고 돌아왔다.[177]

아침을 먹은 뒤에 미려尾閭의 논에 모내기를 하였는데, 일한 사람이 모두 14명이다. 오전에 7마지기에 모내기하고, 오후에 상미려上尾閭의 논 1마지기에 모내기를 하였다.[178]

아침을 먹은 뒤에 강단과 봉후 두 곳 논에 모내기를 했는데, ○○촌 사람들의 조합이다.[179]

해주 남봉은 일본식 줄모심기에 대해 이를 반대하는 주민들의 인식과 관공서의 채근 사이에서 혼란스러워했던 것으로 보이며, 일단 관공서의 지침에 따랐지만 실용적인 측면에서 효용이 떨어지고 있음을 한탄하였다. 즉 그는 관공서와의 마찰을 피하고자 했지만 소출이 줄어드는 부분에 대해서는 불만을 가졌던 것이다.

한편 위 기록을 보면 자신의 밑에서 수학하던 성봉이라는 젊은이가 공부를 하기 위해 모내기 노동자로 일하여 상당한 돈을 모았다고 하면서 대견해하는 대목이 있는데, 당시 임금노동자로 변모해가는 농민의 실상을 반영하는 것으로 보인다. 또한 이전의 전통적인 두레나 품앗이, 일시적인 품삯 일꾼이 아닌 조직적인 농민조합 형태의 집단 노동이 영해 지역에서도 당시에 일반화되었음을 확인할 수 있다. 이는 줄모심기와 같이 이식되고 강요된 합리성(효율성)과 과학기술 담론이 노동 조직이나 집단 형성의 변모까지 이끌어내는 상황을 보여준다. 해주 남봉 역시 이러한 변화에 발맞추어 일상을 영위하고 있음을 알 수 있다.

맺음말

해주 남봉은 관혼상제례에 대한 성실한 수행과 근대 교육 체계에 대한 거부, 태극교 가담 및 활동, 일상적인 치성과 공부, 중국과의 교유, 실용적 경제 관념 등 시대 인식과 변화에 대한 대응을 글과 실천 국면에서 몸소 보여주고 있다. 해주 남봉은 일제강점기 상황 속에서 다양한 방식의 적극적인 시도를 하였지만 제대로 성과를 내지 못하고 전체적으로 기존 유림의 방식에 안주하는 모습을 유지한 것으로 보인다.

새로운 지역에 가서 자신의 유교적 이상을 펼칠 대동 사회를 구현하고 자 했지만 별다른 성과 없이 귀향했고, 향교에 신식 중학교를 설립하는 데 반대했지만 관철시키지 못했다. 향약을 되살려 제대로 시행해보려 했지만, 지역 주민들의 참여는 배제되고 소수의 유림들만 참여하는 방식으로 잔존하게 됨에 따라 세상과 더욱 괴리되고 말았다.

일기에 드러나 남붕의 사회 활동과 시대적 대응의 특징은 다음과 같은 두 가지 측면을 들 수 있다. 첫째, 국내외 네트워크 구축 도구로서 서신 교환을 적극적으로 활용하였다는 점이다. 편지를 통한 전방위적 소통에 기반하여 자신의 뜻을 실천하고자 노력하였던 것으로 보이며, 이와 관련해서는 일제강점기를 맞아 달라진 우편제도에 의지한 바 크다. 특히 전국의 선비들, 중국의 선비들과 교유하는 매개로 편지를 적극 활용하였고, 자신의 이상과 신념에 부합하는 인물이라면 전혀 안면이 없더라도 편지를 보내는 적극성을 보였다. 편지를 기존의 학맥이나 연비, 가문이나 문벌 서열 등을 초월한 한 사람의 실천하는 유학자로서 교유할 수 있는 창구로 삼았던 것으로 보인다.

둘째, 중국어를 배우고 우편제도를 적극 활용하는 한편 영해 향교에 신식 중학교를 설립하는 데 적극 반대하였던 사실에서 알 수 있듯이, 해주 남붕은 변화된 환경에 적응해나가면서도 자신의 사상적 신념은 고집스럽게 지키고자 했다. 또한 자신의 신념과 달리 향교에 신식 중학교가 들어서고 자기 집안의 후손이 다니게 되자 대문을 닫고 칩거하는 모습을 보였다. 이는 변화하는 세계와 소통하며 참여하고자 했으나 자신의 신념과 배치되자 자신만의 폐쇄적인 유교적 삶을 영위하게 되었음을 의미하는 것으로 보인다.

해주 남붕은 격변기로 일컬어지는 구한말, 일제강점기라는 상황 속에서도 자신의 사상을 생활 속에서 구현하며 대외적 실천을 추구한 인물이다. 물론 그의 여러 적극적인 시도는 제대로 된 성과를 내지 못했고, 사실상 전체적으로 볼 때 남붕은 기존 유림의 방식에 안주하는 모습을 유지한 것으로 파악된다. 하지만 변방의 선비로서 한계를 극복할 다양한 실천 방법을 모색하였다는 측면에서 새롭게 조망할 필요가 있을 것이라 판단한다.

참고문헌

[1차 문헌]

『海洲日錄』

『海洲素言』

『海洲日課』

『매일신보』, 1921.8.5.

達捨藏, 『慶北大鑑』, 東洋文化協會, 1936.

[저서 및 논문]

김종석, 「20세기 유학자 남붕의 구학, 그 전개와 좌절」, 『국학연구』 40, 한국국학진흥원,
    2020.

남훈, 『영해유록寧海遺錄』, 영덕군향토사연구회, 2004.

유준기, 「1910년대 전후 일제의 유림 친일화 정책과 유림계의 대응」, 『한국사연구』
    114, 2001.

한영규, 「한말 일제하 나주 유림의 현실인식과 글쓰기: 겸산 이병수(1855~1941)의 사례」,
    『泮矯語文研究』 22, 2007.

소인호, 「일제하 근기 지식인의 삶과 사유, 『관란재일기』」, 『한국학연구』 25, 2006.

손경희, 「1920~30년대 해주 남붕의 질병 인식과 치료 방법」, 『국학연구』 41, 한국국학
    진흥원, 2020

서동일, 「한말 태극교의 조직과 활동」, 『청계사학』 19, 청계사학회, 2004.

안경식, 「남붕의 일기를 통해 본 1920년대 영덕 지역의 신구 교육 갈등」, 『국학연구』

41, 한국국학진흥원, 2020.

이성임, 「해주일록(1922~1933)을 통해 본 영덕의 유학자 남붕의 농사 관리 방식」, 『국학
연구』 41, 한국국학진흥원, 2020.

이영호, 「심산과 간재 문인들의 출처 시비 논쟁을 통해 본 일제하 유교 지식인의 초상」,
『대동한문학』 42, 대동한문학회, 2015.

이은영, 『해주소언』, 『문집해제』 25, 한국국학진흥원, 2017.

이창언, 「동해안 지역 반촌 동제의 지속과 변화에 관한 연구: 경북 영해 지역을 중심으
로」, 『비교민속학』 31, 비교민속학회, 2006.

1 이영호 교수가 정의한 개념(이영호,「심산과 간재 문인들의 출처 시비 논쟁을 통해 본 일제하 유교 지식인의 초상」,『대동한문학』 42, 대동한문학회, 2015 참조)을 따른 것으로, 이 글에서는 강제적인 근대화에 들어선 대한제국과 일제강점기에 활동한 유림을 일컫는 말로 사용한다.

2 이와 관련한 연구 성과로 다음을 들 수 있다. 유준기,「1910년대 전후 일제의 유림 친일화 정 책과 유림계의 대응」,『한국사연구』 114, 2001; 한영규,「한말 일제하 나주 유림의 현실 인식 과 글쓰기: 겸산 이병수(1855~1941)의 사례」,『반교어문연구』 22, 2007; 소인호,「일제하 근기 지식인의 삶과 사유,『관란재일기』」,『한국학연구』 25, 2006; 이영호,「심산과 간재 문 인들의 출처 시비 논쟁을 통해 본 일제하 유교 지식인의 초상」,『대동한문학』 42, 대동한문 학회, 2015 등.

3 남붕,『해주일록』, 1930년 6월 5일자 일기. 이하『해주일록』 일기 자료에는 날짜만 제시한다. 『해주일록』 번역본은 한국국학진흥원 고전번역 팀에서 문화체육관광부 과제인 국학 자료 심층 포럼을 위해 제공한 것이다.

4 일제강점기 유학자들이 적극 독립운동에 참여해야 한다고 주장한 심산 김창숙이 파리 장서 운동을 벌이고자 할 때 면우 곽종석과 간재 전우에게 함께 할 것을 건의했다. 곽종석은 적극 찬동하며 함께 하고자 했지만 전우는 "유자儒者는 도를 지킬 뿐이지, 국가의 흥망에 간여하 지 않는다"며 거부하였다. 이 일은 뒤에 심산 김창숙과 제자들, 간재 전우의 제자들 간의 격 렬한 논쟁으로 비화되기도 하였다. 이영호,「심산과 간재 문인들의 출처 시비 논쟁을 통해 본 일제하 유교 지식인의 초상」,『대동한문학』 42, 대동한문학회, 2015 참조.

5 소안동이란 퇴계 학맥의 중심에 있는 안동처럼 영해 지역 역시 '작은 안동'의 위상을 가질 만 큼 퇴계의 학통을 이으며 유림이 번성했음을 드러내는 향언이다.

6 남붕,『해주소언』,「행장」 참조.

7 남붕의 일대기에 대한 내용은 심층 포럼에 함께 참여한 김종석 선생님의 발표 원고와 이 성 과를 게재한 논문을 참조하여 재정리한 것이다. 김종석,「20세기 유학자 남붕의 구학, 그 전 개와 좌절」,『국학연구』 40, 한국국학진흥원, 2020, 5~11쪽 참조.

8 남붕은 21세부터 30세까지 서산 문하에 출입했는데, 1890년 9월 3일부터 7일까지, 1891년 9월 3일부터 7일까지, 1892년 8월 1일부터 3일까지, 1895년 1월 19일부터 22일까지, 1899 년 2월 1일부터 4일까지 총 5회이다. 이은영,『해주소언』,『문집해제』 25, 한국국학진흥원, 2017, 412쪽 참조.

9 남붕,『해주소언』,「서견록西見錄」 참조.

10 남붕,『해주소언』,「행장」 참조.

11 서동일,「한말 태극교의 조직과 활동」,『청계사학』 19, 청계사학회, 2004, 247쪽 발기인 명단 참조.

12 남붕,『해주소언』,「행장」 참조.

13 남붕,『해주소언』,「묘갈명」 참조.

14 남붕,『해주소언』,「행장」 참조.

15 1926년 10월 3일.

16 1926년 6월 2일.

17 남붕, 『해주소언』, 「인극도」 참조.

18 1923년 10월 23일.

19 남붕, 『해주소언』, 「행장」 참조.

20 개과자신(改過自新)이란 허물을 고치고 자신을 새롭게 하는 것을 말한다.

21 1932년 4월 25일.

22 남정휴(남, 88세) 어른의 제보(2019.7.17, 난고종택).

23 이창언, 「동해안 지역 반촌 동제의 지속과 변화에 관한 연구: 경북 영해 지역을 중심으로」, 『비교민속학』 31, 비교민속학회, 2006 참조.

24 용당샘 안내판에 게시된 전설 내용은 다음과 같다. "아득히 먼 옛날 이 샘에는 황룡과 청룡이 살고 인근 마흘발소에는 백룡이 살았으며 서로 하늘로 먼저 승천하려고 싸움을 하게 되었다. 어느 날 강학소 근처 사는 청년(진성 백씨 백장단)의 꿈에 황룡이 나타나 활을 주며 내일 낮 오시에 이 활로 백룡을 쏴 죽여달라고 부탁하였다. 다음 날 황룡, 청룡, 백룡이 승천할 때 청년은 활을 쏘지 못하고 떨고 있다가 잘못하여 용당샘의 황룡을 쏘아 황룡은 승천하지 못하고 샘에 빠져 죽어버리고 그 청년 가문이 몰락하게 되었다는 전설이다. 전설에는 황룡과 청룡이 이 샘에 살고 있다고 한다. 지금도 샘물은 여름에는 매우 차고, 겨울에는 따뜻하며 가뭄이 심해도 마르지 않는다. 매년 정월 보름 마을 제관은 샘에서 목욕재계하고 제사를 모시고 있다."(맞춤법 필자 수정)

25 1929년 6월 1일.

26 1930년 12월 29일.

27 중국어 학습 교재로 보인다.

28 1929년 9월 3일.

29 두 글자를 나란히 써서 하나의 어휘를 이루는 것을 말한다. '거귀去歸'는 '거'와 '귀'를 함께 써서 '귀가歸家'의 의미가 된다.

30 1929년 9월 10일.

31 1929년 9월 11일.

32 1929년 9월 12일.

33 1929년 9월 16일.

34 1929년 9월 18일.

35 1929년 9월 19일.

36 1929년 9월 20일.

37 1929년 9월 21일.

38 1929년 9월 23일.

39 1929년 9월 24일.

40 1929년 9월 26일.

41 1929년 9월 27일.

42 1929년 9월 28일.

43 1929년 9월 29일.

44 1929년 10월 1일.

45 1929년 10월 2일.

46   1929년 10월 3일.
47   1929년 10월 4일.
48   1929년 10월 5일.
49   1929년 10월 12일.
50   1929년 10월 13일.
51   1929년 10월 14일.
52   1929년 10월 15일.
53   1929년 10월 16일.
54   1929년 10월 17일.
55   1929년 10월 18일.
56   1929년 10월 22일.
57   1929년 10월 23일.
58   1929년 10월 24일.
59   1929년 10월 25일.
60   1929년 10월 27일.
61   1929년 10월 28일.
62   1929년 10월 30일.
63   1929년 11월 1일.
64   1929년 11월 2일.
65   1929년 11월 3일.
66   1929년 11월 4일.
67   1929년 11월 5일.
68   1929년 11월 6일.
69   1929년 11월 7일.
70   1929년 11월 8일.
71   1929년 11월 9일.
72   1929년 11월 10일.
73   1929년 11월 11일.
74   1929년 11월 12일.
75   1929년 11월 13일.
76   1929년 11월 14일.
77   1929년 11월 15일.
78   1929년 11월 16일.
79   1929년 11월 17일.
80   1929년 11월 18일.
81   1929년 11월 19일.
82   1929년 11월 20일.
83   1929년 11월 21일.
84   1929년 11월 23일.
85   1929년 11월 24일.
86   1929년 11월 25일.

87 1929년 11월 26일.

88 1929년 11월 27일.

89 1929년 11월 28일.

90 1929년 11월 29일.

91 1929년 11월 30일.

92 1929년 12월 3일.

93 1929년 12월 4일.

94 1929년 12월 5일.

95 1929년 12월 6일.

96 1929년 12월 7일.

97 1929년 12월 8일.

98 1929년 12월 9일.

99 1929년 12월 10일.

100 1929년 12월 11일.

101 1929년 12월 16일.

102 1929년 12월 17일.

103 1929년 12월 18일.

104 1929년 12월 19일.

105 1929년 12월 20일.

106 1929년 12월 22일.

107 1929년 12월 23일.

108 1929년 12월 28일.

109 1929년 12월 29일.

110 1930년 1월 3일.

111 1930년 1월 4일.

112 1930년 1월 5일.

113 1930년 1월 6일.

114 1930년 1월 9일.

115 1930년 1월 10일.

116 1930년 1월 11일.

117 1930년 1월 13일.

118 1930년 1월 15일.

119 1930년 1월 16일.

120 1930년 2월 28일.

121 1930년 3월 2일.

122 1930년 3월 25일.

123 1930년 6월 13일.

124 태극교는 1907년 송병화가 창시한 유교계의 신종교이다.

125 『한사경』은 한말의 대표적인 역사가이며 교과서 편찬자였던 김택영이 중국으로 망명한 뒤 1918년 중국 통주通州에서 간행한 책으로, 조선 건국에서 1910년까지의 조선시대 역사를 기록하였다.

126 1923년 6월 1일.

127 『한사경변韓史綮辨』은 김택영이 편찬한 조선왕조사인『한사경』에 대한 비판서로, 1책으로 구성된 연인鉛印 신활자본이다. 1918년『한사경』이 출간되자 이에 대한 비판서가 유림에 의해 나왔으며, 그 가운데『한사경변』의 명칭으로 나온 것은 맹보순孟輔淳 편집본과 이병선李炳善 편집본의 두 종류가 있다. 맹보순 편집본은 한홍교韓興敎 외 101명의 연서로 유림총부儒林總部에서 1924년 간행하였다. 이 책은 1923년 9월『조선일보』에 연재된『한사경』에 대한 반론의 전문을 정리한 것으로 머리말, 본문, 총론의 순으로 구성되어 있다. 본문에서는 162조에 걸쳐『한사경』의 내용을 반박하고 있다. 이병선 편집본은 태극교본부太極敎本部에서 1924년 편간한 것으로 213조에 걸친 반박문 외에 통고문通告文·성토문聲討文·경성신사찬동자개략京城紳士贊同者槪略·지방신사찬동자개략地方紳士贊同者槪略을 첨부하고 있다. 김택영이『한사경』에서 신왕과 신헌의 잘못을 숨기지 않고 그대로 직어 이들의 실징과 부도덕을 강조하는 것으로 망국의 원인을 찾으려 하였던 것에 반해,『한사경변』은 왕권을 옹호하여 군주에 의한 지배 체제를 그대로 유지하려는 입장에서 출발하고 있다.『한사경변』은 주자학적 논리를 지키고, 군주와 선헌에 대해서는 충절을 다해야 한다는 전통적인 도덕 의식에서 나온 책이다.

128 1924년 2월 22일.

129 1926년 4월 16일.

130 1926년 5월 19일.

131 남붕,『해주소언』권3,「청설태극교지부서請設太極敎支部書」참조.

132 남붕,『해주소언』권3,「진잠향교사림중통고문鎭岑鄕校士林中通告文」참조.

133 남붕,『해주소언』권3,「향약계안수정서鄕約契案修正序(代主倅趙重翊作)」.“계장契長으로 추대되어 진잠 현감 조중익趙重翊(1871~?)을 대신하여 향약의 계안을 수정하면서 쓴 서문이다. 남전 여씨의 향약과 진잠 향약이 시작된 유래에 대해 말한 다음, 이번에 계안을 수정하는 취지를 밝혔다.”

134 남붕,『해주소언』권4,「답태극교유림문목答太極敎儒林問目」참조.

135 이은영,『해주소언』,『문집해제』25, 한국국학진흥원, 2017, 404쪽 참조.

136 1933년 1월 12일.

137 1933년 4월 1일.

138 이와 관련한 자세한 내용은 심층포럼에 함께 참여한 안경식 교수의 논문을 참조하기 바란다. 안경식,「남붕의 일기를 통해 본 1920년대 영덕 지역의 신구 교육 갈등」,『국학연구』41, 한국국학진흥원, 2020.

139 칠우정은 1700년대에 칠우정 권대림權大臨이 안동 권씨 집성촌인 송천리 마을 한가운데에 지은 집이다.

140 1922년 6월 19일.

141 1922년 6월 21일.

142 1922년 6월 28일.

143 1922년 7월 3일.

144 기망은 16일이고, 적벽의 놀이는 뱃놀이를 말한다. 임술년 7월 16일은 송나라 소식蘇軾이 황주黃州로 귀양 가 있을 때 적벽에서 뱃놀이한 날과 간지와 날짜가 같으므로, 소식처럼 뱃놀이를 한다는 것이다. 소식이 일찍이 임술년 가을 7월 기망에 객과 함께 배를 띄우고 적벽 아래에서 노닐며 한껏 흥을 붙인 일이 있는데, 자세한 내용은「전적벽부前赤壁賦」에 보인다.

145 경북 영덕군 창수면 인량리仁良里의 '윗나라골'이다.

146 1922년 7월 7일.

147 1922년 7월 8일.

148 1922년 7월 9일.

149 지방에 거주하는 사족士族이 중심이 되어 운영한 지방자치회의이다.

150 1922년 7월 13일.

151 1922년 7월 14일.

152 1922년 7월 16일.

153 1922년 7월 22일.

154 1922년 9월 2일.

155 음력 2월과 8월의 상정일上丁日에 공자를 모신 사당에서 지내는 제례이다.

156 1923년 8월 1일.

157 1924년 2월 26일.

158 자리에 없는 사람을 그리워한다는 탄식을 말한다.

159 1926년 6월 2일.

160 1929년 7월 22일.

161 1930년 8월 22일.

162 1933년 5월 22일.

163 1923년 10월 5일.

164 1926년 6월 3일.

165 1924년 2월 26일.

166 1927년 9월 6일.

167 1928년 4월 3일.

168 『1928년 5월 4일.

169 『해주일록』 1932년 10월 25일자 내용. "나는 북간도北間島에 사는 종인宗人 남신하南信夏를 통해서 서공 또한 중화의 한 위인임을 알고 서로 편지를 주고받았는데, 마음을 비우고 도를 즐기는 그의 태도는 과연 보통사람의 것이 아니었으니, '6천 리를 사이에 두고 나눈 정신적 사귐[六千里神交]'이라 할 만한데, 이제 갑자기 세상을 떠나서 놀라움과 슬픔을 견딜 수 없다."

170 줄모심기와 관련한 내용은 심층 포럼에 함께 참여한 이성임 교수의 발표 내용에서 동기를 얻어 참고한 것이며 세부 사항은 다음 논문을 참조하기 바란다. 이성임, 「해주일록을 통해 본 영덕의 유학자 남붕의 농사 관리 방식」, 『국학연구』 41, 한국국학진흥원, 2020.

171 達捨藏, 『慶北大鑑』, 東洋文化協會, 1936, 696쪽(손경희, 「1920~30년대 해주 남붕의 질병 인식과 치료 방법」, 『국학연구』 41, 한국국학진흥원, 2020, 282쪽에서 재인용).

172 1923년 5월 8일.

173 1924년 5월 21일.

174 『해주소언』, 1925년 윤4월 24일.

175 『해주소언』, 1926년 5월 8일.

176 『해주소언』, 1926년 5월 11일.

177 1926년 6월 3일.

178 1929년 5월 29일.

179 1930년 5월 17일.

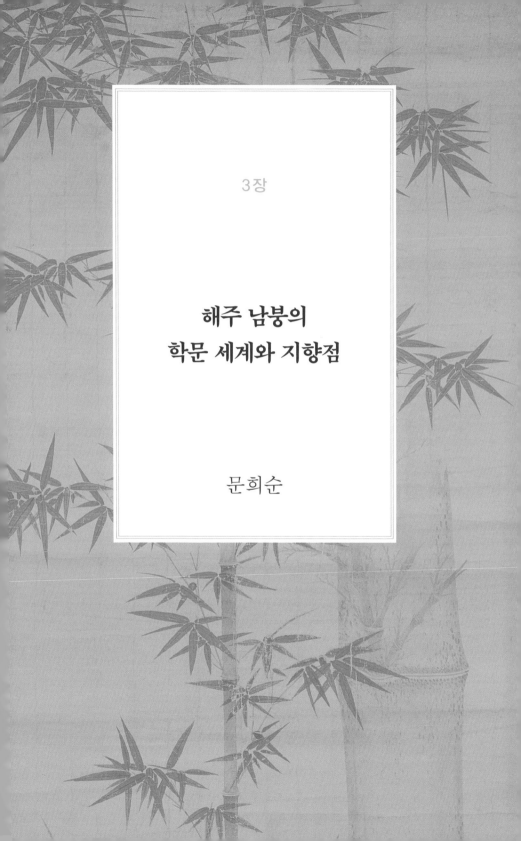

3장

해주 남붕의
학문 세계와 지향점

문희순

들어가며

　해주 남붕은 17세부터 일기를 쓰기 시작하여 졸하기 전날까지 50여 년간의 일상을 기록으로 남겼다. 1928년 5월 26일 일기에 "상자 속에 있는 옛날 문적을 보니 곧 병술년과 정해년의 일기였다. 그 글씨가 매우 졸렬하였으나 글은 왕왕 볼 만하고, 뜻과 기개는 또 매우 취할 만하였다"고 썼다. 병술년(1886)과 정해년(1887)은 남붕 17~18세 때이다. 남붕의 일기는 현재 53~64세까지의 분량이 『해주일록』『해주소언』이라는 이름으로 전해진다. 이 일기는 남붕의 생애와 하루를 엿볼 수 있는 기록의 보고이자 자서전이다. 남붕은 이전에 써놓았던 일기를 베껴서 정리·수정하기도 하였다.[1] 후세 호사자가 자신의 일기를 가려 뽑아 책으로 만들 수도 있다는 가정도 하였는데,[2] 이는 자신의 일기 기록물에 대한 자부심이 표현된 것으로 보인다.

　남붕은 7세에 할아버지 암월공 남효달에게서 한학 공부를 시작하여 졸할 때까지 평생을 독서로 일과를 삼았다.[3] 남붕은 자신의 독서하는 삶에 대하여 '하늘이 내린 맑은 복[淸福]'[4]이라 생각하고 신선의 삶으로 비유하기도 하였다. 남붕은 자기 공부에 철저했던 사람이다. 환갑의 나이에도 손자와 학생들을 가르치는 것이 "즐거움도 많지마는, 자신의 공부에는 방해가 된다"[5]고 말할 정도였다. 경서와 선현들의 저술 등 유가서를 읽으며, "오로지 조존操存과 근독으로 공부를 삼으니, 아무리 다급하고 아무리 위급한 상황이 있다 하더라도 반드시 이에 의거할 것이다"[6]라고 다짐하기도 하였다. 남붕은 "평생 동안 글을 읽은 것은, 자신을 반성하고 스스로 수양하여 사람 된 도리를 다하고자 하는 것일 뿐"[7]이라며 삶을 마감하는 날까지 '위기지학'에 전념했다.

그러나 당대는 물밀듯이 밀려들어오는 신학문과 일제 치하의 근대 격동기, 신구 갈등과 가치관의 충돌이 첨예화되던 시대였다. 남붕은 이러한 시대 현상에 대하여 "세상 도리가 한 번 변한 뒤로 부형들이 신학문이 있는 줄만 알고 옛날에 익히던 한문은 전폐하였다. 윤리와 도의가 삶의 일용이 되는 것을 알지 못한다. 신학교에 들어가지 않는 자도 신학문과 구학문을 다 포기하여 한 글자의 지식도 없다. 금수와 차이가 거의 없을 정도이다. 나는 이런 일이 두려워 유교회사儒敎會社를 설립하여 유가의 법도로 진작시키려 한다. 우선 가족과 가까운 이웃에 먼저 가르침을 베풀어 짐승과 오랑캐처럼 무지하게 되는 것을 면하게 하려고 한다"[8]고 말하였다. '유교회사 설립 → 유가의 법도 진작 → 짐승과 오랑캐의 무지 모면 → 윤리와 도의가 있는 삶'을 꿈꿨던 것이다.

남붕은 어쩌면 조선시대의 유자보다도 더 철저한 유자로 살았다. 새벽에 일어나 잠·명 암송, 경서 외우기, 부모님께 문안, 사당 배알, 아침 식사, 하루의 일과(농업 경영, 문중 일, 향교 일, 위장 및 만사 쓰기, 편지 쓰기, 작시문, 접빈객 등), 저녁 식사, 경서와 두율(고문) 암송, 일기 쓰기를 한결같이 수행하였다. 과로의 나날은 잦은 병치레로 이어지기도 하였다.

한편 남붕은 문학유자文學儒者로도 이름이 났다. 1926년 한여름 더위가 몹시 곤혹스럽던 어느 날, 영해읍 주재소의 소장이 남붕을 찾아왔다. "당신의 학문과 명성을 많이 들었다. 모범이 되는 문학을 보고싶고, 품고 있는 보배로운 비결을 듣고 싶다"는 것이었다. 남붕은 "하나도 잘하는 것이 없다"[9]고 대답했다. 그렇지만 평생을 문학 작품 창작에 몰두했던 것도 사실이다. 남붕은 시문학이 사람을 흥기시킨다고 여겼다. 그런 작업의 결실은 문집『해주소언』8권 4책에 수록되어 있다.

이 글은『해주일록』에 기록된 남붕의 다양한 모습 가운데 ① 퇴계 이황의 존모와 계승으로 본 학문 세계, ② 문학유자로서의 문학에 대한 인식론, ③ 인생 궁극의 지향점 등에 초점을 맞춰 독해하고자 하였다. 이 연구를 통하여 남붕이라는 인물 이해에 한발 더 다가서고자 한다.

생애와 하루

남붕의 생애와 하루는 일기『해주일록』과『해주소언』에 기록되어있다. 현재는 53~64세, 1922년 윤5월 15일부터 1933년 12월 26일까지의 일기가『해주일록』13권,『해주소언』7권으로 전해진다. 한편 남붕의 시문집으로『해주소언』4책이 따로 있다. 남붕은 애초에 일록은 일기를, 소언은 시문집으로 성격을 달리하여 기록해두었던 것으로 보이는데, 일기를 정리하며 일록과 소언이라는 제목을 혼용한 듯하다. 현전 일록과 소언의 일기 기록 연월을 살펴보면 아래와 같다.

<표 1> 현전 일기 기록 연월

번호	연도	간지	일기 기록월	일기서명	
1	1922	임술	윤5월~8월	해주일록 1	
			8월~12월	해주일록 2	
2	1923	계해	2월~7월	해주일록 3	
			8월~11월	해주일록 4	
3	1924	갑자	1월~2월	해주일록 5	
			2월~5월	해주일록 6	
4	1925	을축	2월~5월		해주소언 1
			5월~9월		해주소언 2
5	1926	병인	2월, 5월~10월	해주일록 7	
			1월~5월		해주소언 3
			10월~12월		해주소언 4
6	1927	정묘	1월		해주소언 4
			7월~12월		해주소언 5
7	1928	무진	1월~4월		해주소언 5
			4월~6월		해주소언 6
			6월~12월		해주소언 7
8	1929	기사	1월~2월		해주소언 7
			5월~12월	해주일록 8	
9	1930	경오	1월~5월	해주일록 9	
			6월~12월	해주일록 10	
10	1931[10]	신미			

11	1932	임신	4월~11월	해주일록 11	
			12월	해주일록 12	
12	1933	계유	1월~8월 11일		
			8월 12일~26일	해주일록 13	
			12월		

아래는 남붕의 생애 연보이다. 『해주일록』(일기), 『해주소언』(문집), 「해주남선생행장」(장소개 찬, 1936), 「해주선생묘갈명」(백성훈 찬, 1980) 등을 참조하여 작성하였다.

<표 2> 남붕의 생애 연보

번호	연도	간지	왕력	나이	생애 이력
1	1870	경오	고종 7	1세	• 12월 2일. 영양 남씨 남태진과 어머니 안동 권씨 사이에서 영해 원구리에서 출생하다.[11]
2	1876	병자	고종 13	7세	• 할아버지 암월공 남효달에게 한학을 수업하기 시작하다.[12]
3	1885	을유	고종 22	16세	• 백동기의 딸 대흥 백씨와 혼인하다.
4	1886	병술	고종 23	17세	• 일기 『해주일록』을 쓰기 시작하다.[13]
5	1887	정해	고종 24	18세	• 가을. 향시에 응시하다. 이후에는 과거에 응시하지 않다.[14]
6	1890	경인	고종 27	21세	• 9월. 부친의 명으로 서산 김흥락의 문하에 집지하고 학업을 청하다.[15]
7	1892	임진	고종 29	23세	• 서산 김흥락에게 나아가 『소학』을 강론하고 『대학』을 배우다.

번호	연도	간지	왕력	나이	생애 이력
8	1895	을미	고종 32	26세	• 난고정, 옥천 재사, 광동, 도동을 오가며 『논어』를 읽다.
					• 12월 26일. 부친 남태진이 졸하다.
9	1899	기해	(대한제국) 고종 3	30세	• 10월 11일. 스승 김흥락이 졸하다. 동문들과 김흥락의 유집 편찬을 도모하다.
10	1903	계묘	(대한제국) 고종 7	34세	• 7월 25일. 할머니 한양 조씨가 졸하다.
11	1907	정미	순종 1	38세	• 족인들과 난고공 이하 7세대 영양 남씨 세고인 『연방집』 간행에 참여하다.
12	1909	기유	순종 3	40세	• 아들 남원모가 난고정에서 『중용혹문』을 베끼다.
13	1912	임자		43세	• 봄. 충청도 계룡산 성전(학전)으로 이거하다. • 아들 원모와 도학 강론을 하다.[16]
14	1915	을묘	일제 침략기	46세	• 가을. 박재헌(1875~1926)과 함께 구봉서원 금서헌에서 사서육경을 강론하다.
15	1916	병진		47세	• 계룡산 학전에 거하며 송단기를 짓다.[17]
16	1918	무오		49세	• 봄. 고향 영해로 다시 돌아오다.[18] • 12월 13일. 아들 원모가 죽다.
17	1920	경신	임정 2	51세	• 봄. 상경하다. 태극교 설립에 따른 발문을 여러 사람과 더불어 쓰다.
18	1921	신유	임정 3	52세	• 여름. 김천 대항면 공자동 계곡을 여행하고 「공자동구곡가」를 짓다.
19	1922	임술	임정 4	53세	• 윤5월 16일. 『사우기언』 등사를 남성중에게 부탁하다. • 7월 29일. 중등 과정 교육기관 태화학원이 학생 모집에 들어가자 「향회결의십조」를 지어 유림의 결의를 추진하다.

번호	연도	간지	왕력	나이	생애 이력
20	1923	계해	임정 5	54세	• 8월 5일~9월 21일. 남성중과 함께 경주 일대를 유람하다.
21	1926	병인	임정 8	57세	• 7월 16일. 『운도정음주해』 발문을 쓰다.
22	1927	무진	임정 10	59세	• 7월. 둔세동 일대를 유람하고 여러 편의 시를 짓다.
23	1930	경오	임정 12	61세	• 12월 2일. 화갑이 되다.[19]
24	1931	신미	임정 13	62세	• 1월 30일. 모친 권씨(85세) 졸하다.[20] • 2월 18일. 부친 묘에 합장하다(백일동).
25	1933	계유	임정 15	64세	• 3월 30일. 『선사언행록』 기술을 마치다.[21] • 12월 27일. 졸하다.
26	1934	갑술	임정 16	–	• 2월 17일. 매심산 임좌의 언덕에 장사지내다.

　남붕의 생애와 하루는 진유眞儒의 모습 그대로이다. 평생을 벼슬살이 없이 글을 읽으며 자신을 반성하고 수양하여 사람 된 도리를 다하고자 할 뿐이었다. 조존·함양·근독·성찰과 같은 성리학 사유 체계 속에서 근신 또 근신하는 모습이다. 이러한 평생의 삶의 태도는 졸년인 1933년 새해 아침의 새 다짐에도 잘 드러나 있다. 길지만 전문을 그대로 인용해보기로 한다.

　1933년 1월 1일 임진. 맑고 찬바람이 심하게 붊. 새벽에 정갈한 새 의복으로 갈아입고 전처럼 치성을 드렸다. 잠·명을 전처럼 외웠다. 그리고 『주자서절요』 제2책을 편수의 「답왕상서」부터 「답장경부서」의 「논오왕사」까지 21개의 일과를 외우고 제22과를 읽으니 창이 어느새 밝았다. 비록 명절이라고는 하나 내가 즐거워하는 것이 여기에 있으니 명절을 돌아볼 겨를이 없다.

대개 근년에 겨울 여름 안 가리고 예전에 읽은 것을 배우고 복습하는 것으로 공부를 삼았으나 새로 터득한 것이 없는 듯하다. 신미년(1931) 섣달에 한 보름 동안 공부하여 『주자서절요』 제1책 하편의 반을 읽고 마침내 암송하였으며, 임신년(1932) 1월 이후부터 새벽마다 한 번씩 잇따라 외워 장구하게 잊지 않을 계책으로 삼았다. 11월 초에 이르러 나머지 반을 읽어서 하편을 마치는 공부를 끝냈다. 그리고 제2책을 편수부터 21개 일과를 읽었는데 해가 또 바뀌었다. 겨울철 두 달에 읽고 외운 것을 통째로 계산하면 거의 1책의 2분을 넘고 자행字行이 『맹자』 1부에 해당한다. 매일 성묘한 뒤에 밤낮으로 공부했으니, 또한 부지런히 수고하지 않은 것은 아니다.

나이가 젊고 기력이 왕성한 시절의 태반을 잃어버리고 미적거렸으나 이렇게 노쇠한 나이에 미쳐서 이렇게 스스로 힘을 낼 수 있었다. 그리고 기억하고 외우는 힘이 소싯적과 다름이 없어서 하루의 일과로 50번을 읽으면 곧 외울 수 있었으니, 이것은 아마도 하늘이 묵묵히 도와주신 것이리라. 어떻게 그렇게 할 수 있었는지 나도 모르겠다. 다만 읽고 외우기만 하고 그 이치를 연구하지 못했으며, 다만 그 이치를 살펴 알기만 하고 자신을 반성하여 실천하지 못했다. 그렇다면 이것은 앉아서 용의 고기를 이야기하나 실제로 먹는 효과가 없는 것과 같으니, 글을 읽지 않은 자와 무엇이 다른가!

아, 나는 이제 이순의 나이를 네 살이나 넘겼는데, 남은 해가 이제 다시

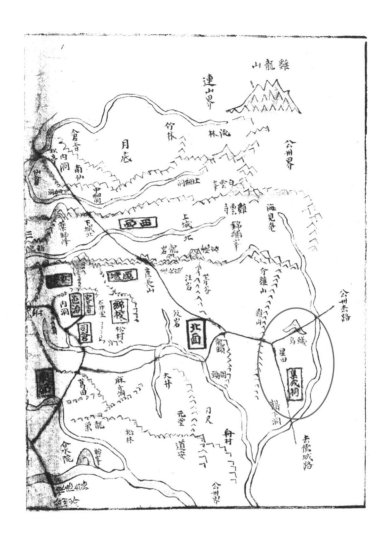

『충청도읍지』 27, 진잠현. 국립중앙도서관 소장. 붉은 원 안의 영역이 성전이다. 성전 왼편 상하로 계룡산 줄기가 감싸고 있다. 성전이 속한 지역은 진잠읍의 북면 관할인데, 원 안에 성전리와 영당리, 원 경계에 학하동리가 있다. 이것으로 미루어, 남붕이 살았던 성전은 의도蟻島 바로 아래 지역이었을 것으로 보인다.

별봉. 앞의 지도 성전 영역 상단에 '의도'가 있다.
의도는 진잠에서 공주와 유성으로 넘어가는 삼
거리 길목이다. 의봉은 추성낙지. 곧 북극성이
떨어진다는 곳으로 '별봉[星峰]'이라 부른다. 이곳
에 후인들이 '천명각天命閣'을 세워놓았다.

얼마나 되겠는가? 배우지 못한 자는 말할 것도 없거니와 배웠다면 알아야 하고, 모르는 자는 논할 것도 없거니와 알았다면 실행해야 한다. 어찌 60년 동안 글을 읽었는데 오히려 읽지 않은 사람과 똑같을 이치가 있겠는가? 결단코 이제부터 무릇 외물을 그리워하는 한가롭고 잡된 마음은 일절 술과 담배를 끊은 사례처럼 단칼에 쳐서 두 도막을 내어 가슴에 머물지 못하게 하고, 한결같이 도의와 덕업에 마음을 두어 좋은 사람이 되어 은연중에 자신을 수양하여 근독하고 성신하려 한다. 무릇 평생 강학한 성현의 격언을 일일이 내 몸에서 열매를 맺게 하여 빈말이 되지 않게 한다면 위로는 하늘을 저버리지 않고 아래로는 사람에게 부끄럽지 않아서 사람의 도리가 나로 말미암아 설 것이다. 이것이 내가 바라는 것이다. 삼가 『일록』에 이것을 기록하여 그런 것을 징험하려 한다.

아침에 궤연에 배알하고 여러 친족의 어른과 젊은이를 접대했는데, 이것은 연초에 하는 옛 관례이다. 새벽에 설날 절천節薦을 행하였다. 오후에 추위를 무릅쓰고 백일동 선비의 묘소에 가서 곡했는데, 동생도 갔다. 길에서 『주자서절요』 제1책 하편 「유승상」의 세 번째 편지부터 「이계장서」까지 외웠다. 밤에 암송을 하지 않고 일찌감치 잠을 잤는데, 지난 새벽과 한밤중에 잠을 못 자 피곤하기 때문이다.

64세 되는 새해 첫 날의 일기이다. 이 일기 내용에는 ① 치성, ② 잠·명 암송, ③ 『주자서절요』 암송, ④ 궤연 배알, ⑤ 친족 접대, ⑥ 명절 제사(절천) ⑦ 선비 묘소에서 곡 ⑧ 묘소 가는 길 『주자서절요』 암송 등이 기록되어 있다. 이날은 새해 아침이어서 ⑥의 절천을 행하고 외부 일정이 없다는 것이 평소와 다를 뿐이다. 대신 일기에는 새해를 맞이하는 단상이 길게 들어가 있다. 남봉이 평생 읽은『주자서절요』에 대해 많은 지면을 할애하였는데, 하루 분량을 읽어 50번을 암송하면 암기가 되었으나 64세의 독서 인생이 다만 암송에 그쳤고[徒能讀誦], 반성과 실천[反身實踐]을 하지 못했음을 한탄하였다. 도의덕업으로 근독성신할 것, 평생 공부한 성현의 격언이 빈말이 되지 않도록 하늘과 사람에 부끄럽지 않은 사람이 되고자 다짐 또 다짐하였다.[22]

남봉의 이와 같은 절실한 마음은 새벽 치성으로 이어졌다. 새벽에 일어나 치성을 드리기 시작한 것은 55세 때인 1924년부터이다. 남봉이 천제에게 치성을 드리는 일은 종숙의 영향이 있었던 것으로 보인다. "종숙과 함께 하늘을 공경하고 마음을 깨우치는 방도를 논하였다. 대개 종숙이 바야흐로 천제에게 치성을 드리는데 매일 한밤중에 하는 것을 법칙으로 삼는다고 한다"[23]고 기록하였다. 종숙은 도동에 사는 '금계 종숙' 남성헌南聖憲으로 보인다. 새벽 치성은 1924년 1월 15일 일기부터 1933년 12월까지 특별한 날을 제외하고는 빠지지 않고 지속되었고 운명하기 전날까지 행하였다.

10년 동안 매번 동지를 만나면 목욕하고 하늘에 고했으며, 밤마다 자시와 축시 사이에 뜰에 서서 묵묵히 기도했다. 이것은 항심이 없는 자라고 말할 수 없다. 그러나 반성하고 수양하는 공부는 매양 흠결이 많고, 마음과 입의 허물은 하늘과 땅에 부끄러움이 많았다. 지금까지도 고치지 못했는데, 어느 때에야 착한 사람이 될 수 있겠는가. 이제부터 분연히 한 번 뛰어올라 진실로 전에 한 말을 실천한다면 거의 소인으로 귀결됨을 면할 수 있을

것이다. 이것이 내가 스스로 기약하는 것이므로 이와 같이 적는다.[24]

대개 계해년(1923) 동지에 개과천선하려는 뜻을 천지신명께 우러러 고하고부터 지금까지 10년 동안 매년 동지에 이와 같이 하고, 또한 매일 밤에 상제께 치성을 드려 착한 사람이 되기를 구하였다. 그러나 여전히 시골 거리의 용렬한 대중이니 탄식을 금할 수 있겠는가. 다만 아직 죽기 전에 이 뜻을 게을리 하지 않는다면 거의 하늘에 계신 영령에 힘입어 어리석은 기질을 변화하여 밝고 넓은 영역에 도달할 수 있지 않겠는가.[25]

남붕은 자시와 축시 사이 칠흑 같은 어둠속에서 상제를 향해 치성을 드렸다. 공부의 흠결, 마음과 입의 허물, 하늘과 땅에 대한 부끄러움, 어리석은 기질 등을 상제에게 고하고 날마다 개과천선 새로운 사람으로 거듭 태어나기를 기도하였다. 위에 인용한 일기에서 남붕이라는 한 인간 존재의 삶의 목표와 고뇌가 고스란히 읽힌다 하겠다.

한편 남붕은 국내외 유림들과의 교류를 통해 학문의 외연과 국제 감각을 넓히기도 하였고, 다양한 계모임 등을 결성하는 등 추진력을 보였으며 유림의 구심점 역할을 담당하기도 하였다. 영해와 안동 등 경상도 지역은 계모임을 통해, 평안도·충청도·전라도·강원도·경기도 등은 서찰과 시문을 통해 교류하였다. 특히 중국 지역은 절강·산동·운남·사천·청도·곡부·섬서 등의 지역 인사들과 교유하였는데, 학문적 내용은 물론 서적 및 문장을 교류하였고 물품이 오고 갔다. 장례시에는 부고가 왔고 남붕은 만사를 부쳐 애도하였다. 남붕의 이러한 국내외 활동과 교류는 우리나라뿐만 아니라 중국·일본 등 주변국의 학문과 질서 동향에도 민감하게 대응하는 모습으로 읽힌다. 남붕은 중국 정부와 총독부에 전쟁을 중지할 것을 제안하는 장문의 편지(「중일정부정전장서中日政府停戰長書」)를 쓰기도 하였다.[26]

남붕의 전 생애에서 주목되는 사건 중의 하나로 충청도 계룡산 아래 진잠 성전星田으로의 이거를 꼽을 수 있다. 영해는 남붕 선대로부터 누대를 내려오면서 살아온 공간이었다. 영해를 떠나 언어와 풍토가 전혀 새로운 충청도 계룡산 아래로 이주했다는 것은 큰 결심으로 여겨진다. 43~49세 때인 1912년 봄부터 1918년 봄까지 6년 동안 아들 원모와 함께 했다.

성전은 학전이라고도 불리는데, 현 대전시 유성구 학하동 일대이다. 학전은 '백학이 내려앉은 곳[白鶴下田]'이라 하여 이름 붙은 것으로, 전국에서 이름난 추성낙지樞星落地의 명당이다.[27] 남붕은 자신이 계룡산 아래로 이주한 사실에 대하여 "세상 일이 예전과 같지 않으니 세상을 피해 은거할 뜻으로 아들 원모를 데리고 간 것"[28]이라고 말하였다. 남붕은 학전에 살던 집에서 「학전송단기鶴田松壇記」를 짓기도 하였다. 남붕은 학전(성전)에서 토지를 매입하여 집을 짓고 살았는데, 훗날 영해로 환향하고 난 뒤에도 토지 소유권 이전 문제로 대전재판소의 공문이 지루하게 오가기도 하였다.

남붕이 계룡산 아래로 이주하게 된 배경에는 ① 진잠에 권씨 집으로 시집간 누이가 살고 있었던 점, ② 영해 영양 남씨 종택 종부 이씨의 친정이 진잠이라는 점,[29] ③ 태극교 창시자 송병화가 진잠에서 가까운 사한리에 살고 있었던 점 등이 큰 요인으로 작용했다고 생각된다. 진잠에 사는 생질 권효상·권계상, 종부 이씨의 친정조카 이무경 등이 진잠과 영해를 자주 오갔다. 태극교는 1907년 송병화가 창설한 유교계의 신흥 종교로 서울 염동에 본부를 두었다. 남붕은 태극교의 지부를 계룡산 지역에 설립하여 공자상을 봉안하고 성학을 강할 것을 모의하였다.[30] 충청도 지역을 기반으로 유교의 새로운 부흥을 꿈꾼 것이다. 진잠 향교 유림들에게 통고문을 보내 태극교의 취지와 재정 문제를 알렸고, 진잠 지역의 향약계에도 적극 관여하였다. 그러나 어떤 연유에서인지 계룡산 학전에서의 꿈은 뜻대로 실현되지 못했다.

1918년 봄, 남붕은 다시 고향 영해로 돌아갔다. 이후 남붕의 유교 진흥 사업은 「유교취지문」을 작성하여 도산서원과 전국의 서원에 통고하는 형태로 이루어졌다. 남붕은 유학이 종교 설립, 교육 사업을 통해 다시 부흥되기를 꿈꿨다.

학문의 세계

1) 퇴계학의 계승

남붕은 평생 퇴계를 존모하였다. 남붕은 구학으로 전락되어가는 유학을 구원하고 유지할 계책으로 퇴계를 종교 선사로 삼고자 하였다. 남붕은 "세상의 도가 날이 갈수록 어두워지고 있다. 우리 도를 유지할 계책은 도산의 사림과 연락하여 퇴도退陶를 종교의 선사로 삼는 것이다. 세상의 동지들과 단합하여 종교를 설립하고 후배 선비들을 장려

해야 한다. 이것만 한 것이 없다"³¹고 말하였다. 퇴계를 본원으로 종교를 설립하여 그 종교를 중심으로 유림이 단합하고 후진 선비들을 장려하기를 희망한 것이다. 이러한 뜻의 「유교취지문」을 작성하여 도산서원과 주변 인물들에게 보여주기도 하였다. 남붕은 "사람의 도를 닦고자 한다면 마땅히 성현을 본받아야 하고, 성현을 본받기 위해서는 공자·안자·자사·맹자·정자·주자·회재·퇴계가 아니고서 그 어디에서 구할 수 있겠는가"³²라고 역설하였다.

이 장에서는 남붕의 퇴계학 계승을 세 가지 측면에서 살펴보고자 한다. 첫째 퇴계 저술의 완미翫味, 둘째『운도정음주해』찬술, 셋째 퇴계 필법의 모방이다.

◆ 퇴서완미

남붕은 위의 생애에서 살펴본 바, 평생을 경학과 정주학을 공부하고 퇴계를 존숭하였다. 약관 이후부터 정주학에 뜻을 두어 그 책과 도를 익히고,³³ 자신의 학문적 연원을 '동방 이학을 집대성하여 정주학을 계승한 퇴계로부터'라고 밝혔다. '퇴계 이황 → 학봉 김성일 → 대산 이상정 → 정재 유치명 → 서산 김흥락'으로 이어지는 퇴계 학맥 속에서 자신의 스승 김흥락을 퇴계의 적통으로 평가하고, 자신이 그 제자였음을 자부하였다.³⁴

우선『해주일록』에서 퇴계의 저술을 배워 익히고 완미한 내용을 정리하면 대략 다음과 같다.

〈표 3〉『해주일록』소재 퇴계집 언급 내용

날짜	퇴계서	비고
1922년 윤5월 22일	『강록』을 보았다.	『심경강록』
1923년 2월 17일	『퇴계집』의 「여조사경서」를 읽었다.	
1925년 3월 2일	『퇴계집』 부록을 보았다.	
1925년 윤4월 16일	『퇴서고증』을 빌려와 틈이 나는 대로 참고하고 살펴볼 자료로 삼았다.	『퇴계문집고증』
1925년 5월 20일	『퇴계문집고증』을 보았다.	
1926년 3월 19일	『퇴계집』의 표전을 보았다.	
1926년 4월 24일	『퇴계집』 4책을 보기 시작하였다.	
1926년 6월 27일	「전습록논변」을 베껴 썼다.	
1926년 12월 17일	『퇴계집』의 「심통성정도」를 잠시 보았으니, 「인극도」를 짓고 싶었기 때문이다.	
1927년 7월 7일	『퇴계집』의 차자를 보았다.	
1927년 8월 1일	『퇴계집』 발문을 보았다.	
1928년 윤2월 12일	『퇴계집』의 「연보」와 「언행총론」을 보았다.	
1928년 4월 30일	『퇴계집』을 조금 보았다.	
1928년 5월 2일	『퇴계집』의 서간 「답기명언논사칠서」를 보았다.	
1928년 5월 3일	『퇴계집』을 보았다.	
1928년 5월 12일	『퇴계집』을 보았다. 밤에 『퇴계집』 몇 판을 보았다.	
1928년 5월 26일	『퇴계집고증』을 보았다.	
1928년 6월 9일	『퇴계집』의 「여기고봉논사칠서」를 보았으니 『도산지』 속에 편입하기 위해서였다.	
1928년 6월 16일	『퇴계집』의 제문을 보았다.	

1928년 6월 26일	『퇴계집』 서간 몇 판을 보았다.	
1928년 8월 9일	『퇴계집』의 퇴계와 기고봉이 사당칠정을 논한 편지를 보았다.	
1930년 4월 23일	『퇴계집』에서 묘갈명과 묘지명이 실린 권을 보았다.	
1930년 7월 9일	『퇴계집』의 「서명해의」를 보았다.	「서명고증강의」
1933년 3월 8일	퇴계 선생의 언행을 서술한 여러 가지 글을 조사해내어 완미하려 한다.	
1933년 3월 13일	퇴계 선생이 찬술한 「회재선생행장」 및 「정암행장총론」을 보았다.	

위의 표에서 알 수 있듯이 남붕은 『퇴계집』의 다양한 글을 보고[看], 읽고[讀], 베끼며[謄] 깊이 음미[翫味]하였다. 퇴계의 시를 읽노라면 마음과 뜻이 시원하게 뚫린다고 말하였다.[35] 남붕이 퇴계의 저술과 가르침을 완미한 유형은 ① 학문적 측면, ② 문장 창작의 전범, ③ 세상을 다스리는 방도와 실천의 세 가지 측면으로 나누어볼 수 있다.

첫째, 학문적 측면이다.

『강록』을 보았다. 대개 『강록』은 계문의 이간재와 천산재 두 공이 퇴도께서 강의해준 학설을 기록하여 책으로 만든 것이다. 대산 선생 때에 이르러서 문인인 김종경에게 명하여 수식하고 윤문하여 일을 끝마쳐서 후학들에게 보여주게 한 것이다. 『심경』이 있다면 『강록』이 없어서는 안 된다. 그러므로 두 책을 함께 살펴보면 자못 일깨워주는 곳이 있음을 깨닫게 된다.[36]

『강록』은 1570년(선조 3)에 발간된 『심경강록』을 가리킨다. 간재 이덕홍李德弘(1541~1596)과 천산재 이함형李咸亨(1550~?)이 편찬한『심경』주석서로, 스승 이황의 학설을 참고하여 지은 책이다. 대산 이상정李象靖(1711~1781)과 문인 김종경(1732~1785)은 다시『심경강록』에서 누락된 부분과 난해한 글귀를 뽑아 주석을 붙인『심경강록간보心經講錄刊補』를 편찬하였다. "『심경』이 있다면『강록』이 없어서는 안 된다"는 말은 이러한 맥락에서 나온 것이다.

『심경』은 송나라 학자 진덕수(1178~1235)가 경전과 도학자들의 저술에서 심성 수양에 관한 격언을 모아 편찬한 책이다. 이 책에는 사서삼경 중에서 가려 뽑은 글과, 주돈이의「양심설」, 정이의「사잠四箴」, 범준의「심잠心箴」, 주희의「경재잠敬齋箴」「구방심재잠求放心齋箴」「존덕성재잠尊德性齋箴」 등이 실려 있다. 이황은 초학자가 처음 공부하는 자리에서『심경』보다 더 절실한 것은 없다며『심경』의 중요성을 역설하였다. 이황의 제자들에 의해『심경』관련 저술이 많이 찬술되었음도 주지의 사실이다. 남붕도 "오로지『심경』의 학문을 주로 하고 싶어졌으나 과연 시종 한결같이 읽고 음미하며 체득하고 실천하여 소인으로 귀결되는 것을 면할 수 있을지 모르겠다"[37]고 고백하며,『심경』과『심경강록』을 평생 손에서 놓지 않았다. 퇴계 학맥의 영향으로 볼 수 있다.

둘째, 문장 창작의 전범으로서의 측면이다.

① 오후에『퇴계집』의 제문을 보았다. 밤에 범일 숙부가 와서 이야기를 나누었다. 구봉에 올릴 기우제문을 부탁하였는데, 이 숙부가 제관이었으므로 와서 청한 것이었다.[38]

119

② 아침 뒤에 『퇴계집』의 「심통성정도」를 잠시 보았다. 「인극도」를 짓고
   싶었기 때문이다.[39]

③ 오늘부터 비로소 선사의 언행록을 찬술하는 일에 유념하여 예전 사람
   이 언행록을 제작한 방법을 보고 싶어서 퇴계 선생의 언행을 서술한 여
   러 가지 글을 조사해내어 완미하려 한다.[40]

④ 퇴계 선생이 찬술한 「회재선생행장」 및 「정암행장총론」을 보았다.[41]

위 인용문 ① ② ③ ④는 남붕이 문장을 지을 때 퇴계의 문장을 전
범으로 삼았음을 보이는 내용이다. ①은 기우제 제문을 지을 때이고,
②에서는 「인극도」를 짓기 위해 퇴계의 「성학십도」 중 한 항목인 「심
통성정도」를 참고하고 있다. ③에서는 남붕이 스승 김흥락의 언행록
을 짓기 위해 퇴계의 언행을 서술한 김성일의 「퇴계선생사전」 「퇴계
선생언행록」과 조목(1524~1606)이 지은 「퇴계선생언행총록」을 참고
하였고, 김흥락의 「류정재행상」, 이재(1657~1730)의 「이갈암선생가
전」을 읽었다. ④에서는 퇴계가 찬술한 「회재선생행장」과 「정암행장
총론」을 참고하였다. 퇴계와 퇴계 학맥을 이은 여러 유학자들의 작
품들을 열독하고 난 뒤에 비로소 김흥락의 언행록을 짓기 시작하였
다.[42] 한편 남붕은 퇴계의 글을 온전하게 이해하기 위해 조목의 「퇴계
선생언행총록」과 김성일의 「퇴도사전」 등을 주요하게 참고하였다.
   셋째, 세상을 다스리는 방도와 실천의 측면이다.

① 『인극대전』의 목록을 만들었다. 위로 복희로부터 아래로 우리나라 퇴계에 이르기까지 사도를 발명한 자에 관하여 가려 뽑아 한 부의 책으로 만들어 우리 유가의 나침판으로 삼으려고 한 것이다.[43]

② 퇴계 선생의 향약 책을 찾아가지고 왔다. 대개 장차 청금회 조약법을 만들 때 본보기를 취하기 위해서였다. 아침 뒤에 한 명에게 수업하였다. 향약을 한 번 보았다. 대개 퇴도 선생의 세상을 다스리는 방도가 대략 이 책에 전하고 있으니, 오늘날 도산청금회에서 마땅히 적용하여 시행해야 할 일이다.[44]

③ 동생과 함께 도산분사를 설립하는 일을 의논하고, 그 취지문을 꺼내 보여주었다. 대개 장차 관청에 통지하려고 해서이다.[45]

④ 또 고을 선비들을 위해 이서경에게 보내는 편지를 대신 지었다. 이들은 다 엽서로 하였다. 정월 10일 사이에 고을 사람 이덕초와 박희택 등 여러 명이 연명으로 이서경에게 통고하였다. 대개 세상 도의가 날이 갈수록 혼미하고 어두운 데로 들어가기에 지금 도산지회를 설치하여 유교를 세우고 후진을 양성하려 한다는 뜻을 담을 것이었다.[46]

①에서는 중국의 복희로부터 우리나라 퇴계에 이르기까지 유도를 발명한 사람들을 가려 뽑은 책 『인극대전』을 엮음으로써 유가의 나침판으로 삼고자 하였다. ②에서는 퇴계의 향약을 모범으로 세상을 다스리는 답을 찾아 시행하고자 하였고, ③ ④에서는 영해에 도산서원 지

회를 설립하여 퇴계를 종사로 삼아 유교 종교를 설립하고자 하였다. 이러한 계획은 ④에서 퇴계의 13대 종손 서경 이충호李忠鎬(1872~1951)에게 편지를 부쳐 유림이 연대하여 실천해 나아갈 방향성에 대하여 의견을 타진하는 것으로 이어졌다.

한편 남붕의 부친 남태진은 『퇴계집』 29권에 상자 세 개를 직접 만들어 책이 산일되거나 훼손되는 것을 방지하였다. 그러면서 친필로 "이 책은 공적인 물건으로 종이를 사서 인출印出하였으니, 책을 보고 완미한 사람은 반드시 종가에 돌려줘야 한다"라고 썼다 한다. 퇴계를 존경하는 정신으로 『퇴계집』을 소중히 공경하여 완미하였고, 그러한 정신은 아들 남붕에게로 고스란히 이어졌다.⁴⁷

◆ 『운도정음주해』 찬술

『운도정음주해』는 남붕이 주희(1130~1200)의 호 운곡산인雲谷山人의 '운'과 퇴계의 호 도옹陶翁의 '도'를 취하여 주자의 한시 53제 93수와 퇴계의 한시 78제 178수를 주해하고 발문을 수록한 책이다. 아래 『해주일록』 인용문 ㉑의 기록에 의하면, 『운도정음주해』는 1917년(정사) 가을에 시작하여 1925년(을축) 6월에 마쳤고, 1926년(병인) 6월에 초본 1책을 완성하였다. 그리고 초본 1책을 정서하기까지는 1926년 5월 19일에서 6월 13일까지 꼬박 24일이 걸렸다. 책은 주자와 퇴계의 한시를 선별하고, 기존 주해를 가려 뽑은 것이지만 8년이나 걸려 완성된 대작업이었다. 남붕은 자신의 창작이 아니고 기존의 주해서를 참고한 것인데도 완성하기가 매우 어려웠다[抄選成註者, 非創造之比, 而其成之之難如此]고 토로하였다.

『운도정음주해』가 완성되어가는 과정에 대해서는『해주일록』에 다음과 같은 기록이 있다.

① 퇴계 선생의 시를 보았다.[48]

② 퇴계 선생의 시를 보았다. 보고 가장 좋은 것에 대하여 목록을 초록하였다. 이는 앞으로『운도정음』속에 편집해 넣기 위해서였다.[49]

③ 아침 뒤에 퇴계 선생의 시를 보았다. 보고 가장 좋은 것에 대하여 목록을 초록하였다. 앞으로『운도정음』속에 편집해 넣기 위해서였다.[50]

④『퇴계외집』의 시를 보았다. 퇴계 선생의 시를 보았다.[51]

⑤『퇴계별집』의 시를 보았다. 오후에 퇴계 선생의 시를 보았다.[52]

⑥ 아침 뒤에 퇴계 선생의 시를 보았다. 오후에『퇴계별집』의 시를 다 보았다. 외집과 별집 속에서 가려 뽑은 것이 3~4수에 지나지 않았다. 또 대다수 초년에 지은 것이었으므로 문장에 힘을 쏟은 것은 매우 높았으나 함축되고 차분한 맛은 적었다. 이것이 바로 군자가 만년에 푹 익히는 공을 귀하게 여기는 까닭이다.[53]

⑦『아송』을 읽고 중요한 것을 가려 뽑았다. 오후부터 저녁까지『아송』을 읽으면서 중요한 것을 가려 뽑았다.[54] 권후경이 내방하여 이야기를 나누고, 또『아송』의 의심스러운 뜻에 대하여 논하였다.[55]

⑧『운도정음』의 주자 시 주해를 다 마쳤다. 대개 주자의 시는 73수이고, 퇴계의 시는 83수이다. 오후에 퇴계 시 주해를 교정하였다.[56]

⑨ 아침 뒤에 아이들에게 책지 두 권에 물을 뿌려 밟으라고 하였다. 장차『운도정음주해』를 쓰려 했기 때문이었다.[57]

⑩ 오후에 작년 여름에 지은『운도정음주해』를 살펴보았다. 대개 정본을

쓰려 했기 때문이다.[58]

⑪ 아침 뒤에 공책에 줄을 그었다. 장차 『운도정음』 사본을 만들기 위함이 었다. 오후에 『운도정음』 몇 장을 썼다.[59]

⑫ 『운도정음』 5장을 베꼈다.[60]

⑬ 오후에 『운도정음』 몇 장을 베꼈다.[61]

⑭ 『운도정음』 3장을 베꼈다.[62]

⑮ 이날 『운도정음』을 베꼈다.[63]

⑯ 『운도정음』 1장을 베꼈다.[64]

⑰ 아침 뒤에 『운도정음』을 베꼈다.[65]

⑱ 오늘 재실에 거하며 간간이 『정음』을 베껴 써놓았다.[66]

⑲ 『정음』 두어 장을 베껴 써놓고 갔다.[67]

⑳ 『정음』을 베껴 썼는데, 저녁이 되어 마쳤다. 도산陶山의 시는 무릇 47장 인데, 나는 눈이 어두워 글씨 쓰는 일을 감당 못하여 주저한 지 오래이 나 자질子姪이나 친구 가운데 이 일을 맡길 만한 이가 없어서 세월을 끌 다가 끝내 장독 뚜껑이 되고 말지나 않을까 두려웠다. 그래서 어두운 눈을 치켜뜨고 손을 대기 시작하여 지금 도산의 시를 베껴 쓰는 일을 마 칠 수 있었다. 만약 또 10일을 더 작업한다면 운곡雲谷의 시도 베껴 쓸 수 있어서 『운도정음』이 책으로 이루어지는 것을 볼 수 있을 것이다. 그 러나 며칠 동안 다만 번잡한 일 및 외출할 일이 있어서 과연 며칠 뒤에 뜻대로 될지 모르겠다.[68]

㉑ 아침을 먹은 뒤에 『정음』을 베껴 썼다. 오후에 『정음』에 주자의 시를 다 베껴 써놓았다. 대개 정사년(1917) 가을에 『운도정음주해』를 시작하여 을축년(1925) 6월에 일을 마쳤고, 지금 병인년(1926) 6월에 이르러 초본

1책을 완성할 수 있었다. 이번 5월 19일에 시작하여 6월 13일에 이르기까지 모두 24일 만에 정서하여 책을 완성하였다. 이것은 다만 두 분 선생의 기존 문자로 말미암아 기존 주해를 선별한 것으로, 글을 처음으로 지은 부류가 아닌데 완성하기가 이렇게 어려웠다. 그러나 초학자가 만약 이에 마음을 쓸 줄 안다면, 또한 도움이 없지는 않을 것이다.[69]

㉒ 아침을 먹은 뒤에 베껴 쓴 『운도정음』 1책을 묶었다.[70]

㉓ 『운도정음』 1책을 묶었다.[71]

㉔ 오시에 『운도정음』에 실린 주자의 시를 교정하였다.[72]

㉕ 아침을 먹은 뒤에 『운도정음』을 교정했는데, 주자의 시를 마치고 또한 퇴계의 시를 교정하여, 오후에 퇴계의 시를 다 교정하였다.[73]

㉖ 아침을 먹은 뒤에 『운도정음』의 서문을 지었다. 대개 지난밤에 시작 부분을 구상했다.[74]

㉗ 아침을 먹은 뒤에 세 번째로 『운도정음』의 서문 초안을 잡았다.[75]

㉘ 아침을 먹은 뒤에 네 번째로 『운도정음』의 서문 초안을 잡았다.[76]

이상이 『운도정음주해』와 관련된 『해주일록』의 기록이다. 위 인용문에서 퇴계의 시를 본격적으로 보기 시작한 것은 1925년 4월 22일부터임을 알 수 있다. 1917년부터 『운도정음』 작업을 시작하였다고 하였지만 현전 『해주일록』은 1922년부터 남아 있다. 위 인용문 ㉑~㉘에서처럼 책을 완성하고 난 뒤 묶고, 교정하고, 서문을 짓기까지 40여 일이 걸렸다. 서문의 초안은 세 번, 네 번 잡았다. ⑧의 기록에 의하면 주해를 마쳤을 때 주자의 시는 73수, 퇴계의 시는 83수라 하였다. 그런데 현전 『운도정음주해』에는 주자의 시 53제 93수, 퇴계의 시 78제 178수가 실려 있다.[77] 「발문」을 쓴 해는 병인년(1926) 7월 16일로 해주 나이 57세 때이다. 남붕은 『운도정음주해』찬술을 위해 퇴계 시에 대한 다양한 서책을 열람하고 공부하였는데, 특히 노애 류도원(1721~1791)[78]이 지은 『퇴서고증退書考證』을 주요하게 참고하였다.

현전 『운도정음주해』 말미에는 남붕의 「발문」이 부록되어 있다. 남붕은 이 「발문」에서 『시경』의 사무사思無邪 정신을 계승한 사람들로 주돈이·정호·정이·장횡거·주자를 거론하였다. 특히 주자는 만세의 법칙이 되는 위대함이 있고, 주자의 학문이 동방에 전해져서 퇴계가 주자의 적전이라 말하였다. 동방의 선비가 주자의 학문을 구하고자 하면 반드시 퇴계로부터 시작되지 아니한 자가 없고, 시에 있어서도 또한 그러하다고 하였다. 그리하여 정조의 명에 의해 발행된 주자의 시선집 『아송雅頌』과 퇴계의 시문집 『퇴도시집』 가운데서 시를 가려 뽑아 제가의 설을 채집하고 주해를 달아, 보는 이들로 하여금 편리하게 하고자 하였다고 말하였다.[79]

『운도정음주해』에 실린 시는 음풍농월의 사장적 측면보다는 도의道義의 맥락에서 세교世敎에 도움이 될 수 있는 주제들로 이루어졌다. 주해의 서술 방식은 각 시의 이해를 돕기 위해 시어의 출처와 고사에 대한 주석, 해설, 평가(평어)를 곁들이는 순서이다. 평가의 주된 주제는 '권면勸勉(학문學問, 함양涵養, 독서讀書, 지경持敬)·윤강倫綱(군친君親, 형제兄弟, 붕우朋友)·경성警省(성색聲色, 출처出處, 공부工夫, 궁행躬行, 물욕物慾)·회앙고인懷仰古人·은거낙도隱居樂道·도체유행道體流行·탄세도歎世道·변이단辨異端'[80] 등이다.

1. 『운도정음주해』 표지 | 2. 『운도정음주해』 권1 주자 시
3. 『운도정음주해』 권2 퇴계 시 | 4. 남붕 발문의 일부
이 책은 남붕의 친필본으로 여겨진다. (사진제공: 김홍영)

◆ 퇴계 필법의 모방

남붕은 글씨에 있어서도 퇴계의 필체를 모방하고자 하여 수시로 퇴계의 필체를 익혔다[習退筆]. 퇴계의 필체를 익힌 것은 1924년 2월 27일부터 3~5월에 걸쳐 거의 매일 집중적으로 이루어졌다. 그리고 퇴계 친필의 『매화시첩梅花詩帖』도 익혔다.[81] 『매화시첩』을 베껴 쓴 이유는 퇴계의 필법을 본뜨려 한 것이었다.[82]

『매화시첩』은 퇴계가 자신이 지은 2천 여 수의 시 가운데 매화를 주제로 읊은 한시만을 선별하여 친필로 써서 엮은 필첩이다. 『매화시첩』에는 64제 91수의 매화 시가 수록되어 있다. 퇴계는 일찍이 시 「용대성조춘견매운用大成早春見梅韻」에서 "나는 매화를 혹독하게 사랑하는 버릇을 타고 났다[我生多癖酷愛梅]"고 말할 정도로 매화를 애상愛賞하였다.

남붕은 『운도정음주해』에 『매화시첩』에 수록된 매화 시 「임자정월이일입춘壬子正月二日立春」, 「고산영매孤山詠梅」, 「도산월야영매陶山月夜咏梅」 6수, 「옥당억매玉堂憶梅」 등을 수록하였다. 다음은 『매화시첩』에 첫 번째로 수록된 「옥당억매」이다.

「玉堂憶梅」	「옥당에서 매화를 생각함」
一樹庭梅雪滿枝	뜨락 한 그루 매화 가지에 눈 가득하니
風塵湖海夢差池	세상 풍진에 품었던 꿈이 어긋나도다.
玉堂坐對春宵月	옥당에 앉아 봄밤의 달을 대하고 있노라니
鴻鴈聲中有所思	기러기 소리 가운데 생각나는 사람이 있네.

남붕은 이 시에 대하여 "장한張翰이 강동으로 가는 뜻을 보인 것이

다"[83]라고 설명하였다. 장한은 진나라 사람인데 당시 정치가 혼란해진 것을 보고 벼슬을 사직하고 고향인 오군으로 돌아갔다. 퇴계는 이시를 지은 1542년(임인) 홍문관 부교리 직책으로 옥당에서 숙직하며 뜰에 핀 매화를 노래하였다. 비록 영예로운 벼슬자리에 있다 하더라도 언제나 거리낌 없이 물러나겠다는 뜻이 함의되어 있다.

다음은 「도산월야영매」6수 가운데 첫 번째 시이다.

「陶山月夜咏梅」	「도산 달밤의 매화를 읊다」
獨倚山窓夜色寒	홀로 산창에 기대니 밤빛은 차갑고
梅梢月上正團團	매화 가지 위에 걸친 달 참으로 둥글도다.
不須更喚微風至	새삼스레 실바람 불러올 필요 없는 것은
自有淸香滿院間	맑은 향기 절로 뜰에 가득하기 때문일세.

도산의 차가운 달밤. 창가에 기대어 매화 가지 끝에 걸친 둥근 달을 본다. 새삼스럽게 미풍조차도 필요치 않은 것은, 매화의 청향이 온 담장 안에 가득 차 있기 때문이다. 퇴계가 혹독하리만치 사랑한 달밤의 도산 매화이다. 매화는 맑고[淸], 시리며[寒], 참되고[眞], 굳건한[剛] 물성을 가졌다. 매화는 서리와 눈을 두려워하지 않고 언 땅 위에 은은한 맑은 향기를 뿜어내어 고결한 선비의 정신으로 비유된다.

퇴계는 매화를 '절군節君, 매군梅君, 매형梅兄'이라 부르며 인격체로 예우하였다. 그는 졸년인 1570년(경오, 선조3) 12월 3일, 매화 화분이 자신의 곁에 있자 다른 곳으로 옮기라 말하고 "매형에게 불결한 일이기 때문에 마음이 편치 않아서이다"라고 말하였다.[84] 12월 8일

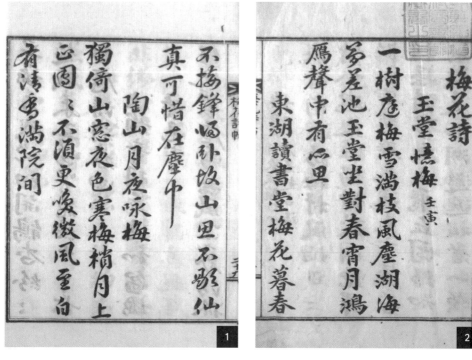

1. 『매화시첩』 수록 「옥당억매」 시.

2. 『매화시첩』 수록 「도산월야영매」 6수 중 첫째 시.

　『매화시첩』은 이성호가 1933년 『퇴계선생매화시첩』이란 제목으로 대구 진진당에서 석판
　인쇄하였다. 국립중앙도서관 소장본.

운명을 달리하던 날 아침에도 "화분의 매화에 물을 주라"고 명할 정도였다.

남붕은 『매화시첩』에 수록되어 있는 퇴계의 매화 시 91수를 쓰고 또 쓰며 퇴계를 경모景募하였으리라. 고인의 친필을 모방하여 임서하며, 매화의 고매한 형상, 퇴계의 인품과 시경詩境에 젖어들어 닮고자 하였다. 성리학을 통해 정립된 퇴계의 인생관과 우주관, 『매화시첩』에 표상된 퇴계의 문학과 도의 세계를 익히고 쓰며 이理에서 발현하여 착하지 아니한 것이 없는[發於理而無不善] '순선純善의 이학세계理學世界'로 빠져 들어갔던 것이다.

2) 문학론의 전개

◆ 세교와 재도의 문학론

남붕은 문자는 비록 말단의 기예이기는 하지만 경솔하게 여겨서는 안 된다[85]고 강조하였다. 남붕의 문학에 대한 인식은 한마디로 세상의 가르침에 효용이 있고 도의를 실어야 한다는 '세교·재도載道의 문학론'이라 말할 수 있다. 다음의 『운도정음주해』 발문과 「여유범암연즙與柳汎庵淵楫」에 잘 드러나 있다.

> ① 우리 부자께서 '사무사' 세 글자로 『시경』 300편의 대의를 단정하여 말씀하시기를 '이 한 마디 말로 포괄할 수 있다'고 하셨으니, 곧 성인이 시로써 교화를 세우신 뜻이 중요하지 아니한가? (…) 아! 시의 쓰임이 음풍농월, 화조의 시름, 청백의 대구에 그쳐 문인·운사의 소요 영탄의 바탕일 뿐이라면, 있은들 세상의 교화에 무슨 도움이 되며, 없은

들 문적에 무슨 부족함이 있겠는가? 진실로 쓸모없는 빈말이요, 급하지 않은 군일인 것이다. (⋯) 우리 정종대왕께서 일찍이 시를 채집하여 『아송』 두 책을 만들고 서관에 명령하여 인출 반포해서 사방의 선비들로 하여금 외우고 익혀 흥기시켰다. 그 글은 곧 시이지만, 그 뜻은 곧 도에 들어가고 덕에 나아가는 방법이요, 마음을 다스리고 몸을 수양하는 요지이다. (⋯) 아, 『아송』 한 책은 진실로 시교詩敎의 지남이 되니, 다른 것에서 구함을 기다릴 필요가 없다.[86]

② 대개 사장 음영의 학문은 또한 유자의 한 가지 기예이기는 합니다. 그러나 진실로 도의로써 맥락을 잡지 않는다면 빈말이 되어, 족히 가르침이 될 수 없습니다. 그러므로 그윽이 운곡·퇴도 두 선생의 시 가운데 가르침이 있는 편 수백 수를 읊조리고 완상 궁구하는 자료로 삼고 또한 이것을 동지 선비들에게 권하려 합니다.[87]

남붕은 ①의 인용문에서 『시경』과 『아송』 두 권의 책을 말하며 '입교立敎·세교·시교詩敎·입도진덕入道進德·치심治心·수신修身'의 중요성을 강조하고 있다. 문학이 바람과 달을 읊고, 꽃과 새의 근심과 번뇌를 말하고, 청색과 흰색을 뽑아 배합하고, 감정을 읊조리는 것에나 국한된다면 세상의 교화에 무슨 도움이 되겠는가라고 반문한다. 남붕은 문학이 단순히 자연 현상만을 읊조리고[吟風弄月], 대구의 기교[抽靑妃白]를 부리는 데만 치중하는 것은 아무런 쓸모가 없는 일[無用論]이라 치부하였다. 이는 헛말[空言]과 군일[冗務]에 불과하다는 것이다. 문학이 유용하게 되기 위해서는 세상의 가르침, 곧 교훈적인 측면이 있어야 한다는 세교론적 견해를 피력하였다.

②의 인용문은 범암 유연즙(1853~1933)에게 쓴 편지에서 한 말이다. 사장 음영, 곧 시는 유자의 한 가지 기예이기는 하나, 도의로 맥락을 잡지 않으면 이 역시 헛말[空言]이 되어 가르침이 되지 않는다[不足爲敎]고 하였다. 그렇기 때문에 자신이 세상의 가르침이 있는 주자와 퇴계의 시를 가려 뽑아 세상을 교화하는 자료로 삼고자 한다는 것이다. 유연즙에게 보낸 편지에서 강조되는 지점은 바로 '문장은 도를 실어 표현해야 한다[文以載道論]'는 이론이다. 문학을 도덕과 교육의 실현을 위한 하나의 방법으로 보는 효용론적 견해라 하겠다.

남붕의 이러한 문학관은 퇴계를 위시한 우리나라 역대 도학가들의 문학 이론과 맥을 같이한다. 재도론은 언뜻 도학을 우위에 두고 문학을 하위에 두는 것처럼 보이기도 한다. 그러나 재도론은 문학의 언어가 한낱 수식과 꾸밈에 그치는 것을 경계한 이론이라 하겠다. 도를 실은 말에 문체까지 겸비된다면, 그 말은 더 멀리 더 오래 행해지는 것이 당연한 이치이기 때문이다. 그리하여 남붕은 문학이 '그 글은 시이지만, 그 뜻은 도에 들어가고 덕에 나아가며[入道進德], 마음을 다스리고 몸을 수양하는[治心修身] 요체'가 되어서, 사람을 더욱 흥기시키기를 기대하였던 것이다.

◆ 『두율』과 『문장궤범』의 사법

남붕은 『두율』과 『문장궤범』을 문학의 사법師法으로 삼아, 경서류와 거의 대등한 비중으로 암송하였다. 『두율』은 두보의 율시를 가려 뽑아 주해한 책으로, 우리나라 역대 문인들의 한시 학습서로 가장 사랑

받았다. 『문장궤범』은 중국 송나라 사방득謝枋得이 한유·유종원·구양수·소순·소식을 중심으로 당·송 시대 작가의 고문 69편을 수록한 책이다. 한유의 글이 31편으로 가장 많다.

남붕은 출타하였다가 늦게 귀가하거나, 빈소에 가서 곡을 하고 귀가한 경우, 종중 일로 심각한 사안이 발생하였다 하더라도 저녁에 집에 돌아와서는 『두율』과 『문장궤범』을 암송하고 잤다. 특히 두보 시의 경우에는 특별한 사유가 없는 한 매일 밤 암송하였다. 그 내용의 일부만을 살펴보면 아래와 같다.

① 독서한 지 50년이 되었는데 지금에 외운 것을 묵묵히 따져보면 『논어』 7책, 『중용』과 『대학』 2책과 『혹문』 2책, 『맹자』 7책, 『문장궤범』 1책, 『두율』 2책이다. 이후로는 이미 외웠던 이것을 돌아가며 익혔다.[88]

② 아침에 『두시』를 외웠다. 아침을 먹은 뒤에 계속 『두시』를 외웠다. 대개 6월 25일에 『두시』 읽기를 시작하여 7월 23일에 상하 두 책을 다 외웠다. 모두 151수를 한 달 만에 공부하였으니 독실하게 전념했다고 할 만하다. 이제부터 길이 자신의 물건으로 만들 수 있을지는 모르겠으나, 시를 읊거나 짓는 데 도움이 된다면 다행이겠다.[89]

③ 『문장궤범』 1책을 다 외웠다. 이전에 외운 것이지만 잊을까 염려됐기 때문이다.[90]

④ 『문장궤범』에서 한유의 글 네 편을 각각 두 번 외우고 선잠을 잤다. 창

이 밝은 뒤에 한유의 글 네 편을 각각 두 번 외웠다.[91]

⑤ 『문장궤범』을 3회 연이어 외운 것이다.[92]

⑥ 『문장궤범』 중 한유의 글을 매 1과마다 두 번씩 외우면서 「절동관찰사」에 이르렀다.[93]

⑦ 한유의 글 「응과목시여인서」부터 유종원의 글 3수, 구양수의 글 3수, 노소의 글 3수까지 외웠다. 창이 밝을 무렵에 소동파의 글을 다 외웠다. 저녁에 『문장궤범』을 한유의 글 편수부터 「원훼」까지 네 차례 외웠다.[94]

⑧ 13일 밤부터 이때까지 무릇 14일인데, 『문장궤범』 1책을 세 차례 복습하는 공부를 마쳤다.[95]

⑨ 지난 그믐날 저녁부터 지금까지 4일이 차지 않는데, 『문장궤범』 1책 상하 편을 비로소 외우게 되었다. 아침 식사를 한 뒤에 또 「진시황부소론」 이하 3편을 더 외웠다. 또 『문장궤범』 편수의 한유 글 「우양양서」에서 편말의 「순경론」까지 외웠다. 이에 비로소 막힘없이 다 외웠다.[96]

현전 일기에서 『두율』을 외운 것은 1923년 6월 22일에서 1933년 8월 23일까지, 『문장궤범』은 1925년 6월 23일에서 1933년 12월 3일까지 기록되어 있다. 운명하던 달까지 전 생애에 걸쳐 암송하고 있음을 알 수 있다. 남붕은 『두율』은 운문인 한시 창작을 위해, 『문장궤범』은 산문 창작을 위해 가장 긴요한 텍스트로 인식하였다. 남붕은 두보 시를 외우는 이유에 대하여 위의 인용문 ②에서 '시 창작에 도움을 받기 위함[助於吟咏戲筆]'이라고 말하였다. 『두율』은 조선 중기 문장 사대가 중의 한 사람인 택당 이식(1584~1647)도 "우리가 마땅히 사법으로 삼고 정력을 기울여야 할 대상으로는 『두율』을 능가할 것이 없다. 무엇보다도 먼저 그것을 숙독하고 음미하며 읊어야 할 것이다"[97]라고 했을 정도로 역대 문인들의 필독 교과서였다.

　남붕은 인용문 ①에서 50년 독서 이력에 대하여 말하였다. 『논어』를 위시한 경서류 외에 문학류는 『문장궤범』과 『두율』만을 거론하였다. ②에서는 『두율』 상·하권 151수를 한 달 만에 독파하여 암송한 일을 말하였는데, 눈을 뜨면서부터 잠들기 직전까지 이루어졌다. 이때는 1923년 54세 때이다. 사실 남붕은 다양한 질병을 앓고 있었다. 종기·안질·이명·치통·학질·설사 등이 문제였는데, 특히나 이명 증세는 날이 갈수록 더욱 심해졌다. "혹은 들리지 않고 혹은 울려서 정신이 산란하여 수습할 수가 없다"[98]거나, "마치 격류 속에 있는 듯하여 심히 걱정스럽다"고 말할 정도였다. 남붕은 이명이 격류 소리로 들리던 날에도 한유의 글 11수를 외웠다.[99] 신실하고도 혹독한[專篤] 나날이었다.

　『두율』과 『문장궤범』은 위의 인용문에서 살필 수 있듯이 선잠을 자고 일어나서도 암송하고(④), 잊을까 복습 또 복습하여(③⑤⑦⑧), 막힘 없이 외워내(⑨), 급기야는 영원히 자신의 물건으로 만들어내고 마는(②, 永爲己物) 단계까지 사법으로 삼았다.

◆ 한·중 작품 비평론

남붕의 일기에는 다양한 인물들의 문집과 저술, 시문 등이 등장한다. 남붕은 종종 그 작품들에 대하여 평론적 관점에서 평가를 가했다. 역사 속 문인과 당대에 교류한 인물들을 포함하는데, 우리나라와 중국 작가의 작품에 대한 평으로 나누어볼 수 있다. 먼저 우리나라 문학 작품에 대한 평을 살펴보면 다음과 같다.

〈표 4〉 우리나라 작품 비평

작가	작품명	비평론	기록일
이병국	「공자동구곡차운」	詩頗沈厚有味, 此友不但詩格長進, 居今之世而趣向自別.	1922년 윤5월 22일
최립	『간이집』	且看簡易集, 其文章之奇古, 眞東方之韓·歐也.	1929년 6월 26일
임용암	『용암집』	朝後, 看庸菴集雜著及附錄狀碣跋畢, 盖其一帙文字, 皆明白曲盡, 而於理不乖, 眞北方之豪也.	1930년 2월 21일
장일상 박곤부 손진락	「차여증운삼편」	午後李炳斗及聖重氏來云, 張一相·朴復·孫晉洛昨日同宿大津, 今稅而金剛山去, 且傳三友次余贈韻三篇, 皆淸絶可誦也.	1930년 8월 4일
남하정	『동소만록』	看桐巢漫錄, 其所錄皆國朝故事, 而議論精明, 文章簡潔, 信不朽可傳之言也.	1930년 11월 1일
남덕우	「하시」	樊浦族祖·德郵氏賀詩, 且示自己所作, 頗精確也.	1930년 12월 3일

조선시대 문장가로 문명을 떨친 간이 최립(1539~1612)의 『간이집』 소재 문장에 대해서는, "그 문장이 기이하고 고풍스러운 것이

참으로 동방의 한유·구양수이다[文章奇古, 眞東方之韓·歐]"라고 극찬하였다.

이병국(1882~1952)은 와구에 사는 사람으로 남붕과는 문우文友이다. 자는 세경世卿으로 일기에는 이세경으로 기록되어 나온다. 이세경은 만사나 제문 등의 문장을 지으면 남붕에게 질정을 부탁하기도 하였다. 남붕은 1921년 공자동 계곡을 여행하고「공자동구곡가」를 지었다.[100] 이세경은 남붕의 구곡시에 차운시를 지었는데,[101] 남붕은 이세경의 차운시에 대하여 평가하기를 "시가 자못 심후하여 맛이 있다. 시의 품격이 크게 진보했을 뿐만 아니라, 오늘날의 세상에 살아도 취향이 본디부터 특별하다[沈厚有味, 詩格長進, 趣尙自別]"라고 극찬하였다.

임용암은 평북 철산군 정혜면 장송동에 사는 사람으로 용암庸菴은 호이다. 임용암의 아들 임대훈은 부친의『용암집』을 남붕에게 우송하였다. 남붕은『용암집』의 잡저·행장·묘갈명·발문 등을 읽고 문장과 사람을 평가하기를 "모두 명백 곡진하여, 이치에 어긋나지 않는다. 참으로 북방의 호걸[明白曲盡, 於理不乖, 北方之豪]"이라 평하였다. 남하정南夏正의『동소만록桐巢漫錄』[102]에 대하여서는 "의론이 정밀하고 분명하며, 문장이 간결하고, 썩지 않고 전해질 말[議論精明, 文章簡潔, 不朽可傳之言]"이라 평가하였다. 장일상·박곤복·손진락 3인이 남붕의 시에 대하여 차운한 시는 "맑고 뛰어나 가히 읊을 만하다[淸絶可誦]"라는 평을 내렸다.

〈표 5〉 중국 작품 비평

작가	작품명	비평론	기록일
육유 두보	『육률』 『두륙천선』	看陸律畢. 我朝曾有杜陸千選, 盖陸詩並駕於杜詩, 而有此選輒成篇, 然詳味兩詩, 陸之不及杜, 遠矣. 鹿豪嘆咤, 豈可同日比觀於冠冕佩玉之悠遠淸和也哉.	1926년 7월 30일
소순	「논」	看蘇老泉文第一冊畢, 始看第二冊論, 盖其文章愈出愈奇, 雖非二子可及, 但不如二子之爲世所趣, 故其著作, 比二子少遜.	1930년 5월 6일
한유	「백이송」	讀韓文伯夷頌十餘番, 盖其**文章雄渾**, 足以**起懶立衰**也.	1930년 6월 10일
		讀伯夷頌數番, 盖其**文章爽豁**, 故時諷讀.	1930년 6월 12일
장범경 경효책 유경증	「둔세동차운」	朝後中國靑島湖南路五十五號張範卿答書及遜世洞次韻來, 又其友臨沂耿君曉策, 及其門人劉慶曾和詩來, 二人盖張範卿所囑也. 三詩**皆好**, 而書意則有不面知己之感也.	1930년 6월 22일
한유	「백이송」	朝後誦伯夷頌數番, 盖**文章爽快**, 時時諷誦.	1930년 6월 23일

앞서 남붕이『문장궤범』을 문장의 사법으로 삼았음을 살펴보았다. 남붕은 고문 가운데서는 특히 한유의 문장을 좋아하였다. 위의 비평론에서 한유의 「백이송伯夷頌」은 "웅혼하여 나약한 사람을 흥기시키고 쇠약한 사람을 일으켜 세우기에 충분하다[文章雄渾, 起懶立衰], 상쾌하고 툭 터졌다[文章爽豁, 文章爽快]"고 극찬하였다. 「백이송」은 백이숙제의 절개를 칭송한 글로, '선비란 주위의 시시비비를 돌아보지 않고 홀로 우뚝 서서 의로움에 나아갈 뿐이다. 백이는 호걸한 선비이다. 백이 같은 사람은 빼어난 뜻을 지니고 홀로 탁월한 행동을 하여, 하늘과 땅

끝에 이르기까지 아무것도 돌아보지 않았던 사람이다. 백이숙제가 없었더라면 난신적자가 후세에 연이어 나왔을 것이다'라는 내용이다. 남붕은 이「백이송」을 낭송하면 할수록 상쾌하여 가슴이 뻥 뚫리는 묘미를 몸으로 체득하였던 듯하다.

육유와 두보 두 시인의 시에 대해서는 '육유의 시가 두보의 시에 많이 미치지 못한다'고 평가하였다. 육유의 시는 "거친 호방함으로 분개하고 개탄하는[麁豪嘆咤]"것이고, 두보의 시는 "예법에 맞는 의관을 잘 차려 입고[冠冕佩玉], 아득히 원대하며 맑고 화창한[悠遠淸和]"것이어서 두 시를 같은 날 나란히 놓고 볼 수 없다는 평가이다. 이러한 평가는『육률陸律』과『두륙천선杜陸千選』을 익히 읽고 내린 결론이다.『두륙천선』은 1799년 정조의 명으로 간행된 것으로, 두보와 육유의 시 1천 수를 뽑아 실은 책이다. 정조는 주자의 시를 뽑아『아송』을 만든 바 있다. 남붕은『두륙천선』이 육유와 두보의 시가 어깨를 나란히 한다고 여겨서 출판된 것이었겠지마는 육유의 시는 두보의 시격에 크게 못 미친다고 평가하였다.

이상의 평론을 종합해볼 때, '심후유미沈厚有味 · 시격장진詩格長進 · 취상자별趣尙自別 · 명백곡진明白曲盡 · 청절가송淸絶可誦 · 의론정명議論精明 · 문장간결文章簡潔 · 문장기고文章奇古 · 정확精確 · 문장웅혼文章雄渾 · 기라입쇠起懶立衰 · 문장상활文章爽豁 · 문장상쾌文章爽快' 등의 풍격 용어들은 시문을 해석하고 감상하는 남붕의 평론가적 의식이 반영된 것이라 할 수 있다. 남붕은 시는 맛이 깊고 두터워 맑고 뛰어난 격조가 있고, 문장은 간결 · 명확하되 곡진하며 상쾌 · 웅혼한 기상이 있는 작품을 높이 평가한 것으로 판단된다.

궁극의 지향점

남붕은 운명하기 전해인 1932년 7월 30일 일기에 "내가 매일 일삼고 매 시간 공부한 것에 대한 간략한 절차와 세세한 목록을 우선 기록하였다. (…) 또 혹시 호사가가 병술년(1886) 이후 22년 동안의 『일록』을 선별하여 합쳐서 한 질의 책을 만든다면, 거의 내가 일생 고심한 것을 알 것이고, 내가 이 세상에서 이룬 것이 없음을 슬퍼할 것이다"라고 쓴 바 있다. 과연 남붕이 일생 동안 고심했던 것은 무엇이고, 삶의 궁극의 지향점은 무엇이었을까? 필자는 남붕이 일기에서 기술한 바를 통하여 다음과 같은 '존성흥학'과 '면소인'의 주제로 응집되는 것으로 파악하였다.

1) 존성흥학

남붕은 존성흥학尊聖興學은 사림이 해야 할 일이고 자신의 평소 숙원이었다고 말하였다. 『해주일록』의 내용을 살펴보면 다음과 같다.

① 청령리에 있는 공씨의 재사에 들어가 점심을 먹었다. 새로 건축한 공자의 영전 세 칸과 외문 세 칸을 돌아다니며 살펴보았다. 대개 공형표가 일찍이 곡부에 들어가 공자의 진영을 본떠 그려왔는데, 경주의 사림인 남교순南教淳·이훤구李烜久 등 여러 사람이 앞장서 주장하여 계를 설립하고 공씨가 거처하는 청령리 산에 영전을 건축하였다. 장차 성상聖像을 봉안하기 위해 나에게 일을 주관할 것을 요청하였다. 그래서 내가 이제 비로소 와서 보았는데, 장차 규모를 확장하여 성인을 높이고 학문을 일

141

으킬 계획을 세웠다. (…) 내가 생각하기에 성인을 높이고 학문을 일으키는 것은 우리 사림의 해야 할 일이고, 또한 평소 나의 숙원이었다.[103]

② 아침을 먹은 뒤에 희여 씨와 향유 두세 명이 청령리에 왔고, 다른 지방에서 모임에 온 자도 몇 사람이었다. 통문 발송하는 것을 의논하고 나에게 글 작성을 맡겼다. 대개 향촌과 경상도의 사림에 널리 알려 성인을 높이고 학문을 일으키는 일을 하고, 한편으로는 계를 만들어 유림을 단체로 만드는 방도로 삼고 싶었던 것이다.[104]

③ 아침 뒤에 공형표의 편지가 왔는데, 돈과 재물에 대한 말이 있었다. 당초 세태를 알지 못하고 함부로 성인을 높이고 학문을 진흥하려고 공형표가 지은 영전의 일을 간섭하였으니 심히 가소롭다.[105]

①에서는 존성흥학 하는 일이 '우리 사림이 해야 할 일[吾林合做事]'이며 자신의 '평생의 숙원[平生宿願所存]'이라고 말하였다. 존성흥학의 실현은 ②에서 보다시피 계 조직을 통해 유림 단체를 만드는 일로 이어졌다. 『해주일록』에는 여러 종류의 계가 언급된다. 정계亭契·강습계講習契·모성계慕聖契·이계里契·학계學契·향약계鄕約契·종약계宗約契·유교동의계儒敎同義契·만향계晚香契·연계계蓮桂契 등이다. 이러한 유림 중심의 조직과 연대는 서세동점의 시대를 맞닥뜨려 유학이 구학이 되고 서학이 신학이 되는 현실에 대응하는 한 가지 방식이었을 것으로 판단된다.

존성흥학을 목적으로 조직된 계로 '모성계' '강습계' '유교동의계'

가 주목된다. 남붕은 모성계 절목과 후서를 짓고(1923년 8월 20일), 절목과 후지, 좌목을 베껴 써서 세상에 통문을 돌려 널리 알리고(1924년 1월 20일, 1월 29일), 가입자들을 모집하였다.[106] 그러나 모성계의 활동 사항에 대해서는 일기에 자세히 기록하지 않아 알 수 없다. 강습계는 곗돈의 규모가 작지 않은 것으로 보인다. 남붕은 강습계의 조가租價로 86냥 7전 5푼을 출급하기도 하였는데,[107] 1927년 한 해 동안 쓴 금전출납 회계가 총 220여 원이었던 점으로 보아 강습계의 규모가 가히 짐작된다.[108]

남붕이 이토록 존성흥학의 일에 전념한 이유는 무엇일까? 이는 성현의 제향 및 강학 공간인 영덕 향교에 중학교라는 신식 학교가 설립되는 일에 조바심을 느꼈기 때문이기도 하다. 그리하여 신식 학교 설립을 막고자 유림들과 연대하여 대책을 수립한 것이다. 향교에 '경학강명소'를 설립해 초하루마다 모여 강학함으로써 스스로 '오도吾道'를 닦고, 위로는 향교 설립의 본뜻을 지키며, 아래로는 중학교 설립을 금지하고자 하였다.[109] 그러나 아무리 신학문의 부당함에 대한 강한 저항 의지를 가졌다 할지라도, 정작 자기 가문 젊은이들이 중학교 과정에 입학하는 것을 막지는 못하였다.[110]

한편으로 남붕은 '향회결의鄕會決議'를 통하여 유교를 더욱 진작시키고자 하였다. 「향회결의십조」를 지어 관청 교섭과 비용 구획, 강회생 모집과 강회의 서목, 임원 선정과 유안儒案의 수정에 이르기까지 그 구체적 내용을 집필하고 향회에 통첩을 보냈다. 이러한 결의는 남붕이 죽기 직전까지 지속되었다. 유교의 도가 다시 일어나기를 바라며 유회를 설립하고자 한 것인데,[111] 사망 몇 개월 전에도 유림 동지 연합 계회를 조직하고 유교의 유지 계책을 위해 「유교동의계취지문儒敎同義契趣

旨文」을 작성하였다.[112] 통문은 도산서원·옥산서원·병산서원·임천서원·돈암서원·동락서원·회연서원·석담서원 등에 부쳐졌다.

그러나 걷잡을 수 없이 변해가는 격변기의 현실 속에서, 남붕이 하루도 빠뜨리지 않고 성독하였던 유교 경전은 구학문의 텍스트로 전락되어가고 있었다. 도도히 밀려들어 오는 신진들의 압박과 대세 속에서 남붕이 꿈꾸는 세상은 점점 더 위축되고 노쇠해졌다. 남붕은 그러한 무기력한 상황에 대하여 조바심내며 고뇌하고 괴로워하였다.[113]

2) 면소인

앞서 살펴보았듯이 남붕의 하루는 새벽에 일어나 저녁 잠자리에 들기까지 경서 성독으로 시작하여 경서 성독으로 끝을 맺었다. 출타나 빈객 등의 방문으로 인한 특별한 경우를 제외하고는 하루도 거르지 않고 이루어진 독업이었다. 남붕은 그러한 자신의 공부는 궁극적으로 '소인으로 귀결되는 것을 면함', 즉 면소인免小人을 위한 것이라고 고백하였다.

① 아침을 먹은 뒤에 『중용혹문』 외우기를 마쳤다. 비로소 오로지 『심경』의 학문을 주로 하고 싶어졌다. 그러나 과연 시종 한결같이 읽고 음미하며 체득하고 실천하여 소인으로 귀결되는 것을 면할 수 있을지 모르겠다.[114]

② 이전 계해년(1923)의 『일록』을 우연히 열람하다 책 가운데에서 협지를 보는데, 그해 동짓날 목욕재계하고 개과자신 할 것을 하늘에 고하는 내용이었다. 올해는 계해년으로부터 딱 10년이 되는 해인데 덕이 이와

같이 향상되지 못했으니 어찌하겠는가? 10년 동안 매번 동지를 만나면 목욕하고 하늘에 고했으며 밤마다 자시와 축시 사이에 뜰에 서서 묵묵히 기도했으니, 이것은 항심이 없는 자라고 말할 수 없다. 그러나 반성하고 수양하는 공부는 매양 흠결이 많고, 마음과 입의 허물은 하늘과 땅에 부끄러움이 많았다. 지금까지도 고치지 못했는데 어느 때에야 선한 사람이 될 수 있겠는가? 이제부터 분연히 한 번 뛰어올라 진실로 전에 한 말을 실천한다면, 거의 소인으로 귀결됨을 면할 수 있을 것이다. 이것이 내가 스스로 기약하는 것이므로 이와 같이 적는다.[115]

③『논어』를 50년 읽었는데 한 마디 말과 한 가지 행동도 성현의 기상에 가까운 것이 없고 여전히 시골 골목의 비루한 사내일 뿐이다. 70세가 될 사람이 앞으로 세월이 얼마나 남았다고 이와 같이 꾸물대고 있는지, 지극한 서글픔과 한탄을 어떻게 말로 표현해야 할지 모르겠다. 이미 지나간 일은 붙잡을 수 없고 내일은 얼마나 남았는가? 혹 마음을 바꾸어서 소인으로 귀결되는 것을 면할 수 있을지 모르겠다.[116]

남붕은 경서 공부에 더욱 뜻을 두고 하늘을 공경하여 자신의 본원을 수습하고자 노력하였다.[117] 근독과 극기를 일상의 요결로 삼아 실학에 힘쓰고, 떳떳한 성품을 내려준 하늘에 부끄럽지 않기를 갈구하였다.[118] 이러한 내용은『해주일록』곳곳에서 발견된다.

위의 인용문 ①에서는 "경서를 시종 한결같이 읽고 음미하여 몸으로 체득하고 실천한다면, 과연 소인으로 귀결되는 것을 면할 수 있을지" 자문한다. 남붕 53세 때의 일이다. 남붕은 앞서 생애 연표에서 보았듯이 7세 때부터 한문 공부를 시작하였다. 이로부터 족히 40여 년의 세월 동안 경서를 읽었음에도, 또 '읽고 음미하고, 체득하고 행하는' 노력을 일관되게 하였음을 알 수 있다. ②에서는 10년 동안 거르지 않고 하늘에 '개과자신'할 것을 고한 일을 밝혔다. 그리고 반성과 수양 공부의 흠결, 마음과 입의 허물로 하늘과 땅에 부끄러움이 많았다고 자책하였다. 그러면서 분연히 도약하여 전에 한 말들을 실천한다면 거의 소인으로 귀결되는 것을 면할 수 있으리라 다짐했다. ③의 기록에서는 『논어』를 50년 읽었다'고 말하였다. 64세 때의 기록이다. 남붕은 이상 ① ② ③의 일기를 통해 혹독한 자기반성과 다짐, 시골의 비루한 사내[村巷鄙夫]의 모습에서 벗어나 좀 더 성현의 기상에 가깝게[近似聖賢氣象] 되도록 정진하였다.

남붕이 7세부터 한문 공부를 시작하여 64세 졸년의 나이에 이르도록 숙야로 성현의 글을 암송하며 오롯이 자신의 세계에 몰입하였던 근본에는 무엇이 있었을까? 자신을 장차 70세가 될, 시간이 얼마 남지 않은 인생으로 비유하며 서글픔과 한탄, 조바심을 가졌던 까닭은 왜일까? 그것은 남붕이 말한 바 군자와 소인의 경계에서 '소인으로 귀결되지 않기 위한[免小人之歸]' 몸부림이었다 말할 수 있을 것이다.

맺으며

지금까지 해주 남붕의 학문 세계와 지향점에 대하여 살펴보았다. 이상에서 논의된 바를 요약하여 맺음말로 삼고자 한다.

伏以

剝極來復易道消長之常機　不亦重乎　來推我

關興喪儒天下古今之道義　宜容勉焉來推我

一太極夫子之道治繪日暮天圓其能於形狀　夫何說

近以來教術多端賊仁害義其必至於無父無君

賢者則是而過於尚遠　人心如何不膚淪　黃河固

不肯因是而難為浮靡　世道如何不匡測　明命赫

然雖知非寸膠之可清　薛敢斜合同志　旣設太極

道儒林之福桿桹桎　蓋取地方金名十三　圖本下工

教本部於京城中央　文設南道總支部列郡中出

是皆不得已而非心　惟我三南金尊座下　勿專以徇人舍

夫堂有所為而炎者　　　　　　　　　勿徒以潔身莱

忘滿處世高標　中天地達人樞　而平征仰之權

已為超時達覩　資霑澤教子弟而適文賢之㜺

以之宗孔氏常仁義　　　　不勝敬仰

以之扶世教淑人心

孔子誕降二千四百七十一年庚申十二月一日南鵬〔印〕〔印〕

再願橫委任萬不棄苻然師友親善之益乃

者若因此而的洋　金君子諒道海吏之庸則景象亦天借我向

道遷善之一端望諸藏目類仰吾幸矗一言得汋服膺㦲

첫째, 해주 남붕의 삶의 여정은 혹독한 수신과 공부의 나날이었다. 몸과 마음을 살피는 데 있어서 잠시라도 틈을 주지 않았고, 『논어』만 해도 50년을 읽었다. 해주 남붕은 7세에 한문 공부를 시작하여 64세의 나이로 죽기까지 평생을 일관되게 한 길로만 살아왔다. 유학 경전과 성리학 공부를 통하여 자신의 인격을 도야하는 한편으로, 명멸되어가는 유업儒業이 후인들에게 지속적으로 이어지기를 바랐다.

둘째, 철학은 퇴계의 적통을 이은 영남학을 고수하면서도 학문의 깊이에 따라 역사 인물을 평가하는 균형 감각을 지니고 있었다. 남붕은 '퇴계 → 학봉 → 대산 → 정재 → 서산'으로 이어지는 영남학의 적통을 이어받았고 그 점을 자부하였다. 그러면서도 학파를 초월하여 역사 인물을 평가하고 이해하기도 하였다. 연재 송병선의 저술 『근사속록』과 『무계만록』에 대한 다음의 평가에서 그의 균형감 있는 학자적 견해를 엿볼 수 있다.

> 모서촌에 가서 조병하曺秉夏 경행景行을 방문하였다. 대개 『궐리지선요』의 목록과 편차가 이루어졌으므로 글씨를 깨끗하게 베껴 쓰기 위해서이다. (…) 조경행은 송연재宋淵齋의 문도로서 자못 지조와 학식이 있는데, 『연재집』 및 연재가 찬술한 『근사속록』 『무계만록』 등의 서적을 꺼내 보여주었다. 연재의 학문과 언론이 이와 같이 넓고 큰데 내가 미처 보지 못하였다. 이것은 한탄할 만하다. 어찌 노론老論 선배라고 해서 그를 외면하겠는가.[119]

연재 송병선(1836~1905)은 1905년 을사조약이 체결되자 울분을 머금고 음독 자결한 노론 학자이다. 송병선의 『근사속록』과 『무계만록』의 저술은 학문과 언론이 매우 넓고 커 자신이 미처 발견하지 못한 것이니 어찌 노론 선배라 하여 외면할 수 있겠느냐고 남붕은 힘주어 말하였다. 남붕의 초학파적 행보는 영남 지역을 떠나 충청도 계룡산 성전리 이거에서도 확인된다. 남붕 인생에서 가장 중요한 시기라 할 수 있는 사십대에 아들 원모와 함께 충청도 땅에 은둔하였던 것은 단순히 공간 이동만의 문제가 아니었던 것으로 생각된다.

셋째, 제도론적 문학관과 작품 세계를 가진 문학유자이다. 남붕은 사물을 접하여 감정이 울컥 치밀어 오른 어느 날, 그 감회로 인하여 슬픔의 눈물을 펑펑 쏟아낸 적이 있다. 그리고 그 감정으로 절구 시 두 수를 내쳐 지었다.[120] 촉발시킨 사건이 무엇인지 구체적으로 진술하지는 않았으나 이 일로 인하여 슬픔의 눈물을 하염없이 흘렸고 한동안 마음을 진정하기가 어려웠다는 것이다. 남붕이라는 한 인간 존재가 본원적 슬픔에 휩싸였을 때, 시로써 감정의 파장을 달랬음을 알 수 있다. 숨길 수 없는 '문학유자'의 모습 그대로이다.

넷째, 시문 창작에서 사법으로 삼은 것은 『두율』과 『문장궤범』이다. 운문에서는 『두율』을, 고문에서는 『문장궤범』을 모범으로 삼았다. 시는 두보, 문장은 한유의 「백이송」을 특히 극찬하였다. 남붕의 비평론을 보면 시는 맛이 깊고 두터워 맑고 뛰어난 격조가 있어야 훌륭한 시라고 여겼다. 문장은 간결·명확하되 곡진하며, 상쾌·웅혼한 기상이 있는 작품을 높이 평가하였다.

다섯째, 인생 궁극의 지향점은 성인을 존숭하고 학문을 흥기하며 소인으로 귀결되는 것을 면하는 것이었다. 온 세상이 일본의 통치 그물망에 걸려들었던 일제강점기. 각종 갈등과 압박 속에서 남붕이 꿈꾸는 세상은 점점 더 위축되고 노쇠해져갔다. 남붕은 그럴수록 내적 영역에 더욱 충실한 삶을 살았다. 존심·함양의 실천적 수행으로 위기지학에 전념하였다. 조선 선비들이 추구하였던 수기의 삶. 독학·존성·흥학을 통해 하늘과 땅에 부끄러움이 없는 사람으로 살고자 하였다.

퇴계 학맥의 적전자 서산 김흥락의 문하에서 독립유공자 포상을 받은 사람은 40여 명이다. 3·18 만세 운동이 치열했던 영덕의 독립유공자는 경북 군 단위 중 최다를 차지한다. 이러한 상황에서 남붕이 걸었던 진유의 길은 국권 상실의 시대와 함께하지 못했다는 호사가의 비평을 면하기 어려워 보인다. 그러나 자신의 흠결을 60여 년 성찰하며 하늘을 우러러 한 점 부끄럼 없는 삶을 살고자 몸부림쳤던 남붕의 일생. 그 독업篤業의 지난했던 삶의 여정 또한 쉽게 말할 수 있는 부분이 아니라 여겨진다.

[1차 문헌]

『간재집』

『택당집』

『퇴계선생매화시첩』, 이성호, 대구 진진당, 1933.

『해주일록』

『해주소언』

[저서 및 논문]

권대웅 외, 『영덕의 독립운동사』, 영덕군, 2019.

김홍영, 「해주 남붕의 퇴계시 주해와 그 의의: 『운도정음주해』의 해제를 겸하여」, 『한문
　　학연구』17집, 계명한문학회, 2003.

＿＿＿ 역, 『국역운도정음주해』, 『퇴계학연구』23집, 경상북도, 2003.

심상훈, 「영덕지역 3.1운동의 성격」, 『안동사학』7집, 안동사학회, 2002.

[DB]

국사편찬위원회 한국사데이터베이스

서울대학교 규장각 한국학연구원

한국고전번역원 고전종합DB

한국국학진흥원

1 1926년 11월 2일, "朝後追錄日記".
  1928년 7월 23일, "是日所錄自建叔以下. 當明日日記. 誤在此."
  1928년 7월 25일, "午後始追錄日記若干篇."
  1933년 윤5월 13일, "午後修整六日後至十三日日錄畢".

2 1932년 7월 30일, "且或好事者. 一爲抄出. 而與丙戌以後二十二年日錄. 選合爲全帙."

3 1930년 12월 29일, "余自八歲始學. 可謂五十餘年讀書之流."

4 1930년 7월 4일, "以讀書淸福者至矣."

5 1930년 11월 29일, "幼孫輩早來受學. 以此妨自己之工. 然爲樂則深矣."
  1930년 12월 6일, "二學生來學移時. 頗有妨於自己做業. 然不得已也."
  1930년 12월 7일, "幼孫小授學. 雖廢自己工. 而頗有及人之樂也."

6 1932년 5월 16일, "自是日專以操存謹獨爲工夫. 庶幾造次顚沛. 必於是焉."

7 1933년 3월 26일, "平生所以讀書. 政欲反身自修. 以盡爲人之道而已."

8 1933년 윤5월 19일, "盖自世道一變之後. 爲人父兄者. 知有新學. 而全廢舊俗所習漢文. 故不復知有倫理道義之爲人生日用. 而其不入新學者. 又皆暴棄放蕩. 於新於舊. 無一字知識. 其與禽獸. 相去無幾矣. 爲是之懼. 嘗欲設儒敎會社. 而鼓動一世. 以吾儒塗轍. 然久未就緖. 故姑就家族邇近者. 先爲施敎. 使得免於禽狄之無知."

9 1926년 6월 19일, "駐在所長來見. 因言飽聞學問名譽. 願見模範文學. 願聞所懷宝訣. 余答以無一能云云. 談話移暑而去. 是日晴熱甚. 因出前溪. 沐浴而還."

10 1932년 7월 30일, "遂校點日錄. 辛未至壬申條." 일기에는 신미년(1931)부터 임신년(1932) 조 일록을 교정하고 표점하였다고 썼다. 그러나 1931년 일기는 전해지지 않는다.

11 장소개, 「해주남선생행장」, "先生. 諱浩直. 字養之. 晚改諱曰鵬. 字雲路."

12 『해주일록』 권12, 6월 9일, "余自七歲. 受學于王考府君. 侍側十餘年. 思湥義重. 非特天倫骨肉之親而已也."

13 1930년 6월 5일, "朝後有所考事. 檢視日錄. 盖始於丙戌而及今四十餘年. 而往事如歷歷如前日. 記錄之有助於考據如此也."

14 『해주소언』 권5, 「서견록」, "因曰. 子曾赴擧乎. 對曰. 往在丁亥秋. 一赴鄕解. 後却不應."

15 『해주소언』 권5, 「서견록」, "辛卯八月晦日. 以大人命. 將往拜西山先生. 率奴馬登途."

16 백성훈, 「해주선생묘갈명」, "壬子春. 時事異昔. 公以高蹈之意. 移寓於鷄龍山鶴田率子元模." 「해주남선생행장」에는 정사년 봄으로 기록되어 있어 차이가 있다("丁巳春. 移家瘵星田"). 『해주소언』 권2, 「복거호장卜居湖庄」 시에 임자라 부기한 것으로 보아 임자년이 맞는 기록으로 보인다.

17 『해주소언』 권7, 「鶴田松壇記」, "乙卯秋. 廣州李君聃來. 秉烈從玆昆季. 從我遊暇日. 旣整理墻壁. 又轉及庭除. 除去草根之土而堆積松下. (…) 於我乎四年則遇而已."

18 장소개, 「해주남선생행장」, "戊午春. 擧家東還."

19 1930년 12월 1일. 촌락의 족인과 척속 30~40인이 모여 머물러 갔다.

20 장소개, 「해주남선생행장」, "辛未正月. 太孺人以年八十五終."

21 1933년 3월 30일, "作言行結尾. 采錄前所作記略. 結尾而略加點化. 遂畢一篇. 自十四日午後. 始草先師言行錄. 而迄今凡十六日. 而乃克成篇. 然其間剩語冗字. 計非一二. 而姑竢日後隨手改正耳."

22 1933년 1월 1일, "一以道義德業爲心. 要做好人. 而闇然自修. 謹獨誠身. 凡平生所講聖賢格言. 一一自身結顆. 而不爲空言. 則上不負天. 下不愧人. 而人道由我而立是余之望也."

23 1923년 10월 23일, "盖從叔方致誠于天帝. 而每中夜爲度云也."

24 1932년 4월 25일, "十年之內. 每遇冬至. 則沐浴告天. 每夜子丑之刻. 則露立默禱. 是不可謂無恒心者. 然反躬自修之工. 每多欠缺. 心口之過. 俯仰多愧. 及今不改. 何時而可作善人乎. 繼自今奮然一躍. 允蹈前言. 庶幾得免小人之歸. 是余所自期. 故書之如此."

25 1932년 5월 11일, "盖自癸亥冬至. 以改過自新之意. 仰告于天地神明. 至今十年 又每夜致誠于上帝. 而求爲善人. 然依舊是村巷庸衆人. 可勝歎哉. 但未死之前. 此志不懈. 則庶幾賴天之靈. 而變化愚駭之質. 得到昭曠之域否."

26 1932년 10월 16일, "李道叟·善吾兄弟. 自槐市復來訪午饒. 道叟言有人傳云. 論時政. 爲長書于總督府. 信乎. 余曰. 以匹夫而越分. 妄言於非我族類之人. 鄉黨自好者所不爲也. 焉有是也. 但相悉之地. 不可終隱. 第言其言其實. 因出示中日政府停戰長書. 道叟兄弟. 大加歎賞曰. 如此則乃是意見發表. 彼之聽否. 自不關事. 何不可之有."

27 성전은 우암 송시열이 42세 되던 해에 이주하여 서재를 짓고 살았던 곳이기도 하다. 우암의 문인 정찬휘가 성전리에 영당 집성사集成祠를 세워 우암과 주자를 배향하였다. 영당이 있던 자리에는 1969년 승 탄허가 자광사라는 사찰을 세웠다. 현재 자광사 경내에 '성전영당지星田影堂址' 표지가 있다.

28 백성훈, 「해주선생묘갈명」, "壬子春. 時事異昔. 公以高蹈之意. 移寓於鷄龍山鶴田率子元模."

29 1922년 10월 28일, "午李武卿來訪. 自鎭岑寓居. 來其姑母家也. 夕供武卿以飯. 夜往話武卿於宗宅. 卽其姑母家也."

30 『해주소언』 권3, 「청설태극교지부서請設太極敎支部書」 참조.

31 1933년 1월 12일, "盖世道日益黑窣. 而念維持吾道之策. 莫如連絡陶山士林. 以退陶夫子. 爲宗敎先師. 而與世之同志者. 團合設敎. 以獎勵後進之士."

32 『해주소언』 권4, 「答李大赫」, "欲修人道. 當法聖賢. 欲法聖賢. 舍孔顏思孟程朱退而他求. 則愚未見其可也."

33 『해주소언』 권3, 「답영봉선생」, "鵬. 自弱冠以後. 竊嘗有志於程朱之學. 讀其書講其道."

34 『해주소언』 권3, 「답영봉선생」, "東方理學. (…) 退溪李先生. 獨集大成焉. 而程朱之學. 始盛於東方. 當是時見而知之者. 金鶴峰·柳西厓·鄭寒岡·趙月川·奇高峰·李栗谷也. (…) 鶴峰之後. 有大山李先生. 大山之後. 有定齋柳先生. 定齋之門. 有西山金先生. 卽鶴峰之嗣孫. 而鵬之先師也. 先師之學. 實爲退溪嫡統. 而門人弟子. 未有得其傳者. 所謂其傳泯焉者也."

35 1933년 4월 17일, "看退溪集詩卷. 以逍暢心志".

36 1922년 윤5월 22일, "讀心經. 兼看講錄. 盖講錄者. 溪門李艮齋·天山齋二公. 錄退陶講授之說而為之書者. 至大山先生時. 命其門人金宗敬而修潤卒業. 以示後學者也. 有心經. 則不可無講錄. 故兼爲觀看. 頗覺有助發處也."

37 1922년 윤5월 18일, "始欲專主心經之學. 未知果終始如一讀而味之. 體而行之. 得免小人之歸否."

38 1928년 6월 16일, "午後看溪集祭文. 夜範一叔來話. 且請九峰祈雨文. 此叔爲祭官. 故來請也."

39 1926년 12월 17일, "朝後看退溪集心說性情圖少頃. 盖欲作人極圖故也."

40 1933년 3월 8일, "自是日始留心於先師言行撰述之事. 而欲觀前人制作之法. 檢出退溪先生言行叙述諸般文字而玩味之."

41 1933년 3월 13일, "又有退溪先生所撰. 晦齊先生行狀. 及靜菴行狀總論."

42 1933년 3월 14일, "午後. 始草先師言行錄."

43 1925년 8월 18일, "作人極大全目錄. 上自伏羲. 下及我東退溪. 凡發明斯道者. 抄選爲一部書. 以爲吾儒家指南之車云."

44 1926년 10월 15일, "覔退陶鄕約册以來. 盖將取法於靑衿會約憲故也. 朝後授課一. 看鄕約一通. 盖退陶先生經濟之術. 略傳於此書. 今日陶山靑衿之會. 宜擧而措之也. 午後草鄕約憲. 夜賸書藁少許. 論敎家衆之事."

45 1932년 11월 11일, "與舍弟議陶山分舍設立事. 且出示其趣旨文. 盖將通指官廳故也."

46 1933년 4월 1일, "又爲鄕士代作與李恕卿. 皆以葉書爲之. 正月旬間. 鄕人李德初·朴熙度諸人. 聯名通告于李恕卿. 盖以世道日入昏暗. 今將設陶山支會. 立儒敎獎後進之意爲書. 而恕卿恬不爲意. 至今無一字回示. 故更爲通奇. 未知渠以爲如何也."

47 1932년 8월 25일, "修補退溪集外匣. 昔我先君嘗造三匣. 以實退溪集二十九卷. 題曰. 此册以公物. 買紙印出. 而觀玩之人. 終歸于宗家. 又書其下方曰. 峰窩手筆. 先君旣敬尊是書. 而爲之外匣. 以防其散逸壞損. 又以觀雜各人. 而藏必宗家爲言. 則卽此一事之微. 而尊賢重宗之意. 可見矣. 歲久匣壞. 恐負先君平日以遺後人之心. 謹此補綴. 以圖久傳云爾."

48 1925년 4월 22일, 4월 27일, 4월 28일, 4월 30일, 윤4월 13일, 윤4월 16일, 윤4월 18일, 윤4월 19일, 윤4월 21일, 5월 19일, "看退詩".

49 1925년 5월 29일, "看退詩. 抄其尤好者目錄. 盖將編入于雲陶正音中也."

50 1925년 5월 30일, "朝後看退詩. 抄其尤好者目錄. 將入雲陶正音故也."

51 1925년 6월 12일, "看退詩外集. 午後往九軒. 少頃有雨意而雷鳴. 故還家看退詩."

52 1925년 6월 13일, "看退詩別集. 午後看退詩."

53 1925년 6월 14일, "朝後看退詩. 午後看退詩別集畢. 於外集別集中所抄選. 不過三四首. 亦此多初年作. 故文章極力則甚高. 而含蓄從容之味或少. 此君子所以貴. 晩暮飽飫之功也".

54 1925년 6월 17일, "讀雅頌選其要. 午後讀雅頌至夕."

55 1925년 6월 21일, "權厚卿來訪叙話. 且論雅頌疑義."

56 1925년 8월 19일, "雲陶正音朱詩註解畢. 盖朱詩七十三首. 退詩八十三首也. 午後校退詩註解".

57 1926년 5월 17일, "朝後使兒曹. 洒踏册紙二卷. 將寫雲陶正音註解故也."

58 1926년 5월 18일, "午後. 檢看昨夏所作雲陶正音註解. 盖欲謄寫正本故也."

59 1926년 5월 19일, "朝後畫册行. 將寫雲陶正音寫本也. 午後寫雲陶正音數章".

60 1926년 5월 21일, "謄雲陶正音五章".

61 1926년 5월 22일, "午後. 謄雲陶數章".

62 1926년 5월 23일, "謄正音三章".

63 1926년 5월 25일, "是日. 謄正音".

64 1926년 5월 26일, "謄正音一章".

65 1926년 5월 27일, "朝後. 謄正音".

66 1926년 5월 28일, "間間謄寫正音".

67 1926년 5월 29일, "謄正音數章而去".

68 1926년 6월 3일, "謄正音. 至夕畢. 陶山詩凡四十七章. 余以眼昏不堪書役. 躇且者久. 而子姪知友中, 無可以此事相囑. 而延拖歲月, 則恐遂止於覆瓿. 故掇昏始手. 而今得陶詩畢功. 若又加以旬日之工. 則雲谷詩可得謄寫. 而雲陶正音. 可見成帙矣. 然日間但有冗擾及出行之事. 未知果能如意於數日之後耶."

69 1926년 6월 13일, "朝後謄正音. 午後謄正音朱詩畢. 盖始作雲陶正音註解於丁巳之秋. 而畢功於乙丑六月. 今至丙寅六月. 乃得成草本一冊. 而自今年月十九日. 至六月十三日. 凡二十四日而成. 此乃但因二先生見成文字而抄選成註者. 非創造之比. 而其成之之難如此. 然初學者苟知用力於此. 則亦不爲無補也."

70 1926년 6월 14일, "朝後. 結所謄雲陶正音一冊."

71 1926년 6월 26일, "寫結雲陶正音一冊."

72 1926년 7월 4일, "午. 校雲陶正音朱詩."

73 1926년 7월 5일, "朝後. 校雲陶正音朱詩畢. 又及退詩. 午後校退詩畢."

74 1926년 7월 22일, "朝後. 作雲陶正音序. 盖去夜構思始初也."

75 1926년 7월 26일, "朝後. 三草雲陶正音序文."

76 1926년 7월 27일, "朝後. 四草雲陶正音序."

77 김홍영, 「해주 남붕의 퇴계 시 주해와 그 의의:『운도정음주해』의 해제를 겸하여」,『한문학연구』17, 계명한문학회, 2003, 224쪽 참조.

78 자는 숙문叔文, 호는 노애蘆厓, 본관은 전주이다. 경상북도 안동 출생. 저서로『노애집』을 비롯하여『퇴계선생문집고증退溪先生文集攷證』『일경록日警錄』등이 있다.『퇴계문집고증』은 류도원이 퇴계의 난해한 단어나 구절에 대하여 주석을 단 책이다. 류도원의 현손 류건호柳建鎬가 1891년에 8권 6책을 목판본으로 간행하였다.

79 『운도정음주해』,「발跋」,"朱子之學. 傳於東方. 而我退陶先生. 實爲朱子之嫡傳. 則東方之士. 欲求朱子之學. 未有不自退陶始也. 其於詩也. 亦然. 鵬之愚. 竊不自揆. 謹取雅頌與退陶詩集中抄選. 得若干首. 爲雲陶正音數篇. 采諸家說. 註其傍. 以便覽者."

80 김홍영, 위의 논문 참조.

81 1924년 3월 1일, "朝後. 習退書梅花詩帖."

82 1928년 1월 15일, "朝後始寫梅花詩帖. 欲模倣筆法也."

83 『운도정음주해』,「玉堂憶梅」,"此詩. 見其有張翰江東之意."

84 이덕홍,『간재집』,「溪山記善錄下」,"先生庚午十二月初二日. 疾革. 進藥後命曰. 今日乃妻父忌日也. 勿用肉饌. •初三日. 泄痢於寢房. 盆梅在其傍. 命移于他處日. 於梅兄不潔. 故心未自安耳."

85 1924년 1월 29일, "雖文字末藝. 不可輕劇."

86 『운도정음주해』,「跋」,"吾夫子. 以思無邪三字. 斷三百篇之大義. 而曰一言以蔽之. 則聖人因詩立敎之意. 顧不重歟. (…) 噫. 使詩之用. 止於吟風弄月. 愁花惱鳥. 抽靑妃白. 而爲文人韻士. 逍遙咏歎之資而已. 有之. 何補於世敎. 無之. 何關於載籍乎. 誠無用之空言. 不急之冗務也. (…) 我正宗大王. 嘗采輯爲雅頌二冊. 命書館印出頒行. 使四方之士. 得以誦習而興起焉. 其文則詩. 而其意則皆入道進德之方. 治心修身之要也. (…) 於乎. 雅頌一書. 固足以爲詩敎之指南. 而無俟乎他求."

87 『해주소언』권3,「與柳汎庵淵楫」,"蓋詞章吟咏之學. 亦儒者之一技. 然苟無道義之脉絡之. 則空言不足以爲敎也. 故竊取雲陶兩先生詩中. 有敎之篇數百首. 爲諷誦玩繹之資. 而亦以勸同志之士."

88 1928년 1월 15일, "讀書五十年及今. 默數其成誦者. 則論語七册庸學二册兼或問二册·孟子七册. 文章軌範一册·杜律二册也. 自是之後. 以此已誦者. 循環溫習."

89 1923년 7월 26일, "朝誦杜詩. 朝後連誦杜詩. 盖自六月二十五日始讀杜詩. 至七月二十三日盡誦上下二篇. 凡一百五十一首. 一月之工. 可謂專篤矣. 未知自此永爲己物. 而有助於吟咏戲筆則幸矣."

90 1929년 7월 25일, "誦文章軌範一册畢. 已前有誦. 恐〈失〉故也."

91 1929년 9월 26일, "晨鷄一唱如初. 誦文章軌範韓文四首各二番. 假寐. 窓明誦韓文四首各二番."

92 1930년 5월 23일, "於是而文章軌範. 三回聯誦矣."

93 1930년 윤6월 23일, "誦文章軌範. 韓文每一課二番. 至浙東觀察使."

94 1930년 11월 20일, "誦韓文科目時書. 至柳文三首·歐文三首·老蘇文三首. 窓明誦東坡文畢. 朝省謁. 又誦韓文·柳文·歐文畢. 朝後有冗務. 午後誦老蘇文三首. 東坡文六首. 夕誦文章軌範四次. 自韓文篇首至原毁."

95 1932년 7월 26일, "自十三日夜. 至此凡十四日. 而文章軌範一册. 三次溫習之工畢."

96 1933년 12월 3일.

97 『택당집』별집14, 「잡저」. "所當專精師法者. 無過於杜. 爲先熟讀吟諷."

98 1928년 5월 5일. "耳鳴大作. 或聾或鳴. 精神殽亂. 不可收拾也."

99 1928년 4월 30일. "且耳鳴症大作右耳. 如在激湍之中. 精神不專. 甚是憂慮也. 是日誦韓文十一首."

100 공자동 구곡은 경북 김천시 대항면 주례리에서 구성면 상좌원리 감천 본류까지 연결되는 계곡이다. 구곡은 주공동·공자동·안연대·백어촌·창평동·저익리·문도동·방하령·용추계곡으로 이루어져 있다.

101 이병국의 문집인 『경산문집』에 「차남해주대성동구곡운次南海洲大聖洞九曲韻」이라는 제목으로 실려 있다.

102 1740년대 남하정이 저술한 붕당에 관한 책이다.

103 1923년 8월 12일, "余念尊周興學. 乃吾林合做事. 而亦平生宿願所存也."

104 1923년 8월 18일, "朝後熙汝與數三鄉儒. 來至靑嶺. 他方來會者亦幾人. 相議發通. 托余作文. 盖欲布告鄉道士林. 以爲尊聖興學之擧. 而一邊修契. 爲團體儒林之道."

105 1927년 7월 16일, "朝後孔鎏杓書來. 有錢財言說. 當初不知世態. 而妄欲尊聖興學. 干涉於孔鎏杓所設影殿之事. 甚可笑也."

106 1924년 3월 9일, "茂朱李始發有答書. 且錄字生以來. 盖慕聖契入參故也. 其年紀準七十. 而其文學亦頗老宿. 宋淵齋門人云."
    1924년 5월 5일, "且付慕聖契帖一册于李允欽所住. 襄陽郡東面東山里李顯宰. 方令其持此爲證. 而收契于北道儒林焉."

107 1924년 5월 12일, "朝後歗谷浩東族弟. 以講習契有司. 來請契中租價. 余出給八十六兩七戔五分."

108 1927년 12월 30일, "使孫兒會計一年用下. 金錢文簿合二百二十餘圓也. 此無入處用之. 故其債金. 亦如之."

109 1922년 7월 14일, "此所以莫如自修吾道. 設立經學講明所. 月朔會講. 上不失鄉校之本意. 下可止中學之冒進. 於是僉意遂定."

110 1922년 9월 2일, "時中學校大旺鄉里. 風靡門內. 年少某某. 亦已從事. 不勝慨歎."

111 1930년 5월 3일, "李炳斗來. 以儒會設立事故也. 約以今十日會同志于校中. 爲發起儒敎之道."

112 1933년 8월 16일, "始作儒敎同義契趣旨文數行. 盖將聯合儒林同志者. 修契設敎. 而爲維持吾道之策故也."

113 1922년 6월 19일, "各人將設中學校于校宮. 如此則校宮. 非俎豆尊聖之所. 而反爲新學鍊習之場矣. 一鄕老成. 皆知其不可. 而爲新進所壓迫. 不得禁止. 故余欲開諭其理. 使有振作禁止之望. 然未知竟如何耳. 夕還家. 甚惱苦."

114 1922년 윤5월 18일, "朝後誦中或問畢. 始欲專主心經之學. 未知果終始如一. 讀而味之. 體而行之. 得免小人之歸否. 夜誦中庸."

115 1932년 4월 25일, "偶閱由來日錄於癸亥條. 卷中有夾紙. 乃是年冬至日. 沐浴齋戒. 告天以改過自新之辭也. 今去癸亥. 恰滿十年. 而德之不進如此. 奈何. 十年之內. 每遇冬至. 則沐浴告天. 每夜子丑之刻. 則露立默禱. 是不可謂無恒心者. 然反躬自修之工. 每多欠缺. 心口之過. 俯仰多愧. 及今不改. 何時而可作善人乎. 繼自今奮然一躍. 允蹈前言. 庶幾得免小人之歸. 是余所自期. 故書之如此."

116 1933년 3월 29일, "讀論語五十年. 無一言一行. 近似聖賢氣象. 而依舊是村巷鄙夫而已. 則年將七十者. 前頭日月幾何. 而乃因循如此. 悼歎之極. 不知所言. 已往不可追. 來日多少. 在或少改心革. 而免爲小人之歸否."

117 1923년 11월 10일, "誦中或問. 自此. 日益有志收拾本原之工. 常以敬天爲主."

118 1923년 2월 15일, "且於自己謹獨克己之工. 頗覺虛踈. 歲月不待. 老且死矣. 而不能一日用力於心地實學. 則何以歸報於降衷之天哉."

119 1924년 1월 21일, "淵齋學問言論. 弘大如是. 而余未及見. 是可恨也. 豈以老論先輩而外之哉."

120 1925년 7월 9일, "觸物感懷. 悲淚汪然. 遂題二絶. 因此心氣不平. 不能自定也."

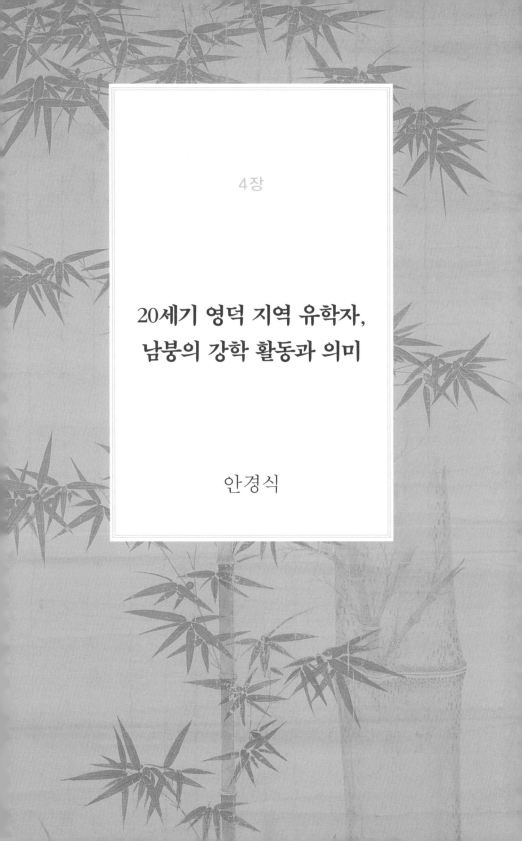

4장

20세기 영덕 지역 유학자, 남붕의 강학 활동과 의미

안경식

교육의 관점에서 보는 남붕 연구의 의미

남붕은 1870년 경상북도 영덕군 영해면에서 태어나 1933년 그곳에서 일생을 마친 유학자다. 문집『해주소언』을 남겼을 정도로 큰 학자였으나,[1] 일반에는 물론이고 학계에도 거의 알려지지 않은 인물이다. 그의 본관은 영양이며, 보명譜名은 호직인데, 뒤에 붕으로 고쳤다. 자는 양지, 호는 동쪽 바닷가에 산다 하여 해주로 하였다. 그가 최근 세상에 다시 드러나게 된 것은 한평생 쓴 일기 덕분이다. 국사편찬위원회가 2015년 그의 일기와 시, 서간 등을 묶어『해주일록』(한국사료총서 57)이라는 책을 간행했는데, 그전까지는 거의 드러나지 않았고 2003년에 처음 논문이 한 편 나온 적 있다.[2] 2019년에는 한국국학진흥원 주최로 그의 일기에 대한 심층 연구가 이루어졌으며, 올해(2020년)는 이 연구서와 함께 그의 일기의 한글 번역본이 출간된다는 소식이다. 필자 역시 얼마 전「남붕의 일기를 통해 본 1920년대 영덕 지역의 신구新舊 교

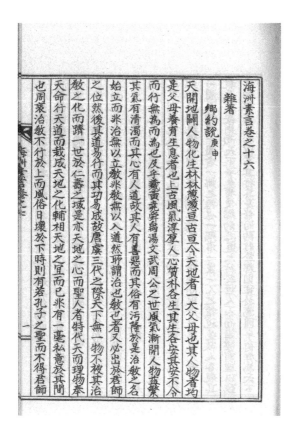

海洲素言卷之十六

雜著

鄉約說 庚申

天開地闢人物化生林林蔥蔥亘古亘今天地者一大父母也其人物者均
是父母養育生息者也上古風氣淳厚人心質朴各生其生各安其人益棄
而行無為而為也及乎羲黃堯舜湯文武周公之世風氣漸開人物益蘩
其氣有清濁而其心有人心有善惡而其俗有汚隆於是治敎之名
始立而道無以立敎兆人道然邪謂治也敎也者又必出於君師
之位然後其道易行而其功易成故唐虞三代之際天下無一物不被其治
敎之化而而蹐一世於仁壽之域是亦天地之心而聖人者特代天而理物奉
天命行天道而栽成天地之化輔相天地之宜而已兆有一毫私意於其間
也同衰治敎不什於上而風俗日壞於下時則有若孔子之聖而不得君師

『해주소언』, 한국학중앙연구원

육 갈등」이라는 글을 통해 그의 행적을 잠시 살펴본 바 있다.[3] 그 글은 남붕의 일기를 바탕으로 1920년대 영덕 영해 향교 부지에 신교육기관을 설립하려는 지역 청년들과 이를 반대하는 지역 유림과의 교육 갈등을 고찰한 글이다. 그는 1886년부터 일평생 일기를 썼는데, 『해주일록』에는 그 가운데 1922년부터 죽기 직전인 1933년까지의 일기가 수록되어 있다.

필자는 이 일기가 교육의 관점에서 매우 주목할 만한 가치가 있다고 판단했다. 19세기 말부터 20세기 초에 이르는 시기는 유학으로서는 위기의 시기였다. 이미 19세기 말부터 신식 학교의 설립과 함께 구교육으로 지목받은 유학 교육은 점차 설자리를 잃어가고 있었다. 성균관, 향교, 서원 등은 이미 폐지되었거나 교육 기능을 거세당한 상황이었다. 그나마 향촌에 서당이 남아 일제의 탄압에서 피할 수 있는 공간이 되었지만 이 역시 신식 교육을 하는 곳으로 점차 바뀌고 있었다. 이러한 상황 변화에 따라 유학자들도 다양한 행로를 모색했다. 남붕의 경우, 일생 유학에 대한 신념을 바꾸지 않았다. 신식 교육의 가치를 완전히 무시하지는 않았지만 유학이 최고의 학문임을 굳게 믿었다. 그는 경술국치를 당한 뒤 1912년 아들과 함께 몇 년간 계룡산 아래로 거주지를 옮겨 산 적이 있지만 이내 돌아와 평생 향리인 영해 원구리에서 지역 유학자로 살았다. 그의 스승은 영남 유림의 큰 인물이자 학봉鶴峰 김성일金誠一(1538~1593)의 주손인 서산 김흥락(1827~1899)이다.[4] 학파로 치면 영남 퇴계학파에 속하며 서산 문하의 인물들과 폭넓은 교유를 하였다. 그의 삶은 단지 유학자로서의 삶뿐만 아니라 1920~30년대라는 시대적 상황, 유림의 본거지라 할 수 있는 안동으로부터 그리 멀지 않은 경북 영덕이라는 지역적 상황, 영남 퇴계학파의 학통을 잇는 학문적 배경 등 여러 측면에서 주목받을 만하다.[5] 그리고 교육이라는 측면에서도 사상적으로 새로운 세기인 20세기의 유학자라는 점에 주목하지 않을 수 없다.

사실 유학은 그 자체로 교육 사상이며, 모든 유학자는 교육자라 할 수 있을 정도로 유학과 교육의 관계는 불가분이다. 유학의 본체론이나 인성론도 그러하지만 수양론·공부론은 그 자체로 하나의 교육 이론으로 보아도 손색이 없다. 20세기 이래 들어온 수많은 서구의 교육학 이론과 비교해도 충분한 내적 논리를 갖추고 있음은 이미 교육학자들에 의해 논증된 바 있으며,[6] 앞으로 더욱 새롭게 해석될 여지가 있다고 본다.

그러나 필자는 이론으로서 유학 사상보다 유학자가 20세기라는 시대를 만나 실제 어떤 삶을 살아가는지에 주목하고, 그것을 남봉의 일기를 통해 확인하고 싶다. 다시 말하면 20세기라는 격변의 시기를 맞아 전개된 유학자의 일상과 그것의 교육적 의미를 일기라는 자료를 통해 살펴보려는 것이다. 일기는 무엇보다 유학자의 '일상'을 들여다볼 수 있는 중요한 자료이고,[7] '일상'은 시대적·사회적 상황 하에서 유학이 실제 어떻게 작동되고 있었는지를 드러내준다.

비슷한 시대의 일기로는 소눌小訥 노상직盧相稷(1855~1931)의 『자암일록紫巖日錄』이 있다.[8] 이 책은 서당의 내부를 세밀하게 들여다본 일기로서 학교와 학생의 일상이 잘 드러나는 대신 소눌의 일상은 잘 드러나지 않는다. 그러나 남봉의 일기에는 학생의 일상보다는 교육자인 남봉의 일상이 잘 드러나 있다. 교육학자로서 필자가 주목하는 것은 남봉의 일상이다. 앎과 삶의 괴리는 어제오늘의 문제가 아니다. 이제는 연구자와 연구 내용, 학문과 학문하는 사람을 아예 분리하여 생각하는 것이 당연하게 여겨지지만 유학이란 그런 게 아니라는 것을 그의 일상은 여실히 보여준다.

이 글의 본문은 크게 세 부분으로 구성돼 있다. 하나는 교육자로서의 남봉의 일상이고, 다른 하나는 독서인으로서 남봉의 일상이다. 또하나는 수행자로서 남봉의 일상이다. 교육자로서의 일상에서는 아버지·할아버지로서 자녀 교육을 어떻게 하였는지, 또 인근의 학동들을 어떻게 교육하였는지, 청년 유생들을 대상으로 어떤 교육을 했는지 등에 대해 알아볼 것이다. 독서인으로서의 일상에서는 그가 세운 독서 원칙과 경전 읽기의 실제 과정, 독서의 범위 등을 알아볼 것이다. 수행자로서의 일상에서는 유학자의 이른바 경敬 공부가 그의 일상 속에서 어떻게 이루어지고 있는지를 살펴볼 것이다. 끝으로 이러한 남붕의 일상이 가지는 의미를 현대 교육의 입장에서 찾아보면서 글을 마무리할 것이다. 이 글은 그의 일상에 초점을 두고 있으므로, 연구 자료 역시 일기를 주 자료로 활용하였다.

교육자로서 남붕의 일상

교육이라는 활동이 교육자의 교수教授 활동과 학습자의 학습 활동이라는 양 측면으로 구성된다고 본다면, 남붕은 교육자로서도 학습자로서도 주목할 만한 삶을 살았다. 교육학자로서 일기에 나타난 남붕의 삶을 볼 때 가장 눈에 띄는 것은 매일 일과를 정해 스스로 공부하는 모습과 아이들에게 일과를 주며 강학하는 모습이다. 스스로 공부하고 아이들을 가르치는 것은 그에게 일상이었다. 이 두 가지가 빠지면 그의 삶은 전혀 다른 모습이 될 것이다. 여기서는 먼저 교육자로서 남붕의 일상이 어떻게 이루어졌는지를 일기를 통해 살펴보고자 한다. 남붕의 강학 활동은 아들·손자·증손자 등 집안사람들을 대상으로 한 자녀 교육, 이웃 아동들을 대상으로 한 학동 교육, 원근의 젊은 유생들을 대상으로 한 유생 교육 등으로 구분하여 살펴볼 것이다.

1) 자녀 교육

일기에 등장하는 남붕의 가족은 제한적이다. 처는 딱 한 번 등장할 뿐이었다. 일기가 1922년부터 남아 있어 1918년에 죽은 아들 원모의 생전 모습은 없으나 회고의 내용은 적지 않다. 이외에 형모亨模라는 아들이 하나 더 있었으나 일찍 죽었는지 일기에는 등장하지 않는다. 딸은 박종무라는 사람에게 시집가서 인근 번포(영덕군 축산면 도곡리)에 살았으며 사위와 함께 가끔 등장한다. 아들 원모는 슬하에 희원熙遠이라는 이름의 아들 하나를 두었으며, 그 아들은 1922년 무렵 혼인하여 슬하에 4남 1녀를 둔 것으로 행장에 기록되어 있지만 일기에는 2남 1녀만 등장한다. 그밖에 아우 정호浩定가 간혹 등장한다.

자녀 교육과 관련한 여러 전통 가운데 하나가 가학家學이다. 전통 사회의 교육은 오늘날처럼 학교 체제가 중심이 된 것이 아니라 스승이 중심이 되었고, 밖에 나가 스승을 만나기 전에는 대개 가학이 중심이 되었다. 남붕의 경우도 서산 문하에 나아가기 전에는 조부 암월공으로부터 수학했다. 다른 하나는 '역자교지易子教之'의 전통이다. 자기 자식을 직접 가르치지 않고 다른 집 자식과 바꾸어 가르친다는 이 전통은 『맹자』에도 기록되어 있을 정도로 오래되었다.[9] 부자간 교육은 서로의 감정을 다치게 할 우려가 있고, 부모가 모범을 보이지 못할 경우가 있다. 그래서 한 대를 건너 할아버지가 손자를 가르치는 격대隔代 교육이 일반적이었다. 남붕의 경우는 어떠했는지 살펴보기로 한다.

◆ 아들 원모의 교육

『해주일록』 등 남붕이 남긴 자료에는 남붕이 아들에게 직접 글을 가르치는 장면은 나오지 않는다. 「해주일과」에는 아들에게 보낸 일곱 통의 편지가 실려 있는데, 이 가운데는 공부와 관련한 내용이 일부 언급되어 있다. 남아 있는 편지 가운데 가장 시기가 이른 것은 을사년(1905) 3월에 보낸 것이다. 당시 원모는 혼인을 한 상태였고, 처가가 있는 곳의 어느 정사精舍에서 독서를 하고 있는 상황이었다. 편지에는 이런 내용이 있다.

> 너의 과업의 진퇴는 너의 장인이 권면하는 방책에 달렸기에 내가 다시 중복하여 말하지 않겠다. 그러나 하우下愚의 사람은 가르쳐도 따르지 않는데 어찌 네가 그 하우됨을 참으려 하는가. 너와 첨익僉益에게 들으니 정사에 모여 있다고는 하나 어떤 공부를 하는지는 모르겠다. (…) 정사에서 공부하는 사람들 중 선배와 좋은 친구들이 많은 것으로 안다. 그들을 반드시 공경으로 대하여 참으로 나에게 도움이 되는 바를 구해야지 오만하고 깔보는 언동을 해서는 안 된다. 「아이 원모에게 부친다」[10]

이후의 다른 편지에서도 독서하고 학문하는 것이 마음을 밝게 하는 것이고 실천에 도움을 주는 것이라 강조하면서 성현의 공부가 자신의 지신持身과 접물接物 공부로 이어져야 한다고 했다. 편지에서는 무엇보다 실천을 강조했으며, 그 실천의 장은 일상생활임을 이야기했다. 남붕이 아들에게 보낸 편지에는 반드시 학문과 관련한 내용이 포함되었는데, 칭찬보다는 경계의 말로써 가르치고 있다. 병진년(1916) 5월에 보낸 편지에는 아들의 건강이 좋지 않음을 염려하는 내용이 있다. 이때 아들은 학동들을 가르치고 있었는데, 스스로의 공부에도 힘쓰라는 편지를 보냈고,[11] 이듬해 아들에게 보낸 편지에서는 아이들을 가르쳐 진취시키는 것은 손수 글을 짓는 것보다 더 좋은 업을 이루는 길임을 명심하라고 했다.[12]

아들은 그로부터 2년여 뒤인 1918년 12월에 죽었다. 남붕은 아들 사후에 짙은 안타까움과 그리움을 종종 표시했고, 특히 제삿날에는 반드시 아들에 대한 생각을 일기에 기록해놓았다. 그 가운데 일부를 보면, 1930년 8월 12일의 일기에는 "『주어천선朱語千選』의 중용 편을 보았다. 대개 내가 수십 년 전에 초록한 것인데 아들로 하여금 정서하여 책을 만들게 한 것이다"라는 말이 있다.[13] 책이 귀하던 시절이라 책을 빌려 베끼는 일이 흔했다. 남붕은 뒷날 손자에게 그랬던 것처럼 아들에게도 책을 베껴 쓰게 하여 스스로 공부도 되게끔 하였던 것이다. 남붕은 아들이 남긴 문건을 아들 보듯이 애지중지하였다. 남긴 문건으로는 「일록日錄」이 있고, 『천자문』 필사도 있다. 아들이 「일록」을 남긴 것은 이를 중시하여 평생을 써온 아버지의 교육과 관계가 있을 것이다. 아들이 베껴 쓴 『천자문』은 아들이 죽고 난 뒤에도 자손 교육의 텍스트로 활용했다.

오후에 나의 아들이 베껴 쓴 『천자문』을 배접하였다. 대개 작년에 증손 남매가 누차 받아 읽어서 종이 면에 보푸라기가 일기도 하고 글자 모양이 어그러진 것도 있다. 아들 손의 흔적이 사라져서는 안 되고 또 장래에 아이들이 받아 읽는 자료가 될 것을 생각했기에 오래전부터 배접하여 완전한 책 형태로 만들려 하였다. 이제야 결연히 손을 댔는데 저녁때에 이르러서야 마쳤다. 이것을 계기로 한 번 눈길을 주었는데, 자획이 반듯해 완연히 그의 마음가짐을 다시 보는 듯하여 남몰래 목이 막혔다.[14]

오후에 아들이 베껴 쓴 『천자문』을 묶어 배접한 것을 하나의 책자를 만들고 새 표지를 더하였다. 이로써 아들의 필적이 앞으로 영구히 가문에 전하는 보물이 되어서 처음 글을 배우는 후손들이 받아 읽을 책이 없음을 근심하지 않게 되었다.[15]

아들의 필적이라도 영원히 남겨 가문의 보물로 삼고 싶은 부모의 마음과 실제 가학의 교재로 삼고 싶은 마음을 모두 엿볼 수 있다. 남붕은 그 아들을 학문적으로도 아꼈던 것 같다. 그리하여 "그 아이에게 뜻을 돈독히 하여 학문을 권하였으니, 아버지와 아들이 지기知己라고 할 만하다"고 말하기까지 했다.[16]

◆ 손자 희원의 교육

남붕의 일기에는 손자의 어린 시절이 나타나 있지 않다. 그러나 이미 청년이 되었고, 혼인까지 한 손자의 교육에 적지 않은 관심을 기울이는 모습은 곳곳에서 볼 수 있다. 손자 희원은 할아버지의 명을 받아 제사와 농사 등 집안 살림의 실무를 담당하고 있는 상황이었다. 여건상 학문에 전념할 수 있는 상황이 아니었다. 그럼에도 남붕은 손자가 학문에서 손을 놓지 않도록 독려했다. 남붕의 손자 교육은 크게 독서와 훈육으로 나누어 볼 수 있다. 독서는 성리학자들이 늘 이야기하는 지행합일 공부에서 '지'로 나아가는 출발점이다. 보통 『천자문』과 같은 문자 공부를 마치면 『소학』 등으로 나아가게 되는데, 남붕의 손자 희원 역시 그러했던 것 같다. 뒤에 다시 언급하겠지만 1922년 10월 19일, 평안도 영원군에서 20세의 방용호라는 청년이 남붕에게 배우겠다고 찾아온다. 방용호는 그의 손자와 나이가 비슷했던 것 같다. 이때 남붕은 둘을 같이 독서하게 했는데, 방용호에게는 『대학혹문』을 읽게 했고, 희원에게는 『소학』을 읽게 했는데, 「선행편」을 가르쳤다 한다. 방용호와 다른 교재를 채택한 것은 수준별로 교육을 시켰음을 말하는 것이고, 손자에게 아직 본격적으로 성리서를 가르치지 않은 것은 그가 아직 학문적으로는 초학자였음을 말하는 것이다.

손자에 대한 강학 기록은 그 뒤 몇 년간 없다가 1926년에 다시 이어진다. 남붕은 거의 한평생 새벽마다 아이들을 가르쳤다. 보통 초하루와 보름에는 망강望講이라 하여 그동안 공부한 것을 평가하는데, 매우 중요한 날이다. 그래서 다른 유생들을 초청하기도 한다. 당시 아이들 교육과 평가에 자주 참여한 사람은 족숙族叔 남범일南範一이다.

> 아이들에게 강을 받았다. 범일 씨가 불참하였고, 손자 아이와 호엽浩曄도 응강應講하지 않았으니, 처음과 같이 계속 이어가지 못하는 데 대한 탄식은 옛날이나 지금이나 똑같아 한탄스러움을 이기지 못하였다.[17]

3월 초하루 일기다. 이날도 강講을 받는 날이었다. 즉 학생의 학업에 대한 평가를 하는 날인데, 평가 받을 사람인 손자가 오지 않음에 탄식한 것이다. 역시 불참했다는 남범일은 평소에도 아이들 교육에 관심이 많아 남붕과 종종 교육에 대해 상의하고, 남붕 대신 아이들을 가르치기도 했다. 이날 같이 학생들의 강을 받기로 해놓고 오지 않았던 것 같다. 호엽은 족제族弟로, 남붕으로부터 학문을 배우던 사람이며 강에 결석하여 태벌笞罰을 받기도 하였다. 당시 남붕에게 정기적으로 글을 배우던 그룹은 크게 둘이었다. 하나는 문자 공부를 하던 아동 그룹이고, 다른 하나는 젊은 유생 그룹이었다. 손자는 후자에 속했다. 청년 희원은 앞서 말한 바와 같이 집안 살림으로 공부에 전념할 상황이 아니었다. 그렇지만 학문을 완전히 그만 두지는 않았다. 남붕은 1927년 일기에 "손자에게 『맹자』 「만장편」 수장首章을 읽도록 명하였다. 오랫동안 손을 놓고 배우지 않았으니 그 윗사람 된 사람으로서 책임이 없지 않다. 그래서 공부를 하도록 권유하였는데, 과연 뜻대로 학업을 할지 모르겠다"라고 적기도 했다.[18]

손자가 집중적으로 공부를 할 수 있는 것은 계절로는 농한기인 겨울철이었고, 계기로는 같이 공부할 또래가 생겼을 때였다. 영원의 유생 방용호가 남붕을 찾아왔을 때나 족제 남호엽과 같이 공부할 때가 그런 경우다. 1927년 11월 24일의 일기에도 "묘곡畝谷의 경선敬先 족숙이 그 아들을 보내 가르쳐주기를 청하였다. 이미 보통학교를 졸업하였고 올해 나이가 19세인데, 제법 재주가 있고 또 기꺼이 머리를 돌려 책을 읽으려 하니 참으로 가상하다. 『소학』을 가르쳤다. 이로부터 매일 수업하고 손자와 함께 앞 행랑채에서 읽었다"는 기록이 있다. 이즈음 남붕의 일기에는 다시 손자 교육에 대한 언급이 잦았다.

일기에는 손자가 "유달리 기억하는 것이 늦다"라는 말도 있는데,[19] 손자가 기대에 부응하지 못하는 것에 대한 안타까움을 표현한 것이다.

그렇지만 끝까지 기대를 저버리지는 않았다. 하루는 남붕 자신이 『맹자』를 암송하다 미심쩍은 부분이 있어 확인을 하고자 책을 찾다가, 그 책이 손자의 책상 위에 있는 것을 발견했다. 이때 "아이가 혹시 좋은 생각이 발동하여 이번 겨울에 이 책을 읽으려 하는가?"[20] 하고 반색을 하며 기쁜 마음을 적어놓았다.

남붕은 손자를 상당히 엄격하게 훈육했던 것 같다. 일기 곳곳에서 엄하게 야단치는 장면이 나온다. 심지어 체벌을 가하기도 했다. 손자가 망령되이 행동하고 왔기에 크게 조심시키고 회초리를 들었다고 하는데,[21] 손자 희원 역시 당시 아이를 둔 아버지였던 것이다. 앞서 말한 바와 같이 동양 사회에서는 대체로 자식 교육은 직접 하지 않는 역자교지의 전통이 있었다. 남붕 역시 "대개 할아버지와 손자 사이에 밤낮으로 책선責善하는 것은 적절하지는 않으나 또한 완전히 잊을 수도 없다. 그래서 때때로 경책하는 것인데, 느끼고 깨달아 정신 차리기를 바랄 뿐이다"[22]라거나, "대개 아버지와 할아버지는 아들과 손자에 대해 누차 책선하다가 혹 은혜를 상하게 하는 데 이르러서는 안 되지만, 또한 때때로 점검하고 살피며, 면려하고 타이르며 깨닫게 해야 하니, 도외시하고 그의 자유에 맡겨서는 안 된다"[23]라고 하였다. 밤낮으로 책선하는 것이 마땅하지 않다는 것은 지나친 간섭과 잔소리에 대한 경계다. 학습자의 자발성을 믿고 기다려주는 것이 필요하다는 것이다. 남붕은 자녀 교육에 있어서 지나친 간섭과 자유방임의 양 극단에 이르지 않고 중용을 지킬 것을 주장한 것이다.

남붕은 조부의 제삿날에 "할아버지 슬하에서 수십여 년을 지내면서 기르고 가르치는 사이에 춘풍 같은 은혜와 추상같은 위엄을 보여주셨는데, 지금 나는 백발이 되도록 이룬 바가 없으니 어떻게 보답하겠는가"[24]라며 암월공을 회고하며 탄식하는 일기를 적기도 하였다. 자신 역시 이제 할아버지가 되어 손자를 가르치면서 자신을 가르쳤던 할아버지를 다시 생각하게 된 것이다. 「해주남선생행장海洲南先生行狀」에는 "8세에 본생조本生祖 암월공에게서 수업을 받았다.[25] 암월공은 엄숙 의연하고 법도가 있었다. 선생(남붕)은 복습, 교훈에서 감독이나 질책을 기다리지 않았다. 스스로 애쓸 곳을 알았다. 암월공이 선비들을 좋아해 손님들이 방에 가득하면 선생은 홀로 협실의 고요한 곳에 앉아 당일 배운 것을 독송하여 완전히 익힌 뒤에야 책을 놓았다"라는 기록이 있다.[26]

◆ 증손자 진시의 교육

남붕은 증손자에 대한 교육도 직접 담당하였다. 남붕의 일기에는 증손들에 대한 이야기도 종종 등장하는데, 증손자 둘, 증손녀 하나 등 세 남매를 모아놓고 가르치는 장면도 보인다.[27] 증손자 진시晉時가 새벽에 일어나 글자를 익히는데 자못 재기才氣가 있어 다행이라고 했다.[28] 손자를 가르치는 것이 늘그막의 한 즐거움이라고 말하기도 하고, 자신의 공부에 방해가 되기는 하나 큰 즐거움이라고 말하기도 하였다.[29] 당시(1930년) 진시는 겨우 네 살이었다. 시간이 흐름에 따라 증손자를 가르치는 시간도 늘어난다. 아침부터 점심 전후까지 몇 시간씩 매일 증손자를 가르치느라 자신의 공부를 할 시간이 없으나 이것이 일상이라고도 했다. 증손자 교육은 문자 학습에서부터 글쓰기, 동현東賢의 글 읽기 등으로 점차 나아갔다. 특히 글을 배울 무렵에는 사돈의 축수연에 증손자로 하여금 '축수祝壽 남진시南晉時 상上'이라는 축하의 글을 쓰게 하였다. "필획이 매우 굳세어 장래에 희망이 있을 듯하니 세상사는 맛이 오직 이 아이에게 있을 뿐"이라고 했다.[30] 그러나 아이들이 어려 억지로 가르치지는 않았다. 여름철에는 어린 증손들이 무더위 때문에 일과를 하지 못하는 경우도 있었으나 야단을 치기보다는 타일러 공부를 완전히 방기하는 데에 이르지 않게 하였다는 일기도 있다.[31]

자녀 교육에서 주목할 점은 증손녀에게도 글을 가르쳤다는 것이다. 앞서 말한 바와 같이 증손자와 증손녀를 같이 모아놓고 가르친 기록이 몇 있는데, 이는 여성의 교육에 대한 필요성을 느꼈기 때문으로 보인다. 남붕의 교육은 모두 한학이었을 것이다. 신식 교육에 대해 부정적인 시각을 가졌기에 자신의 (손)자녀를 신식 학교에 보낸 기록은 없다. 그러나 외손자에 대해서는 달랐다. 원모의 제사에 참석한 두 외손자들에게 "모두 신학문을 배우는데 자못 준수하여 사랑스럽다"고 기록하고 있다.[32] 그가 무조건 신학문을 배척한 것은 아니었음을 알 수 있다.

2) 학동 교육

조선 사회에서 아동 교육을 담당한 학교가 서당이다. 일반적으로 아동의 문자 계몽을 목적으로 한 기관을 서당이라고 하지만 꼭 그런 것은 아니다. 도산서당과 같이 서당이란 이름으로도 문자 계몽을 넘어 도학을 공부한 곳도 적지 않았다. 일제강점기에는 교육 형태가 신교육으로 바뀌었음에도 불구하고 서당은 사라지지 않았다. 일제가 민족 교육을 탄압하자 서당의 숫자가 더 늘어난 때도 있었다. 이른바 개량 서당이라 하여 많은 서당들이 근대적 교육을 실시하기도 하였다. 일기에

남붕고택 광계정

는 서당의 이름이 나오지 않아 남붕이 정식으로 서당 간판을 걸었는지
는 알 수 없다. 그러나 일기의 처음부터 끝까지 간략하나마 거의 빠지
지 않고 기록된 것이 학동 교육에 대한 것이다. 물론 청년들 대상의 교
육도 있었으나, 그와 구분되는 학동 교육을 매일 아침 자기 집에서 실
시하였다. 어떻게 보면 학동들을 대상으로 한 교육은 가학의 성격을
띠고 있다. 그러나 꼭 집안사람들만을 대상으로 한 것은 아니고 이웃
학동들도 참여하였다. 그리하여 남붕이 실제 서당을 차렸는지 여부에
관계없이 남붕의 학동 교육은 형식이나 내용상 서당의 교육과 닮은 부
분이 있다. 특히 전통적인 훈장 자영 서당과 유사한 면이 많다.

◆ 강학 대상

먼저 누구를 대상으로 했는지 강학의 대상부터 알아보자. 남붕은 특
별한 경우를 제외하고 학동이 누구였는지 그 이름을 거의 기록하지 않

았다. 보통 숫자로 오늘은 몇 명에게 일과를 주었다는 식으로만 기록하고 있다.[33] 손자·증손자 등 자기 가족과 남씨 집안의 학동들이 주 대상이었고, 이웃집 아이들이나 이웃 마을의 학동까지 포함되었다. 간혹 친척이나 특별한 사람이 들어오면 이름을 기록하였다. 남씨 이외에 유일하게 기록되어 있는 학동은 건넛마을에 사는 김중석으로 그의 아버지는 남봉의 벗이었다고 하며, 그의 아버지가 아이를 통해 연초 한 봉을 보내왔다는 기록도 있다.[34]

강학 대상의 연령대는 남봉이 보통 '아兒' 혹은 '학동學童'이라고 표기한 바, 아동들이었다. 남봉이 가르친 아동들의 연령은 자세히 알 수 없지만 자신의 증손자의 경우 네 살 때부터 가르쳤고, 6세 친척 아이를 받아들인 기록도 있다. 경우에 따라 나이든 청년도 같이 공부하는 일이 있었다. 일기에 보면 "아침을 먹은 뒤에도 두 학생에게 일과를 가르쳐주었는데, 그중 한 학생은 곧 당질堂姪 용봉龍奉이다. 용봉은 처음에 건숙에게 4~5년 동안 배우고 중간에 2~3년 동안 배움을 중단했으나 지금 또 배우기 시작하는데, 그의 나이 18세이다. 이로부터 힘쓸 곳을 안다면 오히려 가망이 있을 것이다"라고 하였다.[35] 서당식 수업이 개별 수업이기에 나이는 큰 관계가 없었던 것이다.

◆ 강학 내용

서당 교육이 그러하듯 학동들을 대상으로 한 남봉의 강학도 대상에 따른 수준별 교육이었다. 처음 글자를 배우는 아이는 보통 『천자문』부터 시작하는데 남봉도 마찬가지였다. "성선聖善 족숙이 여섯 살 아들을 데려와 가르쳐줄 것을 부탁하기에, 사양할 수 없어서 『천자문』을 가르쳐주기 시작하였다"는 기록이 보인다.[36] 초학자에게 글자의 정확한 음과 뜻을 익히도록 하는 것은 중요한 교육 내용이다. 남붕도 일기에서 "어제 아침부터 인천仁川 족조가 자신의 아들을 보내어 배우게 하여, 내가 글자의 음과 뜻을 가르치며 같이 읽었는데, 심히 도움이 되는 듯하였다"라고 기록하고 있다.[37] 『천자문』으로 글을 익히고 난 다음에는 보통 『동몽선습』이나 율곡의 『격몽요결』 등을 익히게 된다. 그런데 남붕의 일기에는 여덟 살 손자에게 "동현의 문자를 읽도록 일과를 주었다"는 기록이 있다.[38] 동현의 문자가 어떤 책을 가리키는지 정확하지 않으나 일기에는 『동현호보東賢號譜』와 『동현록東賢錄』이라는 두 책이 등장한다. 두 책은 같은 책인 듯한데, 남붕은 이 책에 "신라와 고려 이후 군자와 소인 가운데 호가 있는 사람은 다 들어 있다"고 하였다.[39] 이 책의 또 다른 이름이 『청구유현록青丘儒賢錄』인데, 이 책에는 훈유薰猶(선한 사람과 악한 사람)가 다 들어 있어 남붕이 직접 새로 편찬을 시도했던 것 같다. 자신이 편찬한 이 책을 강학의 교재로 활용했던 것 아닐까 한다.

　남붕의 강학은 독서가 주였지만 그 이외에 습자도 있었다. 보통 시작詩作과 같은 작문 교육도 이루어지지만 남붕의 일기에 학동들을 대상으로 시 짓기 교육을 한 흔적은 보이지 않는다. 다만 주목할 것은 일기 쓰기가 있었다는 것이다. 하루의 과업[日課] 검사와 일기[日錄] 검사를 함께 했다는 기록이 있다.[40] 일기는 그 자신이 평생 써온 것이고, 그의 아들에게도 일기를 쓰도록 한 바 있다. 어린 학생들에게도 일기 쓰기를 일과로 했던 것은 주목할 만한 일이다.

◆ 강학 시간과 분량

남붕의 학동 강학은 다른 서당의 강학과는 차이가 있었다. 서당에서는 보통 오전의 조강을 시작으로 하여 낮의 주강, 저녁의 석강 등으로 시간이 짜여 있지만 남붕의 경우는 대부분 식전에 교육이 이루어졌다. 이것이 특색이다. 이 점으로 남붕이 생계 차원에서, 또 전업으로 서당을 운영한 것이 아니라는 것을 짐작할 수 있다. 식구나 친척 등을 대상으로 한 가학의 성격이 강했다고 보는 것이 타당하다. 그래서 낮에는 자신의 일에 시간을 썼다. 식전에 강학을 했으니, 아이들이 일찍 일어나 수업에 참여한다는 것이 쉬운 일이 아니었을 것이다. 그래서 종종 식후에도 강학이 이루어졌지만, 그렇다고 식전 강의를 폐하는 것은 아니었다. 식전에 온 아이들은 식전에 가르치고, 식전에 오지 않은 아이들을 대상으로 식후에도 가르쳤던 것이다. 또 간혹 밤에도 틈을 내서 가르치기도 하였다.

강학 1회의 시간은 그리 길지 않았다. 이것은 남붕의 교육 방법과도 관련이 있다. 대개 전통 서당 교육이 그러하듯 남붕 역시 아동 스스로 공부하도록 하는 교육 방식을 채택했다. 그래서 그는 일기에 '무엇 무엇을 가르쳤다'고 하지 않고, '일과를 주었다[授課]'고 한 것이다. 그러니까 선생과 아이들이 만나 선생이 일과를 주고 학생은 그것을 스스로 하루 동안 익힌 뒤, 다음 날 아침 다시 만나 강을 받는 형식이었다.

남붕 자신의 하루를 보면 일어나 잠명이나 경전을 외우고, 이어 사당을 참배하고, 그 이후 아이들 교육이 시작되었다. 그 시간은 반시간 정도 된다고 기록하고 있다.[41] 그렇다고 남붕이 교육에 열의가 없었다고 생각해서는 안 된다. 아침부터 저녁까지 하루 종일 아이들을 가르쳤다는 기록도 종종 있으며, 특히 우둔한 학생 한 명이라도 포기하지 않고 하루 종일 가르치기도 하였다.[42]

◆ 강학 방법 및 학업 평가

전통적인 한학 공부 방법이 그러하지만 남붕의 강학, 그중 독서는 암송을 기본으로 한다. 지금의 독서와 같이 그냥 책을 읽는다는 의미가 아니다. 조선시대 아동들의 문자 계몽서로 가장 널리 활용되었던 『천자문』은 현재 교육학의 논리로는 이해하기 힘든 교재다. 학습자가 이 교재를 통해 글자의 음과 뜻을 익히게 되는데, 선생이 먼저 음과 뜻을 이야기해준다. 그리고 학생은 그것을 완전히 외워야 한다. 그러지 않으면 진도가 나가지 않는다. 다른 교재도 대체로 마찬가지다. 남붕은 "대개 아침을 먹기 전에 공부할 내용을 정해주는 것을 일과로 삼고 있으므로 책마다 공부 내용을 정해준다"고 하였고,[43] 그러면 학생들은 그것을 외웠다. 이런 암기식 교육에 대해 근대 교육학은 매우 비판적인 시선을 보내고, 암기 대신 이해를 주장한다. 어떻게 보면 암기에는 강압적인 면이 있으나 꼭 그렇게만 볼 것은 아니다. 우선 한문은 우리에게는 외국어다. 외국어 공부를 문법을 따져가며 할 것인가 아니면 통째로 외워버릴 것인가는 학습 방식의 문제로 볼 수 있다. 생각해보면 유럽 사람들이 그들의 학문적 언어인 라틴어를 학습하는 것이나 동아시아 사람들이 우리의 학문적 언어인 한문을 학습하는 것은 다르지 않다. 암기는 머리로만 하는 것이 아니라 온몸으로 체득하는 공부 형식이다. 이렇게 하지 않고서 외국어를 자유자재로 활용한다는 것은 불가능하다.

일기에 "아이들이 전에 받은 과제를 외웠는데, 이제부터 매일 강을 받기로 약속하였다"는 부분이 있다.[44] 남붕은 일강日講 외에 보름마다 공부한 내용을 얼마나 암기했는지 스승 앞에서 평가받는 망강望講도 실시했다.[45] 이러한 평가 규정은 남범일과 함께 정한 학령에 따른 것이다. 정하여 벽에 게시한 학령의 내용이 일기에 전부 나타나 있지는 않으나 초하루와 보름에 회강하여 성적을 매겨 상벌을 내린다는 것은 기록되어 있다.[46] 매일 전날 공부한 것을 다음 날 점검하기도 하지만 또 보름마다 점검하여 완전히 자기 것이 되도록 하였던 것이다.

현대의 우리에게 전통 서당 교육의 상징처럼 되어 있는 것이 회초리다. 남붕 역시 자주는 아니지만 회초리를 사용하여 아이들을 훈계하였다. 회초리를 치는 벌은 임의로 하는 것이 아니라 규칙을 만들어 그에 따라 이루어졌다.[47]

◆ 보조교사 남범일

남붕의 일기에는 자주 등장하는 인물이 몇 있다. 그중 한 명이 남범일이다. 그는 남붕의 족숙인데, 가까이 살면서 아침저녁으로 드나들며 집안 대소사를 비롯하여 학문에 관한 일까지 거의 모든 일들을 상의하는 사이였다. 아이들 교육에 관한 것을 상의하는 사람도 남범일이었다. 일기에 관련 기록이 여럿 있다.

- 범일 족숙이 와서 이야기를 나누면서 아이들의 교육 방도에 대하여 상의하였다.(1925년 2월 8일)
- 범일 씨가 와서 이야기를 나누었는데, 이 또한 아이들의 학업에 대한

방침 때문이었다.(1925년 2월 9일)

- 잠자리에 들려고 할 때 범일 씨가 찾아와서 이야기를 나누었는데, 아이들을 단속하는 일 때문이었다.(1925년 2월 13일)

- 아침 뒤에 범일 씨가 와서 모였다. 아이들을 교육시키는 방도를 짜서 학령을 정하여 게시하고 초하루와 보름에 회강會講할 때 성적을 검사하여 상벌을 내릴 계획을 하였다.(1925년 2월 15일)

- 밤에 범일 씨가 또 와서 아이들 교육에 관하여 논의하였다.(1926년 1월 15일)

- 오후에 범일 씨를 불러 아이들에게 공부를 시키도록 하고, 종아리를 치는 벌을 만들었다.(1926년 2월 4일)

- 강독을 하고 아이들이 익힌 바와 일록을 고과考課하였다. 범일 씨가 와서 같이 돌보았다.(1926년 2월 15일)

남범일과 남붕은 서로 뜻이 맞는 사람이었다. 서로 세상사에 관여하지 말고 자신의 내면을 수양하는 일에 전념하기로 약속하기도 하고, 학문에 대하여 논의하고 격려하기도 하였다. 위의 기록에서 보듯이 특별히 남붕의 아동 교육에 직접적으로 간여하여 학령도 정하고, 때로는 남붕 대신에 아이들을 가르치기도 하였다. 서포계書舖契 설립 등 남붕의 각종 유학 부흥 운동에도 적극 간여했다. 또 남붕과는 성리학설에 대해 종종 토론할 정도로 학문에 관심이 많은 사람이었다.

일기에 임시로 아이들을 가르친 사람으로는 역시 족조인 남효구南孝九(일기에는 공선孔善이라는 자로 많이 등장한다)가 있다.

◆ 하과

하과夏課는 여름의 특별 학업 과정이다. 고려시대 사학 12도의 하과 실시 기록이 있으며, 조선시대 서당에서도 이 전통이 이어졌다. 남붕도 하과를 실시하여, 일기와 문집에 이에 대한 기록이 몇 개 보인다. 1925년부터 1927년의 일기에 하과 관련 내용이 있다. 아래는 1926년 일기다.

> 아침을 먹은 뒤 종당宗堂에 가서 모였다. 아이들의 하과를 마치려고 술과 안주를 차렸기 때문이다. (…) 이날 백씨와 박씨 두 성씨, 즉 맹첨孟瞻·성여聖汝 등 여러 사람이 와서 모여 아이들의 글을 비교하며 이야기를 나누었다.[48]

하과를 마치는 날 술과 안주를 준비하여 사람들을 초청하였으며, 아이들이 쓴 글을 비교하며 평을 하는 형식이었다. 이 기록을 보면 7월 15일 즈음에 하과를 마쳤던 것 같다.[49]

하과에 대한 좀 더 상세한 내용은 1933년의 일기에 담겨 있다.

> 아침 식사를 한 뒤에 선조 정자에 가서 족친 내 어른과 아동 십수 인을 불러 하과를 시험하였다. 대개 세상 도리가 한 번 변한 뒤로 부형들이 신학문이 있는 줄만 알고 옛날에 익히던 한문은 전폐하였으므로 윤리와 도의가 삶의 일용이 되는 것을 알지 못하고 있다. 그리고 신학교에 들어가지 않는 자도 다 포기하고 방탕하여 신학이든 구학이든 한 글자 지식도 없으니, 금수와 차이가 거의 없을 정도이다. 이런 것을 두려워하여 전에 유교

회사를 설립하여 한 세상을 우리 유가의 법도로 진작시키려 하였으나 오래도록 손을 대지 못하고 있다. 그러므로 우선 가족과 가까운 이웃에 먼저 가르침을 베풀어 짐승과 오랑캐처럼 무지하게 되는 것을 면하게 하려고 하는데, 과연 끝까지 나태하지 않고 할 수 있을지 모르겠다. 건숙이 나와 마음을 같이하여 전후로 주선하였고 그 나머지 족친들도 그렇게 여기지 않는 이가 없었다. 사람의 본성이 다 수긍하는 것이 아직도 옛날 법에 있기 때문인가. 또 매일 율시 한 수를 제생들보다 앞장서서 짓기로 약속하였다. 이날 '난고정에 마을 수재를 모아 하과를 시험하다[蘭亭聚村秀試夏課]'로 제목을 삼았다.[50]

이렇듯 하과는 단지 피서의 의도로만 행해진 것이 아니었고, 이 시기 남붕에게는 유교 부흥의 의미도 있었다. 이후 매일 아침 식사를 한 뒤에 선조의 정자인 난고정에 가서 제생들의 일과 시권을 고열했다. 학생들에게 자신이 지은 글을 직접 읽게 하고 또 그 뜻을 해석하게 했는데, 이는 아동들이 공부할 때 남의 손을 빌려 글을 짓는 폐단이 있기 때문이라 했다.[51] 이 하과에는 집안의 여러 사람이 동참했는데, 종질 남건숙南建叔과 그 두 동생 문경文卿, 달경達卿, 당질 남병륜南秉輪, 족제 남호의南浩義 등이다.[52] 길 가는 사람들이 참여한 경우도 있는데, 경성 사는 윤기학이라는 노인이 지나가는 길에 정자에 올라와 쉬면서 시의 우열을 논하고, 자신도 시를 짓기도 하였다.[53] 하과의 평가에 대해서는 이렇게 기록하고 있다.

7일 내의 과제 시권을 전과 같이 배송背誦하게 하여 통通, 조粗, 불不로 능부

能否를 정하고, 과제 시권을 합하여 7일 동안 얻은 점수를 합산해 동대東隊
와 서대西隊의 승부를 결정하였다.[54]

통, 조, 불로 평가한 것은 일반적 평가 방식이지만 동대와 서대의 두
팀으로 나누어 승부를 겨루었다는 것은 특이하다. 이해의 하과 때에는
채번암蔡樊巖(채제공)의 시를 읽기도 하고, 매일 새로운 시를 짓게 하였
다. 그다음 날은 남붕을 위시하여 모인 사람들이 아이들이 지은 시를
고열 및 평가한다. 그리고 1주일이 지나면 그간의 시를 모두 외우게 하
는 식으로 진행되었다. 그사이 글씨 쓰는 법과 베끼는 법을 가르쳐주
거나 문구를 써주어 정서하게 하기도 하였다.[55] 글씨 쓰는 것을 배우
는 아이들에게는 선배가 글자 모양과 점획을 지적하여 가르치게 하였
다고 하는데 일종의 서당 접장接長과 같은 역할을 담당하게 한 것으로
보인다. 남붕 자신도 어린 손자 남매를 가르치며 이 점(자신이 직접 가르치
지 않고 선배에게 가르치게 하는 것)이 매우 고민스러웠지만 그렇게 하지 않
을 수 없었다고 고백하고 있다.[56] 아마 시간적인 문제 때문이었을 것
이다.

근 두 달에 걸쳐 진행된 하과는 7월 7일, 칠석을 맞아 끝났다. 하과에
서 지어진 시 가운데 50여 수를 모아 남붕은 「난정동화록蘭亭同話錄」이
라는 책자를 펴냈고, 그 발문(「난정동화록발蘭亭同話錄跋」)에 그 전말을 적
어놓았다.

◆ 방학
전통 서당의 경우 오늘날과 같은 엄밀한 학기제·학년제가 있었던

난고구택

것은 아니다. 학년과 학기의 시작을 개접이라 하고, 끝을 파접이라 하
는데 그 시기는 일정하지 않았다. 방학의 경우도 오늘날과 차이가 있
어, 전통 사회가 농경 사회였기에 명절이나 농번기 등에 쉬었다.[57] 남
붕의 경우에는 학생 숫자가 적고 그나마도 주로 일족을 대상으로 글을
가르쳤기 때문에 일반 서당보다 더욱 형식에 얽매이지 않을 수 있었
다. 일기에는 방학에 대한 기록이 많다. 주로 농사철과 설과 추석 등은
쉬었다.

• 아이 두 명에게 수업하였다. 이로부터 초하루와 보름날 강의를 그만두

185

었으니, 대개 학생들이 이제 봄 농사일이 시작되어 글공부에 오로지 힘쓸 수 없기 때문이었다.(1926년 3월 15일)

- 수업을 하던 자들이 한해가 다 가는 때라 하여 학업을 중단하였다.(1927년 12월 29일)
- 명절이기 때문에 아이의 공부를 접었다.(1932년 8월 15일)

세모에 쉴 때는 아이들과 함께 서책을 정돈하기도 하였다.[58] 이러한 정기적인 방학이 있는가 하면 비정기적인 방학도 있었다. 가까운 이의 상이라든지, 집을 고친다든지, 혹은 무더위가 극심하다든지 할 때가 그러했다. 그러나 그 횟수는 극히 적었다.

◆ 교육자로서 남붕의 태도

남붕은 아동 교육에 매우 진지한 태도로 임했던 것으로 보인다. 아동 교육은 그에게 일상사였지만 거의 매일 간략하게나마 기록으로 남겼다는 것은 그가 삶에서 의미 있는 일로 여겼다는 뜻이다. 비록 많은 학생을 가르치지는 않았지만(가장 많았을 때가 여섯 명 정도) 아이를 맡아달라는 주위의 청을 거절한 적이 없다. 또 아이가 명민하지 못해 깨우치지 못할 때는 하루 종일 아이를 깨우쳐주기 위해 애썼다. 그러나 아이들을 강압적으로나 억지로 가르치지는 않았다. 그의 아동 강학은 새벽 공부였기 때문에 결석을 하더라도 아이들을 억지로 깨워 오게 하지 않았다. 새벽 공부에 빠진 아이들은 아침 식후에 다시 가르쳤다. 일기에는 아이들이 '병으로 오지 않았다' '논다고 오지 않았다' 등 가끔 그 사유를 기록하기도 하였다. 아이들의 결석에 대해서는 "저 아이들의 근면과 태만이 어른에게 달린 것이 이와 같은데, 어른들 중에 그들을 가르칠 것을 생각하지 않는 자가 많으니, 경계해야 하고 두려워해야 한다"고 하여 부모에게 그 책임이 있음을 말하고 있다.[59]

그는 스스로 아이들을 가르칠 때는 늘 열심히 하도록 권하고 이끌어야 하며, 마음을 방종하게 하여 쓸데없는 곳으로 달려가지 말라고 했다.[60] 또 무더위로 정식 수업을 하지 못할 때라도 아이들이 스스로 공부하고 있는지 검사했는데, 이렇게 감독하고 권면함으로써 아이들이 공부를 완전히 방기하는 데에 이르지 않게 하였다.[61]

◆ 「양몽서숙기」에 나타난 남붕의 아동 교육관

남붕은 한평생 학동들을 가르쳤음에도 일기에는 그의 아동교육관이 체계적으로 기록되어 있지 않다. 다행히 그의 문집에 「양몽서숙기養蒙書塾記」라는 글이 남아 있어 아동 교육에 대한 그의 견해를 엿볼 수 있다.

『주역』에 이르기를 '양이몽정성공蒙以養正聖功'이란 말이 있다. 성인의 공을 이룬다는 것은 위대한 일이다. 반드시 바르게 기르는 것[養正]에 근본을 두어야 한다. 바르게 기르는 기술은 (어른이) 애써 행하지 않으면 안 된다. 성인聖人을 만드는 일도 반드시 아이 때부터 시작한다는 말은 무슨 뜻일까. 대개 사람이 어릴 때는 아직 천진함이 흩어지지 않고, 앎과 생각이 굳어지지 않는다. 마치 못에 머물러 있는 물이 아직 동서로 나누어지지 않은 것과 같다. 보배로운 거울이 상자 속에 있어 아름답고 추함이 형체를 드러내지 않음과 같다. (…) 실[絲]이 아직 순백이어서 여러 색에 물들지

187

않음이다. 또 우산牛山의 싹이 바야흐로 생겨난 것이다. 봄밭의 묘목의 약한 뿌리를 이제 막 심어놓은 것과 같다. 그래서 이 시기에 가르치고 기른 즉 그 가르침의 말이 쉽게 받아들여진다. (성현의 말이) 들어가서 먼저 주인으로 자리 잡게 되면 뒤에 비록 잠깐 현혹시켜도 흔들리지 않는다. 이것이 이른바 함육涵育, 훈도薰陶가 점차 스며들고[漸漬] 갑자기 하지 않음[不驟]이다. 그 스스로 교화되기의 기회를 기다리는 것이다. 어린 아이들이 어찌 한 번에 갑자기 바른 상태에 다다를 수 있겠는가. 가르침은 반드시 바름으로써 해야 하고, 바르게 하려면 기르는 것이 중요하다. 그래서 몽이양정蒙以養正의 뜻을 말한 것이다. 이 서숙이 이름으로 삼은 까닭이다. (…) 가르치지 않으면 배우지 않고, 배우지 않으면 모른다. 모르면 행하지 않는다. 비유하면 어두운 밤에 이상한 곳을 홀로 걸으면 넘어져 가시밭이나 구렁에 떨어지지 않을 사람이 드문 것과 같다. 행동은 앎에서 이루어지고, 앎은 배움에서 생겨나며 배움은 가르침에 바탕을 두니 가르침의 뜻은 크다. 근래의 교육하는 곳을 천하를 다 둘러보아도 신식 교육 외에는 적막하다. 그러나 제군이 이를 두려워한다는 소리는 듣지 못했다. 옛 소학의 교인지법教人之法의 하나를 본받아 마을의 아이들을 모집해 양정작성養正作聖의 터로 삼으려 하는 것이 진실로 내가 말하고자 하는 바다. 어찌 감히 중대한 일에 함께 하기를 기뻐하지 않으랴. 교육에는 두 가지 어려움이 있다. 하나는 공력[功]은 느슨하게 해서는 안 된다는 것이다. 아이를 가르치는 것은 술 취한 사람을 부축하는 것과 같아 손을 놓아버리면 엎어진다. 그래서 공력은 늦추어서는 안 된다는 것이다. 둘째는 효과를 급히 보려 해서는 안 된다는 것이다. 천근의 옥돌을 어찌 한 번 쪼아 옥으로 만들 수 있는가. 그래서 효과를 급히 보려 해서는 안 된다고 했다. 진실로 느

순하게 해서는 안 되는 공력을 들일 수 있고, 또 효과를 급히 보려하지 않는 것만 있다면 아동 교육의 방법은 거의 터득한 것이다. 제군들은 그를 힘쓸지어다.[62]

이 글은 양몽서숙이라는 어느 서숙의 기문이다. '몽이양정성공蒙以養正聖功'이라는『주역』에서 취한 양몽서숙의 이름을 풀이하면서, 아동 교육의 목적은 유가 교육의 귀결점인 성인 만들기에 있음을 말하고 있다. 아동기의 심성에 대해서는 "천진함이 흩어지지 않고, 앎과 생각이 굳어지지 않았다[天眞未散, 知思未定]. 마치 못에 머물러 있는 물이 아직 동서로 나누어지지 않은 것과 같다[如止水方塘, 未分東西]"라고 했다. 또 물들이지 않은 순백의 실과 같기도 하고 막 심어놓은 묘목과 같기도 하다 했다. 그래서 이 시기에 교육의 효과가 크다 하며, 성현의 말씀으로 바르게 틀을 잡아야 한다고 했다. 지와 행의 관계에 대해서는 '교(가르침) → 학(배움) → 지(앎) → 행(실천)'의 순서를 이야기했는데, 선생의 가르침과 학생의 배움에서 앎이 생기고, 앎을 바탕으로 실천이 가능하다는 의미이다. 그는 아동 교육에 대해 술 취한 사람 부축하는 것과 같다는 비유를 들면서 손을 놓아버리면 안 되니 급하게 효과를 볼 생각을 하지 말고, 옥돌을 쪼아 옥을 만드는 공을 들여야 한다고 말하고 있다.

3) 유생 교육

남봉은 아동뿐 아니라 원근의 청년 유생들을 대상으로도 강학을 했다. 일기가 남아 있지 않은 1922년 이전의 일은 알 수 없지만 1922년 일기부터는 관련 기록이 적지 않다. 아동들은 남붕의 집에서 가르쳤지만 지역의 유생들은 인근의 재사齋舍와 같은 건물을 주로 활용했는데, 수동에 있는 백씨의 재사(수동에 있다 해서 수동재사水洞齋舍라고 했다)와 백일동에 있는 간송당澗松堂, 원구리의 금서헌琴書軒 등을 많이 사용했다.[63] 계절로는 주로 겨울철에 서재를 설치했고, 생도는 향리 안에서 뜻을 지닌 청년들을 대상으로 모집하였다.[64] 서재가 설치되면 남붕이 직접 가서 유생들의 강학을 이끌어주기도 하고, 유생들을 모집하여 보내주기도 하였다.[65] 또 남붕의 명성을 듣고 멀리서 찾아오는 유생들도 더러 있었는데, 앞서 언급한 방용호가 대표적이다. 여기서는 방용호를 비롯한 몇몇 사례들을 살펴보며 남붕의 유생 강학이 어떻게 이루어졌는지 알아보기로 한다.

◆ 영원군 유생 방용호

남붕의 1922년 일기에 이런 내용이 있다. "평안남도 영원군 유생 방용호가 경서를 안고 찾아왔다. 대개 2천여 리 길을 달려 위험을 무릅쓰고 멀리서 온 것은 오로지 글을 읽고 도를 강구하는 것으로 마음을 먹었기 때문이며 나이는 겨우 20세인데 뜻이 오히려 이와 같으니, 석과碩果의 이치가 어쩌면 이와 같은 것이리라. 또한 가는 베 한 단을 예물로 가져왔는데, 더욱 내가 감당할 수 있는 것이 아니었으나 그가 사귐을 정성스럽게 하므로 예물을 받고 사양하지 못하였다"고 했다.[66] 20세의 방용호가 어떤 연유로 2천 리가 넘는 길을 달려 영덕의 유학자 남붕에게 찾아왔는지는 알 수 없다. 아마 남붕의 명성이 그곳까지 알려진 까닭일 것이다. 앞선 일기(9월 1일)에는 방용호가 책 상자를 지고 유학을 오겠으니 여정을 자세히 알려달라는 편지가 왔는데, 세상에 이런 사람이 있다니 기괴한 일이라 하며 스스로도 놀라고 있다. 방용호는 이듬해 정월 8일까지 머물렀으니 거의 석 달 가까이 남붕의 곁에서 공부를 한 셈이다.

남붕은 방용호를 『대학혹문』부터 가르쳤다. 그전에 방용호가 공부해온 것은 『서전』이었으나 남붕은 이 책이 초학자에게 절실하고 긴요한 책이 아니라 보고 교재를 바꾼 것이다. 남붕은 방용호를 자기 집이 아닌 백일동의 간송당(남붕의 일기에서는 산재山齋라고 한 곳이다)에서 머물게 하였다. 자기 집보다 조용한 곳에서 공부하게 하려고 그렇게 정한 것이다. 이때 방용호와 비슷한 나이인 손자 희원도 함께 보냈다.[67] 당시 간송당에서는 그전 달 말에 서재를 설치하여 백순철白淳哲, 전회섭田晦燮 등 몇몇 젊은 유생들이 바쁘지 않은 겨울철을 맞아 같이 독서하고 있었다. 남붕의 집과 백일동의 간송당은 그리 멀지 않았는데, 이들은 남붕의 집에 내려와 강을 받고 새로운 과정을 배워 가는 형식으로 공부를 해나갔다. 어떤 때는 방용호만 따로 남겨 자기 집에 재우면서 밤에 새로운 과정을 가르쳐주기도 하였다.[68]

남붕은 방용호의 양식까지 직접 챙겼을 정도로 관심을 가졌고,[69] 이후에도 방용호가 객지에서 어려움을 당했을 때 돈 8원을 다른 사람에게 빌려 부쳐주기도 하였다. 이러한 정리는 계속 이어져 방용호 역시 귀향 후 스승에게 황촉 등을 구해 보내기도 하였다. 서신으로 경학에 대해 가르침을 주고받았고, 시문을 지어 보내 가르침을 받은 기록이 문집이나 일기에 남아 있다. 또 1924년 초 남붕이 유생들의 조직망을 구축하려 할 때에는 방용호에게 통지하여 평안남도와 평안북도 각 군

의 유학하는 선비 가운데서 유사有司가 될 만한 자들의 이름을 기록하여 보내게 하였다.[70]

남붕의 문집『해주소언』에는「면학오잠勉學五箴」이란 글이 실려 있다. "방용호가 나를 따라『혹문』을 읽은 지 수개월인데 그 향학열이 독실하기에 칭찬한다. 이에 다섯 가지 잠을 지어 서로 힘쓰기로 한다"라면서 1923년 설날 아침에 입지立志, 거경居敬, 치지致知, 역행力行, 수분守分 등 다섯 잠을 지어주었다.[71]

외지 사람으로 남붕에게 종유從遊한 사람은 방용호만이 아니었다. 일기에는 이태로李泰魯라는 인물도 등장한다. 이 사람은 원래 기성(경북 울진군) 사람인데, 남붕의 고향 원구에 우거하면서 남붕에게서 수학하였다 한다. 이태로는 옥천으로 이사한 뒤로도 남붕을 찾아와 학문을 논하기도 하였다. 남붕은 일기에서 이태로를 "나를 쫓아 노닌 자[從吾遊者]" "나를 쫓아 수학한 자[從吾受學者]"라 하며, "자못 글이 고상하여 사랑스럽다"고 하였다.[72]

◆ 족조 성중과 생질 권효상, 재종질 성봉

남붕의 제자 가운데는 집안사람들도 많았다.[73] 대표적인 사람이 남성중南聖仲(聖重으로도 표기, 성중은 자, 이름은 효구)과 생질 권효상, 남성봉南聖峯 등이었다. 남성중은 원구리에서 조금 떨어진 옥금(원구 2리의 옥금 마을)에 살았으며, 남붕보다 나이가 조금 많은 족조였다. 그럼에도 남붕에게 늘 가르침을 청했다. 남성중은 남붕과 몇 가지 측면에서 깊은 관계를 유지하고 있었다.

첫째, 학문적 관계다. 남성중은 남붕에게 글을 배우고 함께 토론하는 사이였다. 일기에는 이런 내용이 있다.

> 오후에 옥금의 성중 씨가 『주자서절요』를 끼고 찾아와서 가르침을 청하
> 여 강의해주었다. 대개 내가 일찍이 이 책을 성중 씨에게 읽을 것을 권했
> 기 때문이다. 또한 향리의 후진들에게 많이 널리 알리고 깨우쳐주었으나
> 성중 씨만이 믿고 따르며 배우기를 청할 수 있었으니, 그의 뜻이 매우 아
> 름답다. 그를 위해 음독 방법을 바로잡아주고 글의 뜻을 해설해주었는데,
> 저녁이 되어서야 끝내고 돌아갔다.[74]

　　이날 이후 한동안 강학이 지속되었다. 이 『주자서절요』를 공부할 때
남성중은 자신의 집에 번잡한 일이 있어 독서하는 데 방해가 되므로
시집간 누이가 사는 곳으로 거처를 옮겨 그곳의 유생과 함께 공부하
기도 하였다. 남붕은 "성중 씨는 나보다 나이가 조금 더 많은데도 내게
와서 배우기를 구하였다. 그러나 실은 내가 성중 씨에게 도움을 받는
것이 또한 매우 많았다"고 하였다.[75] 이는 자신도 『주자서절요』의 반
만 보고 그 나머지는 보지 못했는데, 강론할 때에 공부하면서 깨달은
바가 많았기 때문이다. 이른바 교학상장敎學相長이었던 것이다. 남붕이
남성중에게 강의한 것 가운데는 『주역』도 있다. 이 역시 남붕이 연이
어 한 번 외우는 공부를 한 적이 있으나 그만둔 지가 이미 10여 년이 되
는데, 늘 다시 익히려고 하였으나 이루지 못하였다고 하면서 "지금 성
중 씨가 배우는 것으로 인하여 다시 강론하게 된다면 다행이다"라며
첫날 날이 저물 때까지 「건괘乾卦」에서부터 「문언文言」까지 강의하였
다고 한다.[76]

둘째, 남붕의 교육 활동을 돕는 관계였다. 남붕의 학동 교육을 도운 사람으로는 족숙 남범일이 있었다 하였거니와, 마을 청년들을 대상으로 한 강학 활동을 도운 또 한 사람의 조력자가 남성중이었다. 남붕은 남성중에게 자신을 도와 마을의 젊은이들에게 시를 가르치게 하고, 같이 공부하는 데 앞장서게 하였다.[77]

셋째, 필체가 좋아 남붕의 글을 써주는 관계였다. 예전에는 인쇄 시설이 부족하여 대부분의 경전이나 책은 필사하여 사용했다. 또 편지나 공문 등도 정본 외에 따로 부본을 필사하여 남겨놓았다. 남붕은 남성중의 글씨가 정갈하고 묘하다고 했다. 그래서 중요한 서책, 중국 등 대외적으로 발송하는 편지나 문서는 모두 남성중에게 필사를 부탁했다.

> 옥금의 성중 씨가 찾아왔다. 담배 한 봉을 주고 일전에 부탁한 「심성설」을 정서하여 왔는데, 글씨가 정갈하고 묘할 뿐만이 아니라 나를 위하여 수고해주는 뜻이 감격스러웠다. 성중 씨에게 한 번 낭독하게 하여 틀린 것을 바로잡고 또 한 구절 한 구절 성중을 위하여 해석해주었다.[78]

이를 보면 남성중에게 부탁한 필사는 노동이 아니라 일종의 교육이기도 했다. 필사한 것을 낭독하게 하여 틀린 곳을 지적하고 일일이 해석까지 해주었으니 남성중 본인에게는 좋은 공부가 되었을 것이다. 일기에 나타난 남성중과의 관계에서는 필사를 부탁하는 일이 가장 많았다.

넷째, 시로써 감정을 나누는 관계였다. 일기에는 남성중이 남붕에게 뜻이 맞는 사람들과 시율 공부를 할 것을 청하는 장면이 있다. 남붕은 다음과 같이 썼다. "이러한 세상에서 옛 시를 읊조릴 수 있다면 또

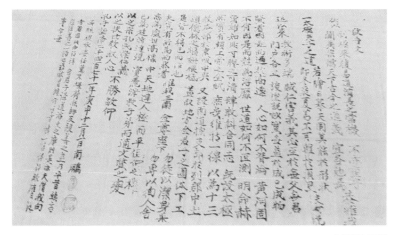

한 한 가지 다행이다. 그래서 오는 6일에 시작할 것을 허락하였다."[79]
남성중은 종종 시를 지어 남붕에게 가져와 살피고 고쳐줄 것을 부탁한
다. 남붕의 화답을 요구하는 시들도 있었다.[80] 남붕과 남성중은 명승
지를 유람할 때도 종종 동행하여 시를 지어 서로 감정을 나누었다.

　이밖에 남붕과 서로 충고하는 관계이기도 했다. 남붕은 남성중에게
주로 학문적 충고와 격려를 했고, 남성중 역시 남붕에게 충고할 것을
마다하지 않았다.

　성중 씨가 오후에 왔다가 저녁이 되어서 갔는데, 내가 어제 술자리에서 취
　해 정신이 혼미했다는 소식을 듣고서 자못 경계하고 면려하는 말을 하였
　다. 대개 성중 씨는 붕우와 친척 중에 나를 아는 사람이기 때문에 내가 실
　덕失德할까 두려워서 이와 같이 충고한 것이니, 감사하다.[81]

남붕에게 남성중은 제자이기도 하였지만 자신을 알아주는 지기지 우였다. 도학의 길을 같이 걷고, 유학 부흥 운동을 같이 하는 동지이기 도 했던 것이다. 중국의 대유학자 하영봉의 문하에서 서신으로 같이 공부하는 동문이기도 했다.[82]

집안사람으로 남붕의 제자가 된 사람 가운데 남성중 외에 재종질 남성봉도 있었다. 이 사람은 가난한 처지였으나 성품이 부지런하고 민첩해서 땔나무를 하는 겨를에 글을 읽었다. 1926년 일기에는 그해 여름 모내기철에 독서를 접고 전력으로 돈을 벌어 거의 10원을 만들었다고 하며, 가을일을 마쳤을 때는 글을 읽고 싶어 남붕에게 가르침을 청했다 한다. 남붕은 그의 뜻을 매우 가상하게 여겨 『당음』을 가르쳐주었다고 기록하고 있다.[83] 『당음』은 조선시대 서당에서 활용하던 당시唐詩 교재다.

권효상權孝相도 남붕에게 배운 사람이다. 권효상은 누이의 아들, 즉 생질이다. 권효상이 남붕의 문하에서 공부하게 된 것은 남붕이 1912년 봄 계룡산 아래 학전으로 이사하고 나서다. 남붕이 자신의 거처를 계룡산으로 옮긴 이유는 자세하지 않으나 행장에는 '시사점변時事漸變'이라 기록하여, 나라를 잃은 시대적 변화 때문으로 파악된다.[84] 남붕과 만났을 때 권효상의 나이는 12세였고, 집이 매우 빈한했다. 권효상은 이때부터 남붕이 1918년 다시 고향으로 돌아갈 때까지 6~7년 동안 남붕에게서 사서오경과 한유·유종원·구양수·소식의 문장을 익혔다고 한다.[85] 남붕이 떠나자 권효상은 스승이 머문 이 7년간 학업을 마치지 못한 것을 안타까이 여기는 편지를 보냈고, 이에 남붕은 답서에서 이미 강독한 것을 복습하면 배우지 않은 곳도 혼자 충분히 공부할 수 있다면서 학문을 권면했다. 이 내용이 문집 『해주소

언』에 남아 있다.[86] 이후 권효상은 때로는 서신으로 때로는 직접 영덕
으로 찾아가 수학했다. 문집에 남아 있는 서신에 의하면 권효상이 시
율詩律을 책으로 엮어 보내자 시학詩學도 좋지만『논어』『맹자』등의
책을 공부하는 데 더 힘쓰라고 하기도 했고, 권효상이『춘추』를 읽는
다는 것을 알고 공자의 뜻은『춘추』에 있고 행동은『효경』에 있으므
로 이 공부에 전념해야 한다고 하기도 하였다. 또 사장詞章에 힘쓰는
것은 속학俗學에 이로울 뿐이므로, 부모에게 효도하고 임금에게 충을
하는 것이 백행의 근본인 것처럼 사단칠정에 근본하여 선하지 않은
것은 빨리 고치도록 마음 찾는 공부에 힘쓰라는 내용도 편지글에 있
다. 또 답서의 별지別紙를 통해 권효상이 질문한 열두 가지 물음에 친
절히 답하기도 하였다.[87]

권효상의 학문에 대한 믿음은 권효상을 호중湖中의 신진으로 어깨
를 나란히 할 자가 없다고 평한 것으로 드러난다.[88] 1926년에는 권성
옥이라는 인물이 그의 아들들을 위해 스승을 모셔 가르칠 의향이 있
고 하자 권효상을 권씨 집안의 선생으로 추천하기도 하였다.[89]

권효상은 매우 활동적인 인물이었는데, 계룡산 아래의 진잠에서 살
다가 1928년에는 일본 나고야로 건너가 남붕에게 "작년 겨울에 바다
를 건너갔으며 머리를 깎아 얼굴 모습이 바뀌었습니다"라는 편지를
보내기도 하였다.[90] 아마 신학문을 하기 위해 갔던 모양이다. 이에
남붕은 일기에서 "이 아이는 재주가 있고 뜻이 고상하며 나에게서 가
장 오래 공부하였으며 문장과 지식이 매우 뛰어난데 이토록 빈궁하니
한탄스럽다"고 하기도 하였다.[91] 남붕은 권효상이 곤궁한 생활 속에
서도 면학함을 격려하기 위해 1929년 6월에「고궁면학설固窮勉學說」을

짓기도 하였다. 원래 가난한 집안인데다 집을 떠나 떠돌아다니느라 더욱 곤궁해진 권효상에게 남붕은 아무리 가난해도 학문은 해야 한다는 뜻을 이 글에서 이야기하였다.[92] 권효상은 뒤에 남붕을 도와 유교 부흥 운동에 적극 가담한다.

일기에는 족제族弟 남호의南浩義에게 강학한 내용도 더러 나온다. 남호의 역시 종종 남붕의 글을 필사했던 사람인데, 『사우기언師友記言』 『공자동기孔子洞記』 『호보號譜』 『가보家譜』 등을 필사하였다. 그는 남붕에게 『원도原道』 『동소만록桐巢漫錄』 등을 배웠고,[93] 학문적으로 궁금한 사항에 대해 종종 질문했다. 남붕은 백우길에게 당부한 것과 마찬가지로 남호의에게도 두문불출 독서하고 청년회에 출입하지 말 것을 당부했는데, 이를 보면 그의 나이는 청년 정도였던 것 같다.[94]

◆ 계룡산 아래에서의 강학

앞서 생질 권효상을 대상으로 계룡산에서 강학한 것을 이야기하였다. 그가 계룡산에 간 것은 시대적 상황에 따른 것, 즉 국가를 잃은 치욕을 견디지 못해 거처를 옮긴 것으로 보이는데, 당시 본가는 그대로 두고 아들 원모와 두 사람만 거처를 옮겼다. 행장에는 처음에는 학전에 살았고, 정사년(1917) 봄에 성전으로 옮긴 것으로 되어 있다. 지금 이곳은 학하동으로 되어 있고, 성전은 별밭 공원 등에 흔적이 남아 있다. 당시 이곳에서의 강학에는 아들을 비롯하여 많은 이들이 참여했다. 을묘년(1915)에 지은 시를 보면, 이병열李秉烈, 병길秉吉, 양래亮來, 병상秉常을 초대했고, 김정환金正煥, 권효상이 남붕을 따라 학전의 이웃에 거주하여 서로 더불어 사서四書, 『주례』 『예기』 등을 읽었다고 한다.[95] 이때의 강학 상황은 행장에 다음과 같이 자세하게 기록되어 있다.

> 이때 종유從遊하는 사람이 아주 많았다. 이에 엄격히 학문 과정을 세우고, 인재시교因材施敎를 베풀었다. 학령 20여 조를 걸고, 선적(선행을 기록하는 장부)과 악적(과실을 기록하는 장부) 두 장부를 만들었다. 매 5일에 선행과 과실을 기록하여 제생의 권선징악의 자료로 삼았다. 과실이 있으면 잠깐 불러 스승의 앞에서 눈을 감게 하고 조용히 앉게 하여 말을 하지 않았다. 그러면 제생은 겁을 내어 두려워 엎드려 자신의 죄를 깊이 생각한다. 그런 뒤에 기쁘게 안색을 풀어 반복하여 타이른다. 기쁜 마음으로 승복하게 한다. 삭망에는 화산 곳곳에서 강회를 행했다. 가을에는 『중용혹문』을 복습하며 공부했고, 겨울에는 주례를 읽기 시작했다. 문하에 머무는 제생은 매일 밤늦게까지 독서하고 제생이 잠자리에 들 때 선생을 찾아뵈면, 선생은 아직 조용히 단좌하여 책 읽는 소리가 멈추지 않았다. 제생이 아침에 들어와 찾아뵐 때도 역시 의관을 갖추고 일어나 앉았다.[96]

기록을 보면 여기서의 강학은 매우 체계적이고 엄격하였던 것 같다. 선악적善惡籍도 갖추고, 학령을 내걸었던 것으로 보아 학당을 차렸던 것으로 보인다. 종유하는 사람도 아주 많았다고 하니 강학의 전성기였다 할 수 있다.

◆ 백우길과 권정달
인근의 청년으로 남봉의 일기에 자주 등장하는 사람이 백우길白禹吉

이다. 백우길이 읽은 글에 대해서는 기록되어 있지 않으며 남붕이 지은 『성심록』을 베꼈다는 기록이 다수 나온다. 『성심록』은 남붕이 1925년 8월 22일부터 쓰기 시작한 것이다. 이 마음이라는 본성이 있어 깨달음이 있으면 쓰고 억지로 힘써 탐색하지 않으므로 『성심록』이라 이름을 붙였다 했다.[97] 백우길이 『성심록』을 다 베끼자 "이 친구가 시종 한결같은 마음으로 틈틈이 힘써 다 마치게 되었으니 가상하다"고 칭찬하기도 하였고,[98] 또 어떤 때는 "『성심록』 정본을 베끼게 하려 하였는데, 그 뜻을 보니 역시 세상 잡사에 골몰해 있었다. 남의 마음을 헤아리지 못하고 경솔히 문자를 베끼는 일을 맡기려 하였으니 후회 한탄한들 어찌 미치겠는가"라며 안타깝게 생각하기도 하였다.[99] 남붕은 이 책의 필사를 남성중에게도 시켰고, 그것은 하영봉에게 질정을 받기 위해 보냈는데, 하영봉은 남붕에게 답을 보내 크게 장려하고 인가하는 말을 썼다고 한다.[100] 그는 이 책에 매우 애착을 가졌으며, 스스로 말만 하고 실행하지 못하는 바가 없는지 경계했다.[101] 뒤에 그는 이 책의 하편을 짓기도 하였다.

백우길에게 가르친 것 가운데 또 하나 특이한 것은 일기 교육이다. 일기 교육에 대해 남붕은 이렇게 적고 있다.

그가 쓴 일록 초고를 가지고 나에게 수정을 청하였다. 그는 나이가 어리면서 고상한 뜻을 가지고 있어 내가 늘 부지런히 공부를 하라고 권하였다. 또 매일 겪는 일을 기록하여 글 쓰는 길을 열게 하였는데, 과연 믿고 따라주어 2월 1일부터 시작하여 자주 초본을 가지고 와 보여주었거니와 글자 씀씀이와 말을 구사하는 법이 상당히 볼 만하였다. 그를 능숙한 경지로 들어가게 하려고 때때로 수정해주었는데, 끝까지 게으르지 않는다면 반드시 크게 볼 만한 결과를 얻게 될 것이다.[102]

일기는 남붕 자신뿐 아니라 아들에게도 쓰게 한 바가 있으며, 제자에게도 권하였다. 그는 일기의 사료적 가치보다는 교육 효과에 주목하고 있었다. 남붕은 백우길로 하여금 『성심록』을 베끼고, 일록을 쓰게 함으로써 문장 교육까지 꾀했던 것이다.

백우길은 남붕이 아끼는 제자였다. 한번은 백우길이 『성심록』을 베끼고 있을 때 일간에 미곡(창수면)으로 가야 해 수일간 베끼는 일을 못한다고 하자, 남붕은 그 말끝에 조용히 앉아서 학문을 해야 하고 동네의 이른바 '청년회'라는 데에 이름을 걸어서는 안 된다고 타이른 적이 있다.[103] 당시 창수면은 태화학원의 설립자 이겸호가 사는 동네로서 청년 활동의 중심지였는데 이전에 향교에 신식 학교를 설치하는 문제로 마찰도 있었지만 청년회 활동이 학문에 방해가 되지 않을까를 염려한 것 같다.[104]

이밖에도 인근의 제자로 옥금의 권정달權正達, 백순철白淳喆 등도 있었다. 권정달은 전에 남붕을 따랐다가 중도에 학업을 그만둔 지 오래된 사람이다. 이 권정달이 찾아와 "지금 『대학』을 읽고 있는데 와서 수학하고 싶습니다"라고 하자 "과연 끝까지 할 수 있을까? (그러나) 시대 형세에 빠지지 않고 뜻을 견지한 것이 이와 같으니 가상하다"라고 칭찬하였다.[105] 또 남붕의 이름을 듣고 멀리서 편지를 보내 물어오는 사람도 있었다.

전라북도 금산군 복수면 백암리에 사는 권오현權五賢에게서 편지가 왔다. 평소 안면은 없었으나 편지로 물으니, 그의 뜻이 감동스러운데 그의 언론과 문장이 또한 극히 크고 빛났다. 만년에 이러한 젊은 친구를 얻었으니 매우 행복하다.[106]

안면도 없는 이가 소문을 듣고 편지를 보내 학문을 물으니 남붕이 감격해할 만도 했다. 이에 그는 답서를 며칠에 걸쳐 작성한다. 그리고 그 답서의 초안을 다시 몇 번이고 고쳐 쓴다. 그는 "밤에 권오현에게 보내는 답서의 초안을 다시 베껴 썼는데, 또한 매우 중요한 곳은 글자를 몇 개 첨가하거나 고쳤다. 이것은 비록 말예末藝이지만 이와 같이 정신을 집중하지 않아서는 안 된다"고 하였다.[107] 이렇게 정성스럽게 작성한 답서를 받은 권오현의 마음은 또 어떠했을까 짐작이 된다. 이후 권오현과의 서신 강학은 계속 이어진다.

◆ 남붕의 강학 활동의 의미: 독서와 학문을 하는 까닭

남붕은 당시 시대적 추세인 새로운 학문을 한 사람도 아니었고, 유학의 본향이라 일컫는 안동에서도 제법 떨어진 영덕에 거주하는 한 '시골 유생'이었지만 결코 은둔자는 아니었다. 그는 지역을 기반으로 왕성한 사회 활동을 했고, 국제적인 교류까지 적극 추진한 사람이었다. 특히 유학 부흥과 관련한 각종 단체에서는 중심적 역할을 했다. 이러한 그의 삶을 근대/전근대라는 이분법적 잣대로만 평가할 수는 없다. 우리는 남붕을 비롯한 유학자들의 학문 활동이나 강학 활동을 전근대적이라는 이유로 거의 주목하지 않고 있다. 남붕은 왜 강학 활동

을 했는가, 그는 왜 학문을 하고 독서를 해야 한다고 했는가. 그의 말을 한 번 들어볼 필요가 있다.

남붕의 강학 활동은 독서가 중심이었다. 그는 아들에게 보낸 편지에서 "독서와 학문을 하는 까닭은 원래 마음을 밝게 하여 실천에 도움이 되게 하기 위함이다. 너는 이미 어느 정도 옛사람들의 말씀을 읽었으니 당연히 지신과 접물의 방도를 알아야 한다"고 했다.[108] 실천의 구체적 내용이 지신과 접물이다. 여기서 말한 지신은 자신의 마음을 다잡고 세상을 살아가는 일이다. 그는 지신에 대해 이렇게 말한다. "진실로 어느 때 어느 곳에서건 풀어진 마음을 다잡아야 한다. 어떤 상황, 어떤 일에서건 이 마음이 움직이는 곳을 찾아야 한다. 그러면 좌와출입坐臥出入 어묵동정語默動靜이 다 내 실용 공부의 현장이 아님이 없다."[109] 지신의 글자의 의미는 '몸가짐, 몸의 처신'이나, 이 몸가짐은 사실 마음가짐의 문제라는 것을 이야기하고 있다. 또 대인관계나 일처리를 의미하는 접물에 대해서는 이렇게 말한다. "부형과 종족을 대할 때는 신실하고 공경하는 마음으로, 친지와 옛 벗을 대할 때는 치밀하고도 두루 살피는 마음으로, 가장집물家藏什物이나 논밭의 수확물 관리에 이르러서도 착실하게 살펴보고 꼼꼼하게 조치를 해야지 성글거나 빠짐이 있게 해서는 안 된다. 절대로 각박하게 해서는 안 되고, 후하고 성실하게 하여 사람들에게서 뒷말이 나오지 않도록 해야 한다."[110] 또 "성현의 글을 읽어야 하는 것은 성현의 행동을 실천하는 데 있는 것이지 독서가 빈말이 되어서는 절대로 안 된다. 충직하고 온후하도록 함에 힘써 남의 뒷말이 나오지 않도록 해야 함이 옳다"[111]고 했다. 이것이 유학에서 말하는 실천이다.

우리가 유학을 전근대 학문이라 하여 폄하하는 이유 가운데 하나는 실용과 거리가 있다는 것이다. 그러나 남붕은 독서하고 학문하는 또 하나의 까닭을 실용에서 찾았다. 실용이란 여러 측면으로 사용될 수 있는 개념이지만 남붕에게서 실용의 의미는 현장성이다. 다시 말해 '내 삶과 얼마만큼 결부되느냐'가 실용성이 있느냐 없느냐를 가리는 기준이 된다. 그는 다시 이렇게 이야기한다. "우리가 세상을 살아가면 마땅히 어떤 직업을 만나게 된다. 농업, 공업, 상업에 종사하는 사람은 다 눈앞에 실업實業이 있다. 그런데 홀로 선비라는 사람만 굶주리고 곤경에 처하여서도 헛된 말을 하고 앉았으니 참으로 가소롭다. 그런데도 선비가 저들 농·공·상인과 다르다면 그것은 성현의 책을 읽고 성현의 행동을 실천하기 때문인데, 그냥 읽기만 하고 실천에 힘쓰지 않는다면 어찌 그것을 귀하다고 하겠는가."[112] 독서가 중심이 되는 강학의 의미 역시 마찬가지다. 스승의 강학과 제자의 독서가 실용과 실천으로 연결되었을 때 비로소 의미가 있는 것이지 그것을 떠나서는 아무런 의미가 없다고, 남붕은 이야기한다. 우리는 실천·실용을 근대 교육 및 근대 학문의 전유물인 것으로 여겨왔다. 그런데 유학자 남붕으로부터 그 실천과 실용이란 말을 듣게 된 것이다.

여기서 한 걸음 더 들어가보자. 남붕의 강학 방법은 제자에게 일과를 주고 그것을 외우게 하는 것이다. 이른바 반복, 암기의 학습법이다. 이를 우리는 대표적인 전근대적 교육 방법, 아동의 발달 단계나 개인차를 무시한 교육 방법이라 보았다. 그런 면도 있을 것이다. 그러나 교육의 방법, 학습 방법은 그 자체로 따로 독립되어 있는 것이 아니라 교육의 목적 및 목표와 밀접한 관련을 맺고 있다. 예를 들면, 학습 목표가 오늘날 학교 교육처럼 지식을 이해하여 정답을 알아맞히는 데 있다면 책을 통째로 외울 필요는 없을 것이다. 그러나 지식을 공부하여 내 삶의 현장에서 자유자재로 활용할 수 있으려면 그냥 한 번 획 읽어서는 안 된다. 남붕도 한 차례 읽은 것은 끝내 자신의 소유가 안 된다고 하였다.[113] 그것은 머리에 잠깐 머무는 정보는 될지 모르지만 내 피와 살로 아는 지식, 온몸으로 체득하는 지식은 되지 못한다. 남붕과 유학에서는 '텍스트의 신체화'를 목표로 한다. 신체화 된 텍스트는 일상의 말과는 차원을 달리하는 정신의 말로 변하며, 그 자체로 일정한 사고의 형식이 된다.[114] 이 단계에서 지식은 살(신체)이 되어 내 삶에서 실천으로 연결될 수 있는 것이다. 이 단계 이전까지는 지식은 내 것이 되지 못한다. 아무리 성현의 말씀이라 해도 윤편輪扁의 이야기와 마찬가지로 그것은 옛 사람들의 찌꺼기에 지나지 않는다.[115]

독서인으로서 남붕의 일상

남붕의 일상은 매우 규칙적이다. 근 50년 가까이 일기를 썼지만 남아 있는 것은 일부라 그 첫 번째 일기는 1922년 윤5월 15일자이고, 마지막은 1933년 12월 26일자이다. 그는 그 이튿날인 1933년 12월 27일 갑자기 별세했다. 첫 번째 일기와 마지막 일기에 공통적인 것이 두 가지가 있다. 하나는 아이들에게 공부를 가르친 것이고, 다른 하나는 자신의 일과日課 공부, 즉 독서다. 이 두 가지는 거의 매일 일기에서 찾아볼 수 있다. 일기 가운데 가장 많은 분량을 차지하는 것은 독서 활동으로, 가장 꼼꼼하고 상세하게 기록되어 있다. 그는 19세기 말~20세기 초의 유학자이고, 유학자로서 그의 정체성은 독서 활동에서 잘 드러난 다. 특히 그의 독서 활동은 조선시대 유학자들과 달리 과거 급제나 출 세라는 목적이 완전히 배제된 상태에서 이루어졌기에 유학자 남붕의 본모습을 잘 드러낼 수 있는 자료가 된다.

◆ 「행장」에 나타난 남붕의 독서

1936년 산동 사람 장소개가 쓴 남붕의 행장(「해주남선생행장」)에는 먼 저 남붕의 독서 활동이 상세히 담겨 있다. 그 가운데 한 부분을 옮겨보 면 다음과 같다.

> 평생 힘을 쏟은 것은 『대학』, 『중용』 및 이 두 책의 『혹문』(필자주: 『대학혹 문』과 『중용혹문』)과 『논어』, 『맹자』, 주자서 및 육경, 『심경』, 『이정전서』, 「서 명」이다. 이들을 다 돌려가며 읽으며 그 근본을 세웠다. 제자백가에 이 러서는 흐름을 따라 근원에 이르지 않음이 없었고, 곡창방통曲暢旁通으로 그 정취를 넓혔다. 방외方外 바르지 않은 책은 요성 미색을 멀리하듯 하였 다. 조금이라도 끼어들어 심술心術 학술學術에 해가 되도록 하지 않았다. 일찍이 말하기를, "독서에 3항의 공부가 있다. 첫째, 외우고 또 외운 연후 라야 비로소 자신의 것이 되고 일이 이루어진다. 둘째, 연구하고 또 연구 한 연후에야 책 속의 의미가 내 마음과 하나가 된다. 셋째, 몸으로 행하고 또 행한 연후에 성현의 말이 나를 속인 것이 아님을 알고, 비로소 나의 도 가 참되게 만들어진다". 또 이르기를, "사람이 독서를 하는 까닭은 본래 마 음을 열고 눈을 밝게 해 실천에 도움을 주기 위함이다. 만일 외우고 읽기

에만 힘을 쏟아 몸소 행함을 근본으로 삼지 않는다면 책은 책, 나는 나가 되어 현실과는 관련을 맺지 못하게 된다. 이것이 기송사장記誦詞章의 학은 애써 하면 할수록 더욱 더 도와 거리가 멀어지는 까닭이다".116

남붕의 독서 범위는 여기에 적혀 있는 바와 같이 사서가 주였다. 아울러 그와 관련한 각종 성리서를 돌려가면서 읽었다. 「행장」에는 그의 독서 3원칙이 적혀 있는데, 첫째가 외우고 또 외운 연후라야 비로소 자신의 것이 되고 일이 이루어진다[成誦成誦然後方爲己有物事]는 것이고, 둘째는 연구하고 또 연구한 연후에야 책 속의 의미가 내 마음과 하나가 된다[研究研究然後書中之義理與吾心爲一]는 것이다. 셋째는 몸으로 행하고 또 행한 연후에 성현의 말이 나를 속인 것이 아님을 알고, 비로소 나의 도가 참되게 만들어진다[體行體行然後知聖賢之言不我欺而我始有造道之實矣]는 것이었다. 그의 글 읽기는 '암송 → 연구 → 체행'의 3단계로 이루어져 있고, 그 첫 단계가 암송이었다. 그의 암송은 1회로 끝나는 것이 아니라 한평생 지속되었다. 즉 같은 책을 계속 연이어 반복하여 암송하였다. 그는 만년에 자신의 독서 경력을 이렇게 말하고 있다.

밤낮을 통하여 돌아가며 연이어 외운 것이 수십 회가 넘는데, 이와 같이 한 뒤에는 혹 길이 나의 소유가 될 수 있을까? 독서한 지 50년이 되었는데 지금에 외운 것을 묵묵히 따져보면 『논어』 7책, 『중용』과 『대학』 2책과 아울러 『혹문』 2책, 『맹자』 7책, 『문장궤범』 1책, 『두율』 2책이다. 이후로는 이미 외웠던 이것을 돌아가며 익히고, 그 여가에 곁으로 다른 책까지 훑어본다면 마음을 쓴 데가 없는 사람이 되는 것은 면하게 되려나. 이 또한 선

을 행하는 일로서 이 세상에서 뜻을 얻지 못한 자가 할 바이다.[117]

이와 같이 같은 책을 돌려가며 읽는 것이 그의 독서 원칙이었다. 각각의 책을 어떻게 읽었는지 여러 책 가운데 『논어』 읽기를 예시로 살펴보기로 하자.

◆ 남붕의 『논어』 공부

남붕이 『논어』를 일과 공부로 시작한 것은 1924년 11월 1일부터였다. 물론 그 이전에도 『논어』 공부는 지속적으로, 또 반복적으로 했을 것이다. 일기가 11월 1일부터 이듬해 1월 말까지 누락되어 있어서 이 사이에 공부가 어떻게 이루어졌는지는 알 수 없다. 그러나 1925년 3월 이후의 일기를 보면 남붕의 『논어』 읽기가 세 가지 방식으로 진행되었음을 알 수 있다. 첫째는 통독이다. 이것은 논어 20편을 순서대로 암송해나가는 방식이다. 그날의 형편에 따라 하루에 몇 편씩 읽기도 하고, 하루에 한두 편을 읽기도 한다. 둘째는 일과의 방식이다. 이는 특정 편, 특정 부분을 그날 하루의 과제, 즉 일과로 정해 집중적으로 읽고 외우는 방식이다. 『논어』 공부 때 남붕은 첫 편인 「학이편」부터 일과로 정해 시작한 듯한데(시작 부분의 일기가 누락되어서 확인은 불가능하다), 각 편의 텍스트를 40행 기준으로 나누어 일과로 삼았다.[118] 이 40행은 남붕이 가지고 있던 텍스트의 40행이므로 정확히 어느 정도의 분량인지는 알 수 없으나 「팔일편」은 5과로 나누어졌던 것 같다. 「팔일편」은 모두 26개 조목으로 구성되어 있는데, 이 조목만을 일과로 외운 것 같지는 않다. 만일 조목만을 일과로 하면 다섯 조목 밖에 되지 않아 그것은 경전을 몸에 익히고 있는 남붕에게는 일과가 될 수 없기 때문이다. 40행을 하루 암송 분량으로 삼은 것으로 보아 주석까지 포함한 것일 텐데, 그렇다면 주자학을 신봉한 남붕의 경우『논어집주』를 일과의 텍스트로 삼지 않았을까 추정해본다. 셋째는 완독이다. 전체를 다 공부하고 나서는『논어』20편을 쭉 외우는 방식으로 공부했다.[119] 완독의 목표는『논어』20편을 20번씩 외우는 것이었다.

1924년 11월 1일에 시작한『논어』공부는 1925년 3월 27일 마쳤다. 총 5개월, 날로는 150일이 걸렸다. 그는『논어』20편 공부를 일단락 지으면서 이렇게 이야기하고 있다.

> 갑자 11월 1일 경술에 읽기 시작하여 을축 3월 27일 지금에 이르기까지 총 5개월 150일이다. 정월에는 명절 인사와 다른 책을 연이어 읽느라 반을 보냈고, 2월 20부터 3월 6~7일까지는 양동에서 손님이 왔기 때문에 겨우 새벽 공부만 하였을 뿐이고 낮 공부는 전폐하였다. 정월 그믐 사이 남협으로 여행을 갔다가 4~5일 허송한 것을 제외하면 대략 120일이 일이 없어 공부를 하였던 때이고, 겨우『논어』20편을 익히고 외울 수 있었다. 공부가 이토록 보잘것없으니 옛사람과 같은 큰 사업을 어찌 바랄 수 있겠는가. 그러나 내 나이가 예순에 가까워져 정력이 날로 줄어드니, 새로 시작하는 후진이 온 힘을 기울여 읽고 외우는 것처럼 끊임없이 할 수 없을 뿐이다. 이제부터는 마땅히 존양과 성찰을 첫째 과정으로 삼아서 성현의 문과 길을 엿보는 방도로 삼아야 하겠다.[120]

『논어』읽기를 마친 그는 스스로의 독서에 만족하지 못하였다. 명절과 손님 방문, 여행 등으로 독서에 전념하지 못하였음을 안타까이 여겼다. 그러면서 지금부터의 독서는 존양存養과 성찰省察에 힘을 기울일 것을 다짐한다. 존양과 성찰은 그의 독서 가운데 2단계인 연구 과정으로 볼 수 있다. 단지 글 외우는 것에 머무는 것이 아니라 마음공부로 이어지도록 하고자 한 것이다.

◆ 하루의 독서 과정

남붕은 자신의 독서를 보잘것없다고 말했으나 그의 공부는 결코 보잘것없지 않았다. 물론 그는 독서를 못한 날이 많았고 낮 공부도 폐하는 날이 많았다고 말한다. 그러나 150일 가운데 120일을 공부했다면 그것은 결코 적은 날이 아니다. 또 낮에 손님이 찾아오거나 다른 일로 공부를 많이 못한 날이라 하더라도 새벽 공부는 빠지는 날이 거의 없었다. 방해 받지 아니한 그의 하루는 독서에 매우 충실하였다. 1925년 어느 날의 일기를 보면 그의 하루가 어떠했는지를 짐작할 수 있다.

날이 맑았다가 한 차례 바람이 불었다. 새벽에 치성을 드렸다. 잠과 『춘추』 경문을 외웠다. 또 「위령공편」 외우기를 마치고, 「계씨편」을 외웠다. 잠시 얼핏 잠이 들었다. 아침에 문안드리고 사당을 참배하였다. 아이 두 명에게 수업하였다. 「팔일편」에서 「이인편」까지 이틀의 일과를 외웠다. 아침 뒤에 「이인편」을 끝까지 외웠다. 일과를 읽었다. 범일 씨가 와서 정오 때까지 이야기를 나누었다. 오후에 책 1장을 베꼈다. 일과를 읽고 외웠다. 저녁에 백성훈 군이 찾아왔는데, 요즈음 족보를 수단收單하는 일 때문에 여가가

없다고 하였다. 밤에「이인편」을 외웠다.[121]

   그의 하루는 이렇게 독서로 시작하여 독서로 끝난다. 그 사이의 일과도 특별한 일이 없으면 독서로 이루어진다. 이날 남붕의 하루를 시간대별로 재구성하면 이렇다.

새벽

① 치성

② 잠, 『춘추』 암송

③ 『논어』「위령공편」,「계씨편」 암송

④ 어머니 문안

⑤ 사당 참배

⑥ 아이들 수업

⑦ 이틀치 일과 암송(「팔일편」에서「이인편」)

아침~정오

①「이인편」 암송

② 일과 독송

③ 범일 씨 방문 대화

정오~저녁

① 책 베끼기

② 일과 읽고 외우기

밤

① 백성훈 군 방문 대화

②「이인편」암송

　일기를 보면 그는 하루를 대개 새벽, 아침~정오, 정오~저녁, 밤 등 네 부분으로 나누어 기록한다. 이 네 시간대 가운데 남에게 방해 받지 않는 시간이 새벽이다. 그다음으로는 밤이다. 그래서 새벽 공부는 거의 빠지는 법이 없다. 전형적인 독서인, 즉 선비[士人, 儒者]의 모습이다. 남붕의 독서란 요즈음 독서와 같이 그냥 읽고 이해하는 것에서 그치는 것이 아니다. 외우는 것을 목표로 하는 읽기다. 그래서 그의 일기에는 독서讀書라는 말도 많이 나오지만 외운다는 의미의 송서誦書라는 말이 많이 등장한다.

◆ 독서의 목적

　오늘날의 많은 사람들은 의아해할 것이다. 남붕이 왜 오십대, 육십대까지 이렇게 열심히 공부했는지. 과거 시험을 칠 것도 아니고 어디 취직할 것도 아닌데 도대체 그는 왜 새벽부터 잠들기 전까지 공부를 했는가. 그가 죽기 1년 전인 1933년 정월 초하루에 자신의 삶을 돌이켜보며 쓴 글이 있다.

　새벽에 정갈한 새 의복으로 갈아입고 전처럼 치성을 드렸으며, 전처럼 잠·명을 외웠다. 그리고『주자서절요』제2책을 첫머리의「답왕상서答汪尙書」부터「답장경부서答張敬夫書」의 논오왕사論五王事까지 21개의 일과를 외우고 제22과를 읽으니 창이 어느새 밝았다. 비록 명절이라고는 하나 내가 즐거워하는 것이 여기에 있으니, 아까울 겨를이 없다.

대개 근년에 겨울 여름 안 가리고 예전에 읽은 것을 배우고 복습하는 것으로 공부를 삼았으나 새로 터득한 것이 없는 듯하다. 신미년(1931) 섣달에 한 보름 동안 공부하여 『주자서절요』 제1책 하편의 반을 읽고 마침내 암송하였으며, 임신년(1932) 1월 이후부터 새벽마다 한 번씩 잇따라 외워 오랫동안 잊지 않을 계책으로 삼았다. 11월 초에 이르러 나머지 반을 읽어서 하편을 마치는 공부를 끝냈다. 그리고 제2책을 첫머리부터 21개 일과를 읽었는데 해가 또 바뀌었다. 겨울철 두 달에 읽고 외운 것을 통째로 계산하면 거의 1책의 2분을 넘고 자행이 『맹자』 1부에 해당한다. 매일 성묘한 뒤에 밤낮으로 공부했으니, 또한 부지런히 수고하지 않은 것은 아니다. 나이가 젊고 기력이 왕성한 시절의 태반을 잃어버리고 미적거렸으나 이렇게 노쇠한 나이에 미쳐서 이렇게 스스로 힘을 낼 수 있었다. 그리고 기억하고 외우는 힘이 소싯적과 다름이 없어서 하루의 일과로 50번을 읽으면 곧 외울 수 있었으니, 이것은 아마도 하늘이 묵묵히 도와주신 것이리라. 어떻게 그렇게 할 수 있었는지 나도 모르겠다. 다만 읽고 외우기만 하고 그 이치를 연구하지 못했으며, 다만 그 이치를 살펴 알기만 하고 자신을 반성하여 실천하지 못했다. 그렇다면 이것은 앉아서 용의 고기를 이야기하나 실제로 먹는 효과가 없는 것과 같으니, 글을 읽지 않은 자와 무엇이 다른가! 아, 나는 이제 이순의 나이를 네 살이나 넘겼는데, 남은 해가 이제 다시 얼마나 되겠는가? 배우지 못한 자는 말할 것도 없거니와 배웠다면 알아야 하고, 모르는 자는 논할 것도 없거니와 알았다면 마땅히 실행해야 한다. 어찌 60년 동안 글을 읽었는데 오히려 읽지 않은 사람과 똑같을 이치가 있겠는가. 결단코 이제부터 무릇 외물을 그리워하는 한가롭고 잡된 마음은 일절 술과 담배를 끊은 사례처럼 단칼에 쳐서 두 토막 내어 가슴에 머물지 못하게 하고, 한결같이 도의와 덕업에 마음을 두어 좋은 사람이 되어 은연중에 자신을 수양하여 근독하고 성신하려 한다. 무릇 평생 강학한 성현의 격언을 일일이 내 몸에서 열매를 맺게 하여 빈말이 되지 않게 한다면 위로는 하늘을 저버리지 않고 아래로는 사람에게 부끄럽지 않아서 사람의 도리가 나로 말미암아 설 것이니, 이것이 내가 바라는 것이다.[122]

정월 초하루의 일기답게 자신의 삶을 돌아보며 다소 장구하게 쓴 글이다. 그는 우선 자신이 노쇠한 나이임에도 불구하고 이렇게 독서와 암송 공부를 지속적으로 할 수 있었던 것에 대해 자부심을 드러내었다. 기억력이 쇠퇴하지 않은 것을 하늘이 도와주신 것이라고 하면서 어떻게 그렇게 할 수 있었는지는 자신도 모르겠다 하였다. 비록 설날이지만 자신이 즐거워하는 것이 독서에 있으니 명절의 즐거움을 못 누리는 것은 아까운 것이 아니라고 하였다. 그러면서 다만 알기만 하고 실천이 따르지 못하였다는 반성도 잊지 않았다. 지행이 합일되어야 하는데 행이 미치지 못하니 결국은 독서를 하지 않은 사람과 같은 것 아니겠느냐고 하였다. 이어 그는 독서의 목적이 좋은 사람이 되는 것, 평생 강학한 성현의 격언을 일일이 몸에서 열매 맺게 하는 데 있음을 말하였다. 이것이 「행장」에서 말한 독서의 세 번째 단계인 체행이다.

◆ 독서의 범위
앞서 말한 바와 같이 남봉은 사서오경과 같은 유가 경전과 각종 성리서를 돌아가며 외우는 것을 반복하였다. 그렇다고 그가 다른 책을 읽지 않은 것은 아니다. 그의 독서는 일상적으로 읽었던 유가의 경전과 송대의 성리서 외에도 각종 역사서와 여러 유학자들의 문집을 비롯해 매우 범위가 넓었다. 일기에 나타난 몇 가지만 열거하면 아래와 같다.

① 『궐리지선요闕里誌選要』

② 『한사경변韓史緊辨』

③ 『매화시첩梅花詩帖』

④ 『양현전심록兩賢傳心錄』

⑤ 『몽어蒙語』

⑥ 『동소만록桐巢漫錄』

⑦ 『동사東史』

⑧ 『문장궤범文章軌範』

⑨ 『당송팔대가문초唐宋八大家文抄』

⑩ 『당시唐詩』

⑪ 『심경강록心經講錄』

⑫ 『공자통기孔子通紀』

⑬ 『황극경세서皇極經世書』

⑭ 『창수귀감創垂龜鑑』

⑮ 『치암집癡庵集』

⑯ 『우헌집愚軒集』

⑰ 『동명집東溟集』

⑱ 『갈암집葛庵集』

⑲『오봉실기五峰實記』등

이와 같이 넓은 범위의 독서를 하였음에도 사장학에 대해서는 경계해 마지 않았다.

◆ 사장학에 대한 경계

남붕은 일생 적지 않은 글을 지었고, 문집『해주소언』까지 남겼다. 남붕의 글 가운데는 시와 부와 같은 문장도 많다. 남붕에게는 사장학詞章學에 대한 부정적인 시각이 있었다. 1930년 5월 무렵 소동파의 글을 읽고 있던 그는 이렇게 썼다.

아침을 먹은 뒤에 소동파의 글 중 논論을 읽었다. 점심 때 소동파의 글 제4책을 다 읽고, 제5책을 읽기 시작하였다. 제4책의「공자론」과「맹자론」이하 여러 논한 것을 보니, 동파 공은 비록 논설을 잘하기는 하나 도에는 전혀 소견이 없음을 여기에서 볼 수 있다. 대체로 문장을 짓는 선비 중에는 도를 잘 아는 이가 드물다. 그것은 그들의 한데 모은 온 마음이 오로지 일을 고찰하고 사물을 연결하며 글을 짓고 글자를 놓는 것에 있으므로 도에는 실제로 미칠 수 있는 여력이 없기 때문이다. 그의 총명한 재능과 자질로 성인의 학문에 힘썼다면 분명히 성인과의 거리가 멀지 않았을 것이다. 그런데 말단의 기예인 문장에 머리를 숙이고 마음을 기울이며 도리어 절기切己와 당행當行의 일을 버렸으니 한탄하며 경계로 삼는다.[123]

문장 짓기를 말단의 기예로 보며 문장을 잘 짓는 선비 가운데 도를 아는 이가 드물다는 극단적인 말까지 하고 있다. 이는 도학 공부와 문장 짓는 것을 별개의 것으로 보기 때문이다. 그렇다고 문장 짓는 공부가 필요 없다고 보지는 않았다. 중국 역대 명문장을 모아놓은『문장궤범』을 교재로 조카에게 명문들을 가르치기도 했고, 그 자신 역시 이 책을 관심 있게 읽고 아침저녁으로 전체를 몇 번씩 외우기도 하였다. 그럼에도 이 책의 저자들에 대해 "당송唐宋의 문장이 또한 절로 일가를 이루었으나 문자의 결구에만 마음을 썼으니, 그들이 도를 알지 못한 것이 당연하다. 마음을 어찌 두 군데에 쓸 수 있겠는가"라며 박한 평을 내렸다.124

◆『심경』과『주자서절요』에 대한 평가

남붕이 읽은 책은 수없이 많지만 만년에 특히 주목한 책은『심경』과『주자서절요』다. 그는『심경』에 대해 다음과 같이 특별히 기록하고 있다.

진서산眞西山 선생은 남송의 말기에 태어나 낙민洛閩의 전통을 계승하고 성현의 학문을 체득하였으며, 무릇 경의經義를 드러내 밝힌 것이 모두 친절하여 맛이 있으며『심경』이라는 1부의 책을 찬집纂集하였으니, 더욱 후학에게 공로가 있다. 대개 사람이 학문하는 것은 심心과 이理일 뿐이다. 심이 비록 한 몸을 주재하나 그 체體의 허령虛靈은 천하의 이를 관장하기에 충분하다. 이가 비록 만물에 흩어져 있으나 그 용用의 미묘함은 실로 한 사람의 마음에서 벗어나 있지 않다. 이것이 사람이 학문하지 않을 수 없고 학문이 반드시 심으로 이름을 삼는 까닭이다. 서산의『심경』은 참으로 만세토록 심학心學의 단방單方이다. 나는 늦게 이 책을 얻었으나 그 말이 모두 성현에게서 나왔다는 것을 믿고 백배의 공부를 더하여 말년에 성과를 거두고 싶다. 이것이 나의 뜻이니, 삼가 이것을 기록하여 후일을 두고 보겠다.[125]

그가 『심경』에 주목하기 시작한 것은 1922년 무렵이다. "비로소 오로지 『심경』의 학문을 주로 하고 싶어졌으나 과연 시종 한결같이 읽고 음미하며 체득하고 실천하여 소인으로 귀결되는 것을 면할 수 있을지 모르겠다"며 『심경』 공부를 통해 자신의 삶을 개선하려는 의지를 표명했다.[126] 그는 『심경』과 관련한 책도 아울러 많이 읽었다. 예를 들면 이덕홍과 이함형이 지은 『심경강록』도 겸하여 읽었는데, 이 책은 『심경』의 주석서이다. "『심경』이 있으면 『강록』(『심경강록』)이 없어서는 안 된다. 두 책을 같이 보면 자못 일깨워주는 곳이 있음을 깨닫게 된다"고 하면서 두 책을 같이 읽었다.[127] 또 때로는 『심경강록간보』라는 책을 보고 베껴 쓰기도 했는데, 이 책은 이상정이 『심경강록』에서 누락된 부분과 해석하기 어려운 자구를 뽑아 주석한 것이다.

이와 같이 그의 독서에서 『심경』이 차지하는 위치는 크다. 또 『심경』과 함께 늘 곁에 두고 같이 본 책이 퇴계가 편찬한 주자의 편지글, 『주자서절요』이다. 이 책에 대해서는 1932년에 다음과 같은 평을 내렸다.

비로소 『주자서절요』 제2책의 상편 「왕장문답汪張問答」을 읽었다. 처음에 제1책의 하편 중 암송하지 못했던 것에 뜻을 두었으므로 제1책의 상하 편을 꿰뚫고자 지난겨울에 겨우 그중에 반을 다 암송했고, 지금 또 그중의 반을 암송하는 공부를 마쳐 뜻한 대로 제1책을 다 통달하였다. 그러나 올

겨울의 남은 날이 아직도 30여 일이다. 만약 줄곧 안정을 취한다면 앞으로 나아가 한 자나 한 치의 소득을 구하는 것이 안 될 것도 없을 듯하다. 그래서 다시 『주자서절요』를 읽기로 결심하였다. 대개 읽으면 읽을수록 그 이치에 순한 말이 유가 문장의 법도가 됨을 더욱 알게 되었다. 독서를 안 하면 그만이지만 독서를 하면서 이 책을 빼놓고 무슨 책을 구한단 말인가? 가령 당·송 대가들의 문장이 화려하지 않은 것은 아니지만 기화이초奇花異草 같은 문장이 어찌 포백숙속布帛菽粟 같은 문장과 나란히 놓고 말할 만하겠는가.[128]

당송 문장가들의 글을 기화이초로 보고 『주자서절요』를 포백숙숙이라 본 것이다. 포백숙숙은 옷감·곡식 등과 같이 의식주 생활에 가장 요긴한 것을 말한다. 『주자서절요』는 화려하지는 않지만 화려한 문장력을 뽐내는 당송 대문장가들의 글보다 요긴하다는 것이다. 주자의 글들은 스승인 서산 김흥락이 중시하여 읽기를 권한 책이기도 하였다.

이에 『주자서절요』 초권初卷의 상편을 복습하는 공부를 비로소 마쳤다. 대개 이 편은 외운 지가 거의 40년 되었는데 때로 더 복습하여 잊는 것에 대비했기 때문에 막힘이 없었다. 그러나 앞으로 나아가지 못하고 단지 1편만을 지키고 있으니, 주朱 선생의 서법書法을 다 얻고 싶어한들 어찌 어렵지 않겠는가. 또한 선사先師께서 만년에 간곡하게 주자를 존신尊信하는 것으로 가르침을 삼았으나, 나는 사서를 잇따라 암송하는 것을 과업으로 삼았기 때문에 『주자서절요』에 전적으로 힘쓰지 못하여 지금 흰 머리가 될 때까지

경서를 궁구해도 학업을 성취한 것이 없으니, 참으로 한탄스럽다.[129]

추념컨대, 그 옛날 우리의 스승인 서산 선생을 따르고 모시던 날에 내 나
이 겨우 수십여 세였다. 선생이 나를 앞으로 나오라고 명하시고 가르치시
길, "그대는 참으로 돈독하게 믿고 옛것을 좋아하는 사람이나 그 책을 잡
고 정밀하게 연구하는 것 같지는 않다. 마땅히 『주자서절요』를 존신하지
않겠는가? 주자의 글을 존신하는 것은 염락濂洛을 존신하는 것이고, 염락
을 존신하는 것은 수사洙泗를 존신하는 것이다"라고 하였다. 나는 가르침
을 받들고 물러나와 『주자서절요』 제1책 상편을 읽고 암송하였으나 그 나
머지는 다만 때때로 뒤지면서 그 뜻을 고찰할 뿐이었다. 그러나 어찌 암송
이 자신에게 유익함이 있겠는가. 이제 기력이 점점 쇠하여, 스승께서 기대
하고 면려하신 뜻에 만에 하나도 우러러 부응할 길이 없으나 오직 주자의
글을 존신하라고 하신 한 가지 가르침이 단사丹沙처럼 환하니 감히 실추
할 수 없었다.[130]

남붕은 『주자서절요』를 이처럼 아꼈는데, "바른 학문을 강명講明하고
지극한 도에 잠심하기로 이 책보다 나은 것이 없기 때문"이라고 보았기
때문이다.[131] 이 책은 자신이 아낀 만큼 다른 사람들에게도 공부하기를
적극 권한 책이었고, 또 후학들에게 강론한 텍스트이기도 했다. 그는 이
『주자서절요』를 늘 새벽에 읽었다. 하루 일과를 이 책 읽는 것으로부터
시작하였다는 것은 보통 책과는 다른 의미를 부여한 것으로 볼 수 있다.
그리고 또 어느 날은 자기 전에 다시 이 책을 펴들기도 하였다.

◆ 길 위에서의 독서

일기에 나타난 남붕의 독서 활동 가운데 필자가 가장 인상 깊게 생각했던 부분은 길에서의 공부, 즉 길을 걸으면서 하는 독서다. 남붕의 독서 시간은 정해진 때가 없다. 아침에 눈을 떠서 밤중에 눈을 감을 때까지가 그의 독서 시간이었다. 독서 장소 역시 정해져 있지 않다. 그의 집이 독서처였던 것은 당연하다. 그러나 독서 열의가 강했던 그에게는 오고가는 길도 글 읽는 시간, 글 읽는 장소가 되었다. 1931년 정월에 모친이 별세하고 백일동에 산소를 모셨다. 그는 매일 아침 모친 산소에 성묘를 다녔다. 이 기간 산소에 다니는 길은 그의 독서 공간이었고, 그 시간은 독서의 시간이었다. 일기에 이런 내용이 상세히 적혀 있다. 그 가운데 몇 가지를 보면 그가 독서한 과정을 잘 알 수 있다.

- 아침을 먹은 뒤에 묘소에 가서 곡했는데, 가는 길에 『주자서절요』 제1권 하편의 반을 외우고, 돌아오는 길에 제1권의 상편을 서문부터 「장경부서」 네 번째 편지까지 다 외웠다.(1932년 11월 5일)

- 이달에 들어와서는 임시로 다른 책은 그대로 버려두고 오로지 주자의 글만을 공부하였다. 비록 성묘 가는 길에도 마음속으로 외우고 입으로 읊었고 보면 뒤늦게 태어난 불초한 내가 정성을 다하고 힘을 다하여 아마도 혹 저세상에 계시는 주 선생을 감격시키는 이치가 있으리라.(1932년 11월 15일)

- 길에서 또한 복부의 작은 통증에 시달리고 글을 외우기에 불편하여, 단지 어제 길에서 외우고 남은 「조수趙帥」부터 「여조승상서與趙丞相書」까지 외웠다. 집에 이르러서야 편말까지 외웠다.(1933년 1월 9일)

- 오늘 왕래하는 길에 새로 공부한 15개의 일과를 전처럼 외웠는데 집에 이르러서야 마칠 수 있었다.(1933년 1월 11일)
- 오전에는 으레 성묘를 하러 가고, 이른 아침에도 아동들을 가르치느라 시간을 꽤 빼앗겼는데, 그 나머지 오후와 새벽과 밤에 읽고 암송한 것이 『주자서절요』 67장章일 뿐이다. 다른 시간에는 늘 예전에 외운 여러 경전을 복습하는 것으로 일을 삼았으므로 새로운 것을 공부하기가 매우 어려웠다. 이제는 다른 글을 연이어 외우는 공부를 끊어버리고 오로지 『주자서절요』를 읽고 암송하는 것으로 학업을 삼아서 성묘 길에도 반드시 마음속으로 외우면서 가고 오는 것을 절도로 삼았으니, 또한 부지런하고 정성스러웠다고 할 만하다.(1933년 1월 16일)
- 대개 지난해 11월부터 오로지 『주자서절요』를 강습하는 것을 매일 성묘 후의 학업으로 삼았다.(1933년 2월 6일)

어쩌면 이 성묘 길은 누구에게도 방해받지 않고 공부할 수 있는 귀한 시간이었을 것이다. 자기 스스로도 이 시간을 부지런하고 정성스러웠다고 평가하니 그의 말대로 저세상의 주자도 감격했을지 모르겠다.

◆ 편집하기와 베껴 쓰기
남봉의 독서 활동은 좁게 보면 암송 위주였다. 그러나 이와 함께 남봉의 독서법에서 또 하나 주목할 것이 있다. 편집하기다. 편집은 많은 내용 가운데 일부만 가려 뽑는 '선選'이 있고, 자신의 견해에 따라 정리하여 편집하는 '편編' 혹은 '찬纂'이 있다. 예를 들면 『동현호보』가 그런 경우다.

『명현호보』를 교정하였다. 대개 처음에 수집하여 편집한 자가 호보號譜라는 명칭을 붙였기 때문에 신라와 고려 이후 군자와 소인으로서 호를 가진 자는 다 들어갔다. 그러나 지금에는 이미『청구유현록』이라고 하였으니, 한 그릇 속에 훈유薰猶를 섞어 담을 수 없으므로 사정邪正을 따져서 따로 한 책을 만들려고 한 것이다.[132]

남붕은 이 책을 자신의 의도에 맞게 다시 편찬하여 앞서 언급한 바와 같이 아동 강학의 교재로 삼았다.

'베껴 쓰기' 역시 남붕의 독서법과 관련이 있다. 컴퓨터가 등장하면서 손으로 글씨를 쓴다는 것의 의미가 이전과는 많이 달라졌으나, 남붕이 일기를 남긴 100년 전만 하더라도 인쇄술의 발전 및 보급이 충분하지 않아 거의 모든 글을 손으로 직접 베껴 쓰지 않으면 안 되었다. 남붕의 일기를 보면 베껴 쓰기에 대한 기록이 매우 많다. 그의 일생 가운데 상당 시간을 자신의 글 혹은 남의 글을 베껴 쓰는 작업으로 소진하였을 것이다. 필체가 좋지 않았던 남붕에게 베껴 쓰기는 상당히 성가신 일이었을 것이다. 그래서 때로는 남에게 시키기도 하였지만 마냥 남에게만 맡길 수 없는 중요한 일이기도 하였다. 남붕의 베껴 쓰기는 타인의 글을 베껴 쓴 경우와 자신의 글을 베껴 쓴 경우로 나누어볼 수 있다.

먼저 타인의 글을 베껴 쓰는 경우다. 유학자들의 저작이 대개 그렇듯이 앞선 사람들의 글들을 바탕으로 그것을 편집하고 그 위에 자신의 견해를 보태는 형식이 많았다. 남붕 역시 이러한 목적, 즉 자신의 저작을 위해 글을 베껴 쓰는 경우가 많았다.『창수귀감』『운도정음주해』와 같은 책은 남붕의 저작이지만 다른 사람의 글을 바탕으로 한 것들이다. 『창수귀감』은 역대 창업 수통垂統의 군주가 마음을 세워 일을 행한 공적을 뽑아 후세 군주의 법도로 삼게 한 것으로, 위로는 하우夏禹로부터 아래로는 명 태조에 이르기까지를 한 책으로 묶었다. 이 책을 지을 때는 당태종의 사적을 매일 베껴 쓴 기록이 있다. 또 운곡 주희와 퇴도 이황의 시에 주석을 단 『운도정음주해』를 지을 때는 주자나 퇴계의 시를 베껴 쓰기도 하였다.

> 『정음』에 베껴 썼는데, 저녁이 되어 마쳤다. 도산의 시는 무릇 47장인데, 나는 눈이 어두워 글씨 쓰는 일을 감당 못하여 주저한 지 오래이나 자질이나 친구 가운데 이 일을 맡길 만한 이가 없어서 세월을 끌다가 끝내 장독 뚜껑이 되고 말지나 않을까 두려웠다. 그래서 어두운 눈을 치켜뜨고 손을 대기 시작하여 지금 도산의 시를 베껴 쓰는 일을 마칠 수 있었다. 만약 또 10일을 더 작업한다면 운곡의 시도 베껴 쓸 수 있으니 『운도정음』이 책으로 이루어지는 것을 볼 수 있을 것이다.[133]

아동 교육용 교재로도 활용한 『명심보감』의 경우도 이에 해당한다.

> 아침을 먹은 뒤에 『명심보감』을 보았다. 어떤 사람이 원래 엮은 문장에 더 보태고 채워 넣은 것이 있는데 또한 자못 경계의 말이 절실하였다. 그래서 교익 족인으로 하여금 베껴 쓰게 하였다. 대개 더 보태거나 깎아내어 경계하고 성찰하는 편을 만들기 위해서이다.[134]

또 타인의 글 가운데 좋은 것을 추려 교훈이나 훈계로 삼기 위해서
베껴 쓰는 경우도 많았다.

아침을 먹은 뒤에 「명태조가 홍무 6년 8월에 공희학孔希學에게 훈칙한 윤
음」[明太祖洪武六年八月日訓勅孔希學綸音]을 베껴 써서 벽에 붙여놓아, 돌이
켜보고 반성하는 자료로 삼았다. 대개 말과 뜻이 참되고 절실하여 학자가
도에 나아가는 것을 돕는 공효가 있기 때문이다. 그러므로 이어서 그 뒤에
소지小識를 붙였다.[135]

다음으로 자신의 글을 베끼는 경우인데, 보관을 위해서이기도 하고,
남에게 보이기 위해서이기도 하였다.

아침을 사당을 참배하고 『심설변』을 베껴 썼다. 아침을 먹고 『심설변』을
다 베껴 쓰고 20장으로 책을 묶었다. 대개 본래는 3장이었으나 지금 20장
으로 만든 것이다. 대개 혹 산정하고 글자를 줄였으며, 또한 지금 줄마다
32자, 장마다 24줄이므로 3분의 1이 축소된 것이다. 이것을 절강의 영봉
정사에 보내려 하는데 그곳 사람들이 어떻게 생각할지 모르겠다.[136]

그러나 자신의 글씨나 베껴 쓰기에 한계를 느끼기도 하였다. 노안
등 건강 문제도 베껴 쓰기에 괴로움을 주었다.

비로소 『궐리지선요』 3장을 베껴 썼는데, 글씨 쓰는 법이 매우 졸렬할 뿐
만 아니라 게다가 눈에 안개가 낀 듯이 시야가 어두워 글자를 제대로 쓸

수 없었다. 이와 같이 노쇠한데 오히려 이렇게 하고자 하는 것이 어찌 망령이 아니겠는가. 우습고 우습도다.[137]

그러나 만년의 일기에는 이런 내용도 나온다.

아침 식사를 한 뒤에 「석호정기문石湖亭記文」을 정서하였다. 대개 젊은 이의 손을 빌리려고 하였으나 쉽지 않았으므로 단연코 이제부터는 반드시 내 손으로 베낄 것이고, 글씨를 잘 쓰고 못 쓰고는 괘념치 않을 것이다.[138]

이미 오십대부터 글 베끼기에 어려움을 느낀 그였지만 임종 직전에는 오히려 모든 것을 자신 스스로 할 것이라는 단호한 의지를 표명한다. 남붕에게 있어서 글씨 베끼기는 여러 가지 의미가 있지만 그 자체로 공부의 한 부분, 그것도 몸으로 하는 공부의 한 방식이었다.

근래에 이런 베껴 쓰기에 새로운 의미를 부여한 사람이 있다. 『태백산맥』의 저자 조정래다. 조정래는 자신의 가족이 될 새 며느리에게 열 권이나 되는 대하소설을 베껴 쓰게 한 것으로 유명하다. "글을 잘 쓰기 위해 필사는 필수 연습이며, 필사는 정독精讀 중의 정독"이라는 게 조정래의 지론이다.[139] 그런 베껴 쓰기를 한평생 한 사람이 남붕이고, 그 의미를 임종에 이르러 다시 절실하게 느낀 것이다.

경 공부의 수행인으로서 남붕의 일상

앞에서 글공부로서의 독서를 이야기하고 여기서 수행으로서의 마음공부를 말하고 있지만 실제는 글공부와 마음공부가 별개는 아니다. 남붕에게서 독서의 의미도 따지고 보면 다 마음공부로 귀결된다. 그는 글공부의 의미를 딴 곳에 두지 않았고, 오직 심성의 함양에 두었다. 그리하여 그가 많은 성리서 가운데『심경』을 매우 중시하였음은 앞서 말한 바와 같다.『심경』과 마음공부에 대한 의견은 족숙 남범일과의 대화에 잘 나타난다.

범일 씨가 와서 이야기를 나누고 학문을 논하였다. 그의 말이 "지금『심경』을 읽고 있는데 '징분질욕장懲忿窒慾章'이 가장 내 몸에 절실하기 때문에 더욱 뜻을 더해 익히고 있네. 그러나 책을 덮고 나면 일을 만날 때마다 분노와 욕심이 여전한데 어떤 노력을 해야 이런 점이 없을 수 있겠는가?" 하여, 내가 말하기를 "이 질문이 매우 절실합니다. 사상채謝上蔡의 말에 '사심을 이기는 것은 성품이 치우쳐 이기기 어려운 곳부터 이겨나가는 것이다'라고 하였습니다. 대개 사람의 병통은 여러 가지이고, 사람마다 각각 고하高下와 천심淺深이 다른 데에 따라서 해야 하는 것입니다. 그러므로 학문을 잘하는 자는 먼저 자신의 성품이 가장 치우친 부분에서부터 공력을 들입니다. 사람의 마음 중 쉽게 발동하고 제어하기 어려운 것은 분노입니다. 부디 이점을 더욱 반성하십시오. 발동할 때마다 통렬히 징계하면 시간이 오래되면서 절로 힘을 얻을 때가 있을 것입니다. 한 번 아미타불을 외친다고 곧바로 부처가 되기를 바라서는 안 됩니다" 하였다. 또 내가 지은

「심설」을 범일 씨에게 보여주니, 한 번 음미해보곤 말하기를 "이미 이와 같은 글을 지었으니, 이것으로 내 몸을 반성하고 다스려서 그 효과를 보게 되면 거의 빈말이 되지 않을 것이네"하였다. 이에 내가 크게 감탄하고 칭송하며 "이 말씀이 큰 보물을 주시는 것보다 낫습니다. 저도 마음을 다스리는 비결을 삼고 싶었으므로 여러 날 연구하여 한 편의 글을 지었는데, 지금 숙부의 말을 듣고 보니 참으로 덕으로 사람을 사랑하는 분입니다"하였다.[140]

전통적으로 마음공부는 심성론, 그 가운데 기질 변화의 문제로 귀결된다. 남봉 역시 마찬가지였다. 마음공부에 대한 남봉의 견해는 자신의 성품 가운데 치우친(부족한) 부분에 힘써야 한다는 것이다. 특히 사람의 마음 가운데 분노의 마음을 조절하는 것이 가장 어려운데 분노가 일어날 때마다 자기 마음을 인식하고 통렬히 징계하라고 한다. 이것이 반복되다 보면 조절이 될 것이라고 했다. 그의 문집 『해주소언』권6「잡저」에는 위의 일기에서 말한 「심설」을 비롯해 「성심록」「인심도심설人心道心說」「구방심설求放心說」등 다수의 저술이 있다. 그 가운데 「심설」은 마음에 대한 설로서, 사람이 사람 되고, 마음이 마음 되는 까닭을 말했다. 그 이유는 마음이 하늘에 있으면 하느님이 되고, 마음에 있으면 마음이 되기 때문이다. 사람의 마음은 하늘의 하느님과 같은 것이므로 사람을 주재하는 것은 하늘이 명한 것을 주재하는 것과 같다. 사람의 마음을 주재하는 것이 경이므로 마음은 경에서 찾아야 한다는 것이 그의 논리였다.[141]

1) 경 공부의 실천 방식 ①: 치성 올리기

성리학자의 마음공부는 경 공부로 귀결된다. 거경居敬 혹은 지경持敬이라 하여 성리학적 수행의 핵심 개념이다. 남붕의 삶을 보면 매사에 경의 태도를 유지하려고 애쓴 흔적이 역력하다. 제자 방용호에게 준「면학오잠」에서 경잠敬箴을 이렇게 적었다.

학문 공부 한마디로 경뿐이라	學問工夫, 一言曰敬
처음도 경이고 끝도 경이니 현인도 되고 성인도 되느니라	成始成終, 可賢可聖
조심조심 지경하여 조용히 함양하세	戰兢持守, 從容涵泳
주재함이 탁연하고 고요함이 명경일세	主宰卓然, 止水明鏡[142]

그렇다면 남붕의 일기에는 경 공부가 어떻게 나타나 있는지 보자. 일기에서, 즉 남붕의 일상생활에서 경 공부와 관련하여 주목할 만한 것이 두 가지가 있다. 바로 치성과 잠명의 암송이다. 사실 유학자의 치성 관련 기록은 드물다. 조선 사회에서 치성은 주로 아녀자가 올리는 것으로 인식되었다. 그러나 남붕은 1923년 동짓날을 기점으로 죽을 때까지 치성을 올린 것으로 되어 있다. 남붕이 1933년 말에 세상을 떠났으니 적어도 10년 이상 매일 치성을 올렸던 것이다.

남붕이 치성을 올리게 된 계기는 일기에서 찾을 수 있다.[143] 앞서 1923년 동짓날부터 치성을 올렸다고 했는데, 그 한 달 전 일기에 "도동재사에 들어가 타작하는 것을 보고 재사에서 잤다. 종숙과 함께 하늘을 공경하고 마음을 깨우치는 도를 논하였다. 대개 종숙이 바야흐로 천제에게 치성을 드리는데 매일 한밤중에 하는 것을 법칙으로 삼는다고 한다"라는 내용이 나온다.[144] 종숙이 그에게 영향을 주었다는 것을 짐작할 수 있다. 정작 그해 동짓날 일기는 누락되어서 상황을 확인할 수 없지만, 10년 뒤의 일기에 관련 내용이 기록되어 있다.

이전 계해년(1923) 조 일록을 우연히 열람하다 책 가운데에서 협지를 보았는데, 그해 동짓날 목욕재계하고 개과자신할 것을 하늘에 고하는 내용이었다. 올해는 계해년으로부터 딱 10년이 되는 해인데 덕이 이와 같이 향상되지 못했으니 어찌하겠는가. 10년 동안 매번 동지를 만나면 목욕하고 하늘에 고했으며, 밤마다 자시와 축시 사이에 뜰에 서서 묵도했으니, 이것은 항심이 없는 자라고 말할 수 없다. 그러나 반성하고 수양하는 공부는 매양 흠결이 많고 마음과 입의 허물은 하늘과 땅에 부끄러움이 많았다. 지금까지도 고치지 못했는데 어느 때에야 착한 사람이 될 수 있겠는가. 이제부터 분연히 한 번 뛰어올라 진실로 전에 한 말을 실천한다면 거의 소인으로 귀결됨을 면할 수 있을 것이다. 이것이 내가 스스로 기약하는 것이므로 이와 같이 적는다.[145]

비슷한 내용이 행장에도 기록되어 있다.

이해 11월 동짓날에 처음 개과진덕의 뜻을 나타냈다. 목욕재계하고 옷을 깨끗이 입고, 맑은 물과 청향을 피워놓고 서쪽 뜰에서 남쪽으로 상제에게 축원하여 절하면서 이르기를 "하늘로부터 명을 받아 인간 세상에 태어나 다닌 지 50년이라. 천리를 어긴 것이 이루 말할 수 없을 정도니 이 어찌 황상제가 생명을 부여한 본뜻이겠는가. 일양이 반복하여 만물이 화생하여

이로부터 나오고, 일념이 막 싹터 만선이 이로부터 말미암아 족하다. 지금
으로부터 옛 것을 버리고 새로움을 따라 모든 생각 모든 말, 모든 일을 다
우리 상제의 밝은 명에 따를 것이다. 작은 정성으로 굽어 살피시고 음덕
으로 묵묵히 도와주소서. 이 하계의 제자는 높고 밝은 덕을 능히 체득하여
소인으로 돌아감을 면할 것입니다"라고 했다.[146]

이를 보면 그 남붕이 올린 치성의 뜻과 대강을 알 수 있다. 그 내용을
정리해보면 이러하다.

① 치성의 대상: 천제라고 표현하기도 하고 천지신명, 황상제라고
표현하기도 하였다. 천天 혹은 천제의 개념은 원시 유학에서부터 사용
되었는데, 송대에 와서 천의 개념이 탈인격화 된다. 그리하여 천이 주
가 되는 것이 아니라 천을 철학화한 음양, 이기理氣 개념이 중심 개념
으로 떠오른다. 조선조 유학에서도 천제에 치성을 드리는 행위는 거의
발견되지 않는다. 그런데 남붕에게 와서는 천이 다시 인격신으로 등장
한다. 기도 내용으로 보면 천제는 생명을 부여한 자이며, 인간은 황상
제의 명을 받아 태어난 자이다.

② 치성의 시간: 일기에는 두 가지로 나타난다. 자각子刻(자시) 혹은
자시와 축시 사이[子丑之刻]라고 했는데, 지금으로 치면 거의 밤 12시
정도, 늦어도 1시에 치성을 드린 것으로 보인다. 닭이 운 경우에는 특
별히 늦었다고 했다.

③ 치성의 방식: 동지의 기록에는 "목욕하고 옷을 갈아입고, 명수를
받들고 향을 사르고, 천지신명께 백 번 절하고"라고 하였고, 또한 "매
일 밤 밖에 서서 묵도하였다"는 기록도 있다. 이것으로 보아 동지가 되

면 좀 더 형식을 갖추었고, 평소에는 간략하게 묵도 정도로 마쳤을 수 있다.[147]

④ 치성의 목적: 치성의 목적에 대해서는 일기와 행장의 기록이 거의 일치한다. 행장에는 '개과진덕'의 뜻으로 행했다고 했고, 일기에도 '개과자신'의 말을 하늘에 고했다고 썼다. "반성하고 수양하는 공부는 매양 흠결이 많고 마음과 입의 허물은 하늘과 땅에 부끄러움이 많았다"고 고했으니 경 공부의 실천임을 알 수 있다. 이런 방식의 경 공부가 전통적 성리학자들의 공부 방식이었는지는 모르겠다. 매우 특이한 방식이다.

2) 경 공부의 실천 방식 ②: 잠명의 암송

남붕의 마음공부는 이러한 치성으로 그치지 않았다. 뜰 밖에서 치성을 올리고 나서 방으로 들어와 잠명을 외우는 것으로 이어진다. 이 내용도 매일의 일기에 기록되어 있지만 자세한 것은 행장에 있다.

> (서쪽 뜰에서) 물러나 입실하여 초를 밝히고 책상 앞에 앉아 「서명」의 순舜이 우禹와 주고받은 인심도심 16자와 공자 안자가 주고받은 비례물시, 비례물청, 비례물언, 비례물동과 정자程子의 「사물잠四勿箴」, 주자의 「경재잠」, 진남당의 「숙흥야매잠」을 암송하였다. '암실기심暗室欺心 신목여전神目如前 인간사어人間私語 천문여뢰天聞如雷'라는 16자를 큰 글씨로 써 늘 눈앞에 붙여놓았다.[148]

남붕의 하루는 치성으로 시작된다. 치성은 집 밖 마당의 서쪽에서 이루어진다. 그 후 방안으로 들어와 책상 앞에 앉아 이렇게 잠과 명을 암송하였다. 그가 외운 명은 「서명」이다. 「서명」은 횡거橫渠 선생으로 알려진 북송의 장재張載(1020~1077)가 쓴 글이다. 장재는 주기론을 주장했던 터라 주리론의 주자학과 입장 차이가 있지만 퇴계의 「성학십도」 중 제2도가 「서명도」일 정도로 「서명」은 조선의 주자학자들이 애호하는 명銘이다. 순이 우와 주고받았다는 인심도심 16자는 『서경』 「대우모大禹謨」의 "인심은 위태롭고, 도심은 미하니 오직 하나로 집중하여 그 중정을 잡아야 한다[人心惟危, 道心惟微, 惟精惟一, 允執厥中]"는 말이다. 「서명」이 천도를 말한 것이라면 이 16자는 마음공부의 핵심이 되는 말이다. 이어지는 「사물잠」은 『논어』 「안연편」에서 안연이 공자에게 극기복례의 조목을 묻자 비례물시, 비례물청, 비례물언, 비례물동의 사물四勿을 말한 것에 근거하여 정이程頤(1033~1107)가 시잠, 청잠, 언잠, 동잠 등 네 개의 잠을 만든 것이다. 주자의 「경재잠」은 장경부張敬夫(1133~1180)의 「주일잠主一箴」을 읽고 그 남은 뜻을 주워 모아 지은 잠이다. "의관을 바로 하고[正其衣冠], 그 보는 것을 받들어라[尊其瞻視], 마음을 가라앉혀 머물면[潛心以居], 상제를 대하리라[對越上帝]"로 시작하는 열 개의 잠이다. 퇴계의 「성학십도」 가운데 제9도가 「경재잠도」다. 남붕이 이어 암송했다는 것은 「숙흥야매잠」(일명 「숙야잠」)이다. 이것은 송대의 남당 진백陳柏이 지은 것이다. "닭이 울어서 잠에서 깨어나면[鷄鳴而寤], 생각이 차츰 일어나게 되니[思慮漸馳], 그 사이에[盍於其間] 조용히 마음을 정돈해야 한다[擔以整之]"로 시작한다. 이역시 퇴계가 「성학십도」의 제10도로 정리하였다.

남붕이 잠과 명을 암송하는 것은 단지 문자적 학습을 위한 것이 아니다. 마음공부의 일과로써 행하는 일종의 의식과 같은 것이었다. 그는 잠과 명을 특별한 일이 없으면 소리 내어 읽었다.[149] 남붕의 공부는 글공부든 마음공부든 대충 하는 것이 없었다. 머리로만 하는 공부가 아니었고, 단지 이해를 위한 공부도 아니었다. 그것은 모두 손수 몸으로 하루하루 반복해서 하는 공부였으며, 그런 측면에서 그의 공부는 어느 쪽이든 다 몸 공부였다 할 수 있다.

현대 교육과 남붕의 강학 활동의 의미

지금까지 19세기 말에서 20세기 초반까지 영덕 지역에서 활동했던 남붕의 삶을 교육의 관점에서 살펴보았다. 어느 사람이든 마찬가지지만 인간의 삶은 진공 상태가 아니라 특수한 시간과 공간 아래서 펼쳐진다. 남붕이 살던 시대와 지금 우리가 사는 시대는 100년 내외로 떨어졌을 뿐이지만 그 간격은 그 이전의 100년과는 비교할 수 없을 정도이고, 우리가 살고 있는 공간도 동일한 공간이라기보다는 별세계別世界에 가깝다. 그럼에도 불구하고 남붕의 삶은 21세기 별세계의 우리에게도 적지 않은 시사점을 준다.

동아시아 사회에서 학교의 역사는 생각보다 길다. 신라 국학이나 고구려 태학의 역사는 손에 잡히는 역사다. 한 무제가 세운 태학太學보다 훨씬 이전에 이미 서주西周에서는 5학 체제가 형성되어 있었다. 지금으로부터 3천 년 전의 이야기다. 19세기 말 서양에서 이른바 근대 학교가 이 땅에 들어와 지금에 이르렀지만 그 초기의 모습을 보면 상당히 초라했다. 이 말을 하는 이유는 동양의 학교와 서양을 비교해보자는 것도 아니고, 우리가 서구에 대해 가져온 '열등감'의 표시도 아니다. 실제實際로서 교육은 국가 차원에서도 이루어지고, 개인 차원에서도 이루어진다. 국가 차원의 교육은 정치 상황에 따라 성쇠가 크다. 3천 년 전 서주시대에 성했는가 하면, 2500년 전의 동주시대에는 쇠했다. 신라만 하더라도 7세기에 성했던 관학이 그보다 훨씬 뒤인 9세기, 10세기에는 존재 자체도 희미하게 되었다. 수천 년 동안 성쇠를 거듭해온 것이 국가 교육 체제다. 그런데 국가 중심의 교육이 아무리 쇠해도, 아니 국가가 망한 시대에 오히려 위대한 교육가가 등장한 사례가 적지 않다. 공자의 시대, 주자의 시대가 다 국가적 위기의 시대였다. 남봉의 시대도 마찬가지다. 인류 역사에서 교육이 끊어진 시대는 없다. 국가는 망해도 교육은 끊어지지 않는다. 만일 교육이 더 이상 이루어지지 않는다면 인류의 역사도 끝날 것이다. 이때의 교육은 국가 차원의 교육이 아니라 개인 차원의 교육이다. 남봉은 지금까지 본문에서 보았듯이 국가의 교사, 직업인으로서의 교사가 아니었다. 그는 일생 강학을 하며 교육자로 살아왔지만 그것으로 생계를 도모하지 않았다. 일기에 나타난 그가 받은 '보수'는 학부모가 보내온 연초 한 봉과 베 한 단뿐이었다. 그렇지만 그의 삶에서 교육을 뺀다면 꼬리 없는 족제비가 되어버린다. 그럴 정도로 그의 삶의 의미는 교육 활동에서 찾을 수 있다. 그런데 그의 교육 활동은 지금 우리의 교육과 몇 가지 차이가 있다. 이 점을 잘 살펴볼 필요가 있다.

첫째, 교육 개념상의 차이다. 지금 우리에게 교육이란 '가르침teaching'에 포인트가 있는 활동이다. 그러다 보니 가르치는 사람인 '교사teacher'

가 중심이 되었다. 교사가 없으면 교육이 불가능한 현실이다.[150] 물론 교육에서 가르침이 중요하고, 그 가르침을 주는 교사가 중요하다. 그러나 그보다 더 중요한 것은 자기 학습 능력이다. 그런 측면에서 교수 활동은 지식 전수보다는 학습 능력을 기르는 데 초점을 맞춰야 한다. 전통 유학 교육이 대체로 그러하였지만 남붕의 교육 활동도 가르침에 초점이 있는 것이 아니었다. 자기 학습, 자기 공부에 초점이 있었다. 학동들에게도 강의 형식의 수업을 한 것이 아니라 자기 학습 과제를 주었다. 일기에 대부분 '수과授課'로 기록되어 있는 것은 그래서이다. 자기 공부도 마찬가지다. 자신에게도 스스로 공부거리를 주었고, 그는 그것을 '일과'라고 했다. 그의 교육은 '남을 가르치는 활동'이 아니라 '스스로 하는 공부'였던 것이다. 남붕에게서 교육 개념은 공부 개념으로 환치해도 무방하다.

둘째, 교육 방법상의 차이다. 이 시대의 교육 개념이 가르침에 초점이 있다 보니 교육 방법 역시 '가르치는 방법'으로 이해되고 있다. 그러나 남붕에게서 교육은 공부와 같은 개념이었기에 교육 방법은 곧 공부 방법이었다. 남붕의 공부는 '머리'로 하는 것이 아니라 '몸'으로 하는 공부였다. 그냥 머릿속에 잠시 머물다 사라지는 것이 아니라 몸으로 체화되는 공부의 전형으로, 이른바 '텍스트의 신체화'가 그의 공부 방법이었다. 남붕은 이 신체화를 암송으로 달성한다. 그의 암송은 지금의 암기와는 차이가 있다. 어떤 면에서 지금의 공부가 비판받는 것도 암기 위주의 공부이기 때문이다. 지금의 교육에서 텍스트 암기는 그 유효기간이 시험 때까지다. 시험이 지나면 다시 '서자서書自書 아자아我自我', 즉 책은 책이고, 나는 나인 상황이 된다. 그러나 남붕의 암기는 책이 나이고, 내가 책이 되는 상황으로 나아가기 위한 것이다. 왜냐

하면 책은 우리가 성인을 만날 수 있는 통로이기 때문이다. 현대의 교육이 아무리 화려한 방법과 미디어를 동원한들 결국 문제는 텍스트와 나 사이의 간극이다. 그의 암송, 암기는 이 간극을 없애려는 노력이다.

셋째, 교육 목적상의 차이다. '공부를 왜 하느냐'의 문제에서, 남봉의 공부는 그야말로 '위기지학'이었다. 공부는 그에게 수단이나 도구가 아니다. 그의 공부는 어디에 '써 먹는' 교육이 아니다. 어찌 보면 유용성을 생각하지 않는 공부다. 현대 교육의 눈으로 볼 때 써 먹을 수 없는 공부를 왜 할까 싶다. 그것이 바로 남봉과의 차이다. 사실 남봉도 유용성을 생각하지 않은 것은 아니다. 다만 그 유용성이 현대와 달라서 유용성으로 다가오지 않을 뿐이다. 남봉이 유용성을 판단하는 기준은 '실천에 도움이 되느냐'이다. 남봉이 보기에 공부가 실천으로 이어지지 않으면 그것은 유용성이 없는 것이고, 우리는 공부가 시험 점수로 연결되지 않으면 유용성이 없다고 한다. 성현의 글을 읽는 목적이 오로지 성현의 행동을 실천하는 데 있다고 한 사람이 남봉이라면, 공부의 목적을 대학 입시나 취업에서 찾는 것은 우리다.

『장자』에 이런 고사가 있다. 공자의 제자 자공子貢이 한수漢水 북쪽을 여행하다 채마밭에서 일하는 노인을 만났는데, 노인은 밭고랑에 물을 주고 있었다. 밭고랑에 우물을 파서 한 바가지씩 퍼내 힘들게 고랑에 붓고 있는 노인을 보고, 자공은 물 퍼내는 기계를 사용하면 물을 빨리 퍼낼 수 있다고 조언하였다. 이 말을 들은 노인이 화를 내며 "기계를 사용하는 사람은 반드시 기계처럼 일을 하게 될 것이다. 기계처럼 일을 하게 되면 기계의 마음을 가지게 될 것이다. 기계의 마음을 품고 있는 사람은 순백한 마음을 잃어버릴 것이다. 순백한 마음을 잃어버리면 정신이 안정이 되지 않고 그러면 도가 깃들 수 없게 된다"고 하였다.[151] 노인이 기계를 모른 것이 아니다. 자기 몸이 고된 것을 모르는 사람도 아니다. 그럼에도 그는 '몸소' 바가지를 이용하여 채마밭을 가꾸었다.

이 시대는 교육을 산업으로 논하는 시대다.[152] 남붕의 강학 활동이 산업적으로 어떤 의미가 있는지는 모르겠으나 남붕은 공부를 산업 활동으로서 추구하지 않았다. 남붕은 공부에서 몸의 문명을 고집한 사람이다. '구텐베르크 은하계'가 저물고 'AI 은하계'가 떠오르고 있지만 남붕의 몸 공부는 오히려 AI 시대가 깊어질수록 의미를 지닐 수 있을 것이다.

지금까지 20세기 영덕 지역의 유학자 남붕의 교육 활동을 일기를 중심으로 살펴보았다. 남아 있는 일기 자료가 1922년부터 1933년까지에 한정되어 있어 그의 생애 전체에 대해 말하기에는 한계가 있다. 그러나 이것만으로도 그가 어떠한 삶을 살아왔는지, 또 어떻게 공부를 해왔는지는 충분히 짐작할 수 있다. 오해하지 말아야 할 것은 그는 단지 집에서 책만 보는 바보, 간서치看書痴가 아니었다는 것이다. 그는 이 글에서 언급하지 않은 교육과 관련한 여러 사회적 활동을 시도한 사람이다. 교육회라는 단체의 설립을 구상하기도 하였고, 유가서포儒家書鋪라는 사업을 구상하기도 하였다. 그뿐만 아니라 패동유림대학교浿東儒林大學校, 한문소학교漢文小學校라는 학교 설립을 꾀하기도 하였다. 그의 각종 교육 구상에 대한 연구는 추후 과제다.

참고문헌

[1차 문헌]

『강원도민일보』

「난정동화록발蘭亭同話錄跋」

『맹자孟子』

「면학오잠勉學五箴」

「양몽서숙기養蒙書塾記」

『장자莊子』

「해주남선생행장海洲南先生行狀」

『해주소언』

「해주일과」

[저서 및 논문]

국사편찬위원회, 『해주일록』, 2015.

김종석, 「20세기 유학자 남붕의 구학, 그 전개와 좌절」, 『국학연구』40, 2019.

김홍영, 「해주 남붕의 퇴계시 주해와 그 의의」, 『한문학연구』17, 계명한문학회, 2003.

노재찬 · 정경주 · 신승훈 역, 『서당의 일상』, 신지서원, 2013.

신창호, 『유교의 교육학 체계』, 고려대학교출판부, 2012.

신창호, 「'삶'의 교육철학으로서 儒學의 '日常' 教育」, 『東洋古典硏究』16, 동양고전학회, 2002.

쓰지모토 마사시, 이기원 옮김, 『일본인은 어떻게 공부했을까?』, 知와사랑, 2009.

안경식, 『구비설화에 나타난 한국전통교육』, 문음사, 2004.

안경식, 「남붕南鵬의 일기를 통해 본 1920년대 영덕 지역의 신구新舊 교육갈등」, 『국학

　　연구』41, 한국국학진흥원, 2020.

안경식, 『신라인의 교육, 그 문명사적 조망』, 학지사, 2019.

이동인, 「일상생활과 유교」, 『오늘의 동양사상』12, 예문동양사상연구원, 2005.

이완섭, 「영덕군의 연혁과 성리학의 융성」, 『영덕문화의 원류』, 영덕군, 2004.

조정현, 「해주 남붕의 일기자료를 통해 본 일제강점기 유교 지식인의 시대 인식과 현실

　　대응」, 『국학연구』40, 2019.

한국국학진흥원, 『한국국학진흥원소장 문집해제 25: 경주·포항·영덕·울진』, 2017.

황금중, 「주희(朱熹)와 듀이(J. Dewey)의 만남: 한국교육철학의 '과거'와 '현재'의 대화」,

　　『한국교육사학』36(2), 한국교육사학회, 2014.

土田健次郎, 『「日常」の回復, 江戸儒學の「仁」の思想に學ぶ』, 早稻田大學出版部, 2012.

1 문집은 지금 한국국학진흥원, 서울대 규장각, 성균관대 존경각, 안동대 도서관 등에 소장되어 있는데, 구성이 동일하지 않아 차후 판본에 대한 세밀한 비교 검토가 필요하다. 한국국학진흥원 소장본에 대한 해제는 이은영에 의해 이루어져 한국국학진흥원, 『문집해제』 25, 2017, 385~433쪽에 실려 있다. 이 글은 한국국학진흥원 소장본을 참고하여 작성하였다.

2 김홍영, 「해주 남붕의 퇴계시 주해와 그 의의」, 『한문학연구』 17, 계명한문학회, 2003.

3 안경식, 「남붕南鵬의 일기를 통해 본 1920년대 영덕 지역의 신구 교육갈등」, 『국학연구』 41, 한국국학진흥원, 2020, 345~378쪽.

4 『해주소언海洲素言』 권7, 「해주남선생행장」(이 글에서는 해주소언의 표기를 『 』와 「 」의 두 가지로 하였다. 『해주소언』은 한국국학진흥원에 소장되어 있는 남붕의 문집을 말하고, 「해주소언」은 문집의 일부분이다. 「해주소언」은 전8권으로 구성되어 있는데, 7권까지는 『해주일록』에 누락된 일록(일기)이며, 8권은 편지와 시 등이다.

5 학봉 김성일의 학맥은 안동에서 시작하여 영해 지역으로 확산되었다가 다시 안동 지역으로 갔다 또 한 번 영해 지역으로 내려온다. 즉 김성일→ 장흥효→ 이휘일→ 이현일→ 이재→ 이상정→ 남한조→ 유치명→ 김홍락→ 남붕으로 이어진다. 이완섭, 「영덕군의 연혁과 성리학의 융성」, 『영덕문화의 원류』, 영덕군, 2004, 12쪽.

6 신창호, 『유교의 교육학 체계』, 고려대학교출판부, 2012; 황금중, 「주희朱熹와 듀이J. Dewey의 만남: 한국교육철학의 '과거'와 '현재'의 대화」, 한국교육사학회, 『한국교육사학』 36(2), 2014, 153~195쪽.

7 유학의 일상(성)에 대한 국내외 연구는 신창호, 「'삶'의 교육철학으로서 유학儒學의 '일상日常' 교육教育」, 『동양고전연구東洋古典研究』 16, 동양고전학회, 2002; 이동인, 「일상생활과 유교」, 『오늘의 동양사상』 12, 예문 동양사상연구원, 2005; 土田健次郎, 『「日常」の回復, 江戸儒學の「仁」の思想に學ぶ』, 早稲田大學出版部, 2012 등 관련 연구가 매우 많다.

8 자암일록은 『서당의 일상』이라는 제목으로 2013년(신지서원) 번역 출간되었다.

9 『孟子』 「離婁上」.

10 「해주일과」, "寄兒元模 乙巳三月二十七日." 원문은 국사편찬위원회의 『해주일록』에 실린 것을 참조하였다. 일기에 실린 연월일은 乙巳三月二十七日과 같이 간지가 들어 가 있으나 독자의 가독성을 위해 이하에서는 간지를 생략하고 '1905년 3월 27일'과 같이 모두 아라비아 숫자로 바꾸었다. 『해주일록』, 『해주소언』의 경우도 마찬가지다.

11 「해주일과」, 1916년 5월.

12 한국국학진흥원, 『문집해제』 25, 2017, 411쪽.

13 『해주일록』, 1930년 8월 12일. 이 글에서 인용한 일기 『해주일록』은 국사편찬위원회에서 간행한 단행본 『해주일록』 가운데 있는 것이다. 번역은 한국국학진흥원의 『해주일록』 번역팀의 번역을 참조하여 필자가 일부 수정하였으며, 「해주일과」나 문집 『해주소언』의 번역(한국국학진흥원 소장본)은 필자가 하였다. 이 글에서 인용한 『해주일록』, 「해주일과」, 『해주소언』의 원문은 국사편찬위원회의 『해주일록』에 있으므로 따로 제시하지 않았다.

14 『해주일록』, 1932년 9월 4일.

15 『해주일록』, 1932년 9월 6일.

16 『해주일록』, 1929년 12월 12일.

17 『해주소언』, 1926년 3월 1일.

18 『해주일록』, 1927년 9월 1일.

19 『해주일록』, 1926년 12월 5일.

20 『해주일록』, 1932년 10월 21일.

21 『해주일록』, 1930년 10월 16일. 회초리로 볼기를 쳤는지 종아리를 쳤는지는 알 수 없다. 원문에는 '笞'라고 하였다.

22 『해주일록』, 1932년 10월 23일. 남붕은 격대 교육을 한 사람이지만 할아버지도 역자교지의 해당한다고 보았던 것 같다.

23 『해주일록』, 1932년 7월 20일.

24 『해주소언』, 1925년 6월 8일.

25 본생조는 암월헌巖月軒 남효달南孝達(1816~1900)이다.

26 『해주소언』(문집), 「海洲南先生行狀」.

27 산동인山東人 장소개張紹介가 지은 행장에 의하면 희원은 아들 진시晉時, 정시正時, 창욱昌旭, 재욱在旭 그리고 딸 한 명을 두었다. 일기에는 증손자 두 명과 증손녀 한 명에 대한 수업 기록이 있다.

28 『해주일록』, 1930년 11월 27일.

29 『해주일록』, 1930년 11월 28일; 11월 29일; 12월 7일.

30 『해주일록』, 1932년 9월 8일.

31 『해주일록』, 1932년 6월 11일.

32 『해주일록』, 1932년 12월 13일.

33 일기에서는 '수과이授課兒' 줄여서 수과授課(일과를 주었다)라고 했다. 또 수과이授課二, 수과삽授課三(세 명에게 일과를 주었다) 등으로 그날 가르친 학동의 숫자를 적기도 하였다.

34 『해주일록』, 1926년 6월 26일; 7월 19일.

35 『해주일록』, 1930년 12월 12일.

36 『해주일록』, 1932년 10월 22일.

37 『해주일록』, 1926년 10월 14일. 인천 족조가 인천에 사는 족조라면 그의 아이는 인천에서 영덕까지 유학을 온 것이 된다.

38 『해주일록』, 1932년 7월 26일.

39 『해주소언』, 1925년 5월 24일.

40 『해주소언』, 1926년 2월 15일.

41 『해주일록』, 1932년 4월 28일.

42 『해주일록』, 1930년 12월 10일.

43 『해주일록』, 1922년 11월 8일.

44 『해주소언』, 1926년 2월 8일.

45 『해주소언』, 1927년 11월 1일.

46 『해주소언』, 1925년 2월 15일.

47 『해주소언』, 1926년 2월 4일.

48 『해주일록』, 1926년 7월 15일.

49 1925년 7월 7일의 일기에는 "아이들의 하과 점수를 매기기 위하여 종택 마루에 모였는데, 술과 안주를 내왔다."고 하였다. 또 1927년 7월 16일에도 하과를 마치는 행사를 하였음을 17일 일기에 적고 있다.

50 『해주일록』, 1933년 윤5월 19일.

51 『해주일록』, 1933년 윤5월 20일.

52 『해주소언』(문집), 「난정동화록발蘭亭同話錄跋」.

53 『해주일록』, 1933년 6월 5일.

54 『해주일록』, 1933년 6월 8일.

55 『해주일록』, 1933년 6월 11일.

56 『해주일록』, 1933년 6월 16일.

57 안경식, 『구비설화에 나타난 한국전통교육』, 문음사, 2004, 116~126쪽의 서당 이야기.

58 『해주소언』, 1927년 12월 30일.

59 『해주일록』, 1933년 3월 25일.

60 『해주일록』, 1932년 9월 19일.

61 『해주일록』, 1932년 6월 11일.

62 『해주소언』(문집) 권17, 「양몽서숙기」.

63 남붕의 부인이 대흥 백씨 백동기의 딸이었다. 결혼 후 처형(처남) 경암공과 『논어』에 대해 토론을 했다고 한다. 그런 인연으로 백씨의 재실을 활용한 듯하다. 또 금서헌은 무안 박씨 집안의 독서당으로 남붕이 사는 원구리에 위치하고 있다.

64 서재書齋는 두 가지 의미가 있다. 하나는 독서당으로서의 서재를 말하고, 다른 하나는 독서당에서 행하는 특별 강학, 즉 강회의 개설을 말한다. 여기서는 둘째의 의미다.

65 『해주일록』, 1922년 9월 3일; 19월 11일; 9월 28일; 9월 29일. 백일동은 남붕의 선고先考 산소가 있던 곳이며, 사장查丈 전치홍의 집이 있던 곳이다. 행정 구역으로는 묘곡이다. 간송당澗松堂은 조선조 전광옥田光玉(1694~1761)의 호다.

66 『해주일록』, 1922년 10월 19일.

67 『해주일록』, 1922년 10월 29일.

68 『해주일록』, 1922년 11월 5일 및 12월 1일.

69 『해주일록』, 1922년 11월 1일 일기에는 돈 3원을 주어 방용호의 양식을 사오도록 시키는 내용이 있다.

70 『해주일록』, 1924년 2월 11일.

71 『해주소언』, 「면학오잠勉學五箴」.

72 『해주일록』, 1922년 9월 22일. 『해주소언』, 1927년 11월 8일; 1928년 7월 9일.

73 2019년 7월 17일, 영해의 난고종택 방문 시, 종손 남석규南錫圭 씨는 "우리 집안에는 스승이 없다"는 말로써 가학의 전통이 강함을 이야기했다. 그리고 문장門長 남정휴南正烋 씨는 집안에서는 남붕을 '동파 할배'라고 한다고 하며, "체격이 커서 문 두 짝을 다 열어야 들어올 수 있다"고 할 정도로 체격이 컸다는 말을 들었다고 한다.

74 『해주일록』, 1923년 11월 5일.

75 『해주일록』, 1923년 11월 13일.

76 『해주소언』, 1927년 11월 22일.

77 『해주일록』, 1922년 6월 11일.

78 『해주소언』, 1926년 12월 28일.

79 『해주일록』, 1922년 6월 3일.

80 『해주일록』, 1923년 2월 17일.

81 『해주일록』, 1929년 7월 23일.

82 하영봉夏靈峯(1854~1930)은 하진무夏震武로도 알려져 있는 사람으로 절강성 출신이다. 과거에 합격하여 진사 벼슬을 지냈으며, 절강성 교육총회 회장을 지냈다. 공자를 존경하고 서양 학문을 낮게 보는 입장을 주장하다 노신魯迅 등 근대 사상가의 비판을 받았고, 절강 사범학당 학생들의 수업 거부 사태를 야기했다. 그후 북경경사대학당(북경대학 전신)으로 직책을 옮겨서도 근대적 개혁과 혁명을 비판했다. 신해혁명 후, 고향으로 내려가 관직을 거부하고 공맹과 정주 학문을 연찬했고, 영봉정사를 지어 후학들을 가르쳤다. 그를 따르는 사람이 조선뿐 아니라 일본과 베트남 등에도 있었다. 1925년부터 남봉과 편지로 교유했다.

83 『해주일록』, 1926년 6월 3일.

84 『해주소언』 권7, 「해주선생행장」.

85 한국국학진흥원, 『문집해제』 25, 2017년, 418쪽; 「해주일과」에 남은 편지 「송권생효상귀향서送權甥孝相歸鄉序」(壬戌十二月二十一日).

86 한국국학진흥원, 『문집해제』 25, 2017, 409쪽.

87 한국국학진흥원, 『문집해제』 25, 2017, 410쪽.

88 「해주일과」, 1922년 12월 21일.

89 『해주소언』, 1926년 3월 20일.

90 『해주소언』, 1928년 3월 11일.

91 『해주소언』, 1928년 3월 11일.

92 『해주일록』, 1929년 6월 29일. 한국국학진흥원, 『문집해제』 25, 2017, 417쪽.

93 『해주일록』, 1922년 윤5월 26일; 『해주소언』, 1925년 5월 5일.

94 『해주소언』, 1926년 3월 1일.

95 『해주소언』(문집) 권2.

96 『해주소언』(문집) 권4. 행장에는 이 시절의 일을 이렇게 적고 있다. "임자년(1912)에 시대와 사태가 점차 변하여 선생은 견디지 못하고 거처를 옮긴다. 그 삶은 때로는 단사簞食 때로는 굶기도 하였는데 처함이 태연하였다. 아들 원모와 매일 책을 암송하고 도를 강했다. 곧 부자 간의 천륜 지기가 되었다. 세간의 이해, 득실, 영욕, 흔척(기뻐하고 슬퍼함)이 조금도 그 마음에 걸림이 없었다. 호중의 사우士友들이 그 풍모를 듣고 흠모하여 많이 찾아와 그 자제를 부탁했다. 계축년(1913) 봄, 『주역』을 6~7년 읽은 공이 이해에 이르러 끝나니, 진퇴, 소장消長의 이치와 길흉 회린悔吝의 점占에도 융회 관통하게 되니 스스로 이르기를 지신섭세持身涉世(세상살이)가 크게 힘을 얻었다 하였다. 「인심도심설」을 지어 스스로를 일깨웠다. 을묘년(1915) 초여름, 아들과 선생을 따르는 제생들과 십리 밖 성북에 있는 백운봉에 갔다. 그 아래 옛 절터의 경계에 청한한 초가 집[縛茅]이 있었다. 계곡 옆 바위 위에 '백운동천'이라는 넉 자로 독서의 뜻을 새겼다. 주자 복거 때 운을 써서 그 일을 표시하려 하였다. 여름에 「중용설」을 지었다. 마을 앞 밤숲[栗林]의 울을 쳐서 선생이 틈이 나면 그 사이를 소요했다. 때로는 술잔을 들고 회포를 풀었고, 때로는 시를 읊어 뜻을 드러내었다. 한숨 쉬며 삼대(하은주)의 추억에 잠겼다. (…) 병진년(1916) 봄에 『창수귀감創垂龜鑑』을 엮었다. 역대 창업 수통垂統의 군주가 마음을 세워 일을 행한 공적을 뽑아 후세의 군주의 법도로 삼게 했는데, 위로는 하우夏禹로부터 아래로는 명 태조에 이르기까지를 한 책으로 묶었다. 여름에는 해향海鄉(영덕)으로 달려가 박도산朴道山과 더불어 퇴도향약에 의거하여 구봉九峰 금서헌琴書軒에서

모임을 만들어 사자육경四子六經을 강하였다. 또 향약 절목을 정하였다. 겨울에는 제생이 선생에게 제례祭禮를 물었다. 선생이 원래 가례에 제가諸家의 설을 참고하여 책을 만들었는데, 이름이「제식휘찬祭式彙纂」이었다(필자 주: 1932년 8월 1일 일기에 '이전에「제식휘찬」을 저술한 적은 있으나 상례에는 미치지 못하였으므로 그 책을 완성하지 못했다'고 하였다). 정사년(1917) 봄, 집을 성전星田으로 옮겼다."

97 『해주소언』, 1926년 12월 14일.

98 『해주소언』, 1926년 3월 1일.

99 『해주소언』, 1928년 1월 25일.

100 『해주일록』, 1926년 6월 25일.

101 『해주소언』, 1926년 11월 19일.

102 『해주소언』, 1926년 2월 13일.

103 『해주소언』, 1926년 2월 3일.

104 1922년에 영해향교 태화루 터에 신식 학교 태화학원의 설립 문제를 두고 지역 유림과 마찰이 빚어졌다. 남붕은 지역 유림의 중심 인물로 태화학원의 설립을 반대했다. 여기에 대해서는 안경식, 앞의 논문에서 상세히 서술해놓았다.

105 『해주소언』, 1927년 11월 8일.

106 『해주일록』, 1923년 10월 21일.

107 『해주일록』, 1923년 11월 14일.

108 「해주일과」, 1913년 9월 24일.

109 「해주일과」, 1913년 9월 24일.

110 「해주일과」, 1913년 9월 24일.

111 「해주일과」, 1913년 9월 24일.

112 「해주일과」, 1913년 9월 24일.

113 1929년 11월 18일. 중국어를 배우면서 한 말이다. 중국인과 대화가 가능할 때 공부의 실용적 효과가 있음을 이야기하였다.

114 일본의 교육사학자 쓰지모토 마사시는 에도시대 일본의 유학자들이 아동 강학을 어떻게 했는지를 이야기하면서 유학 공부에서 모방과 숙달이라는 전통적 학습 방법에 주목한 바 있다. 조선 유학자 남붕의 강학 방식도 결코 다르지 않다고 본다. 쓰지모토 마사시, 이기원 옮김, 『일본인은 어떻게 공부했을까?』(원제목은 『学びの復権』), 知와사랑, 2009, 81쪽.

115 『장자』, 「천도天道」편에는 제환공齊桓公과 윤편의 대화가 나온다. 제환공이 대청에서 글을 읽고 있을 때 수레의 장인인 윤편이 왕이 읽고 있는 것이 무엇이냐고 묻는다. 환공이 성인의 말씀이라 하자, 윤편이 그 성인이 살아 있느냐고 묻는다. 환공이 돌아가셨다고 하자 윤편은 그렇다면 읽고 있는 그것은 옛 사람들의 찌꺼기[糟粕]라고 말한다.

116 『해주소언』(문집), 「해주남선생행장」.

117 『해주소언』, 1928년 1월 15일.

118 『해주소언』, 1925년 3월 13일 일기에 "매 1과를 40행으로 기준 삼는데, 편을 마쳤기 때문에 현재 남은 것만으로 1과를 삼았으니 행수가 차지 않았다. 그러므로 오후에 십여 번 읽었다"라는 말이 있다. 국사편찬위원회의 『해주일록』의 455쪽부터 1925년 2월 일기로 편집되어 있으나 모두 3월의 일기다. 편집 착오로 보인다.

119 "『논어』 20편을 또 한 차례 연이어 외웠다. 20일 오후부터 오늘 아침 전까지 모두 4일 동안 공부한 것이다."(『해주소언』, 1925년 4월 24일)

120 『해주소언』, 1925년 3월 27일.

121 『해주소언』, 1925년 3월 21일.

122 『해주일록』 1933년 1월 1일.

123 『해주일록』, 1930년 5월 20일.

124 『해주일록』, 1930년 2월 5일.

125 『해주일록』, 1932년 5월 8일.

126 『해주일록』, 1922년 윤5월 18일.

127 『해주일록』, 1922년 윤5월 22일.

128 『해주일록』, 1932년 11월 22일.

129 『해주일록』, 1929년 6월 17일.

130 『해주일록』, 1932년 11월 20일.

131 『해주일록』, 1930년 7월 2일.

132 『해주소언』, 1925년 5월 24일.

133 『해주일록』, 1926년 6월 3일.

134 『해주일록』, 1924년 2월 4일.

135 『해주일록』, 1924년 1월 20일.

136 『해주일록』, 1930년 1월 20일.

137 『해주일록』, 1924년 1월 23일.

138 『해주일록』, 1933년 12월 4일.

139 『강원도민일보』, 2019년 8월 13일자.

140 『해주소언』, 1926년 12월 11일.

141 한국국학진흥원, 『문집해제』 25, 2017, 414~415쪽.

142 『해주소언』, 「면학오잠勉學五箴」.

143 남붕이 치성을 올리게 된 또 하나의 계기를 멀리서 찾으면 남붕이 1912년부터 살기 위해 갔다는 계룡산 입산에서 찾을 수 있을지도 모르겠다. 계룡산은 알려져 있듯이 민족 종교의 성지다. 수많은 도꾼들이 이곳에서 도를 닦고 있다. 남붕이 계룡산으로 이주한 이유를 행장에서는 시절 탓으로 이야기하고 있다. 즉 일제의 강점으로 나라를 잃은 상황을 견디지 못해 새롭게 삶의 전환을 모색한 것이다(행장에서는 이 상황을 '시사점변時事漸變'이라 하였고, 묘갈명에서는 '시사이석時事異昔'이라 표현했다). 묘갈명에는 "높이 뛰려는 뜻에서 계룡산 학전으로 옮겨 살았다[以高踏之意移寓於鷄龍山鶴田]"고 했다. 높이 뛰려는 생각이 어떤 것인지는 구체적으로 말하지 않았으나 마음공부와 관련해 생각해볼 수 있을 것이다. 남붕은 유교계의 신종교인 태극교 활동도 한 바 있다. 필자는 남붕의 치성을 민족 종교 쪽으로 생각하지 않고, 유학의 경 공부의 일환으로 보고 있다. 계룡산에서의 종교 활동과 관련한 내용은 확인할 수 없다. 1912년 계룡산에 가서 지은 시 「복거卜居(壬子春, 卜居鷄龍山東)」가 문집에 남아 있다.

금강 남쪽, 계룡산 동쪽 기슭에[鷄龍東麓錦江南]
늘그막에 초암 지어 느긋이 복거하니[晚卜幽居一艸庵]
숲 밖에 하늘은 맑고 들에는 봄물이 가득하고[林外空明儲野水]
구름 끝 푸른 기운 마을을 휘감네[雲端積翠抱村嵐]
책 읽으면 향수병은 잊을 수 있으나[看書可歇思鄕苦]

어머니 받들며 달게 먹던 입맛은 어찌 잊으리[奉母焉忘適口甘]

이웃의 문은 농사일로 늘 닫혀 있고[未耘四隣長掩戶]

답답한 선비 생활 늙은 농부 보기 부끄럽네[迂儒經濟老農慙]

144 『해주일록』, 1923년 10월 23일.

145 『해주일록』, 1932년 4월 25일.

146 『해주소언』 권7, 「해주남선생행장」.

147 『해주일록』, 1932년 11월 25일. 이 치성에 대해 2019년 7월 17일, 연구팀이 영해의 난고종택을 방문했을 때 문장門長 남정휴南正烋 씨는 자신의 부친으로부터 들은 이야기라면서 "매일 밤 12시에 문을 박차고 나가 용당산龍塘山 아래 용당龍塘에 가서 물을 먹고 와서 접신을 했다"고 했다. 용당은 남붕의 거주지에서 가까운 용당산 기슭의 샘으로, 물이 샘 옆에서 솟아났다고 한다. 황룡과 청룡이 살았다는 전설이 있으며, 매년 정월 보름 동신단 제관은 이 샘에서 목욕재계하고 제사를 모시고 있다 한다.

148 『해주소언』, 「해주남선생행장」. 일기(1924년 1월 16일)에도 "저녁에 거처하는 재사 남쪽 벽면에 '대월상제對越上帝' 네 글자를 쓰고, 그 양쪽에 '인간사어人間私語, 천청여뢰天聽如雷, 암실기심暗室欺心, 신목여전神目如電' 16자를 써서 스스로 경계하고 성찰하였다"라고 되어 있다. 대월상제는 주자의 「경재잠」에 나오는 말이다. 이를 보면 그의 치성은 조선의 민속적 상제나 도교의 옥황상제가 아닌 주자학에서 말하는 상제임을 알 수 있고, 경 공부의 실천임을 알 수 있다.

149 특별한 일이란 손님이 와서 같이 잘 때나 다른 집을 방문하여 그곳에서 잘 때 등인데, 이때는 심송心誦, 즉 마음속으로 외웠다.

150 2020년 초, '코로나19' 사태를 맞아 한국은 교육 부재의 상황을 맞았다. 학교가 문을 닫고, 교사가 학교에서 가르치지 않으니 교육 자체가 중단되어버린 것이다. 평소에 보이지 않던 이 시대 교육의 한 특징이 코로나19 상황에서 적나라하게 드러났다. 필자는 1920년대의 남붕을 빌어 이러한 교사 의존, 학교 의존의 교육을 비판하고 싶다.

151 『장자』, 「천지天地」.

152 안경식, 『신라인의 교육, 그 문명사적 조망』, 학지사, 2019, 머리말.

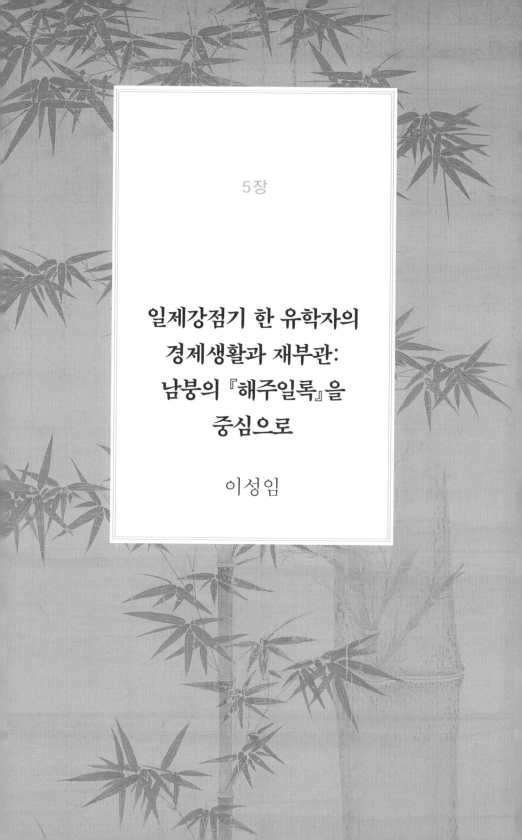

5장

일제강점기 한 유학자의
경제생활과 재부관:
남붕의 『해주일록』을
중심으로

이성임

들어가며

　해주 남붕은 대한 제국기와 일제강점기를 살아갔던 유학자이다.[1] 그는 서산 김흥락의 제자로『창수귀감』『성심록』『운도정음주해』『심설변』『인도대의人道大義』『주어요선朱語要選』등의 저술과 시문집『해주소언』4책을 남겼다. 남붕은 17세가 되던 1886년부터 64세로 사망할 때까지 48년간 일기를 작성했는데, 현재는 11년 치(1923~1933)만이 남아 있다.[2] 일반적으로 일기가 현장성과 즉시성을 갖춘 내밀한 자료라고 하지만, 남붕의 일기는 이와는 다소 거리가 있는 것으로 보인다. 자신의 주변에서 일어난 사실을 모두 기록하지 않고 관심을 가진 사실을 선택적으로 기록한 것이다. 남붕의 일기는 일제강점기 유교적 지식인의 삶의 모습을 구체적으로 담고 있지만 관련 연구는 그리 많지 않은 편이다. 신·구학 선택의 기로에서 구학[3]을 지향한 유학자가 그리 매력적인 대상은 아니었을 것이다. 그러나 이들 보수 유림이 어떠한 생각을 갖고 살아갔는가 하는 문제를 살피는 것도 의미 있는 작업 중하나이다. 신학문을 수용한 자들에 비하여 이들이 차지한 비율이 상대적으로 높았으며, 결국 남붕의 학문적 지향은 전통적인 상당수 지식인이 지향하던 바이기 때문이다.

남붕에 대한 연구는 이제 본격적인 단계에 들어섰다고 하겠다. 일찍이 김홍영은 남붕이 말년에 저술한『운도정음주해』를 분석하면서, 저자인 남붕의 학문과 독서 경향을 밝혔다.[4] 그는 남붕이 평생 정주와 퇴계를 자신의 학문적 근거로 삼았음을 지적하였다. 본격적인 연구의 신호탄이 된 연구자가 김종석이다. 그는 일제강점기 영남의 보수유림이 어떤 생각을 지니고 있었는가에 대한 문제의식을 가지고 남붕의 학문 경향을 분석하였다. 그리하여 남붕을 열강의 침략과 서구 문물 수용이 본격화되던 시기에 평생 구학을 지키기 위해 노력한 인물로 평가하였다.[5] 아울러 조정현은 남붕이 유학자로서는 특이하게 중국어에 집중하고 중국 학자와 빈번히 교류했다는 사실에 주목하여 그를 자신의 사상을 생활 속에서 구현하여 실천하고자 했던 인물로 평가하였다.[6] 이성임은 남붕의 토지 소유와 농사 관리 방식을 분석하여 그가 농사 과정이나 재산 관리에 상당한 관심을 가졌음에도 뜻하는 바를 이루지 못했으며, 경제생활 전반에 전통의 회복을 지향하는 방식이 투영되어 있다는 사실을 지적하였다.[7] 안경식은 1920년대 영해 향교의 터를 중심으로 태화학원이라는 신식 교육기관을 세우자는 청년과 향교는 유학 교육기관이므로 그곳에 신식 학교를 세울 수 없다는 유림의 대립에 주목하였다. 이 갈등에 관청이 개입하여 결국 신식 학교의 설립으로 사태가 종결되었는데, 그 배경에는 일본 제국주의의 교육 정책과 향교 정책이 존재했음을 지적하였다.[8] 손경희는 일제강점기 지방의 유학자가 질병의 치료 과정에 있어 일본의 공의公醫보다는 한의학이나 민간 치료 방식에 의존하고 있었음을 지적하면서 일본이 시혜라고 강조하던 의료 시스템이 지방민에게까지는 침투하지 못하였음을 밝혀냈다.[9]

여기서는 기왕의 연구를 수용하여 일본의 침략이 노골화된 시기에 남붕이 어떠한 방식으로 자신의 가정경제를 이끌어갔는지를 주목해 보기로 한다. 구학을 고집하던 유학자가 관직 진출이 단절된 사회구조에서 안정적인 경제생활을 유지하기 위해서는 결국 자신이 소유한 토지를 적극적으로 운영하는 수밖에 없었다. 다행히 일기에는 농업 과정이나 재산 관리와 관련된 내용이 상세히 서술되어 있으며, 한 해의 말미에 치부 형식으로 제시된 내용이 있어 이들 자료를 연계하면 경제 운용 실태가 어느 정도 드러날 것으로 보인다. 이때는 일본의 토지 조사 사업이 완료된 상태로 조선은 이미 일본의 경제구조에 편입된 상황이었다. 이러한 시기에 전통의 끝자락을 붙들고 있는 보수적인 유학자가 어떠한 방식으로 자신의 삶을 영위해나갔는지를 살펴보는 것도 의미 있는 작업이라고 하겠다.

영해 원구리

『해주일록』은 영해 원구리에 살던 해주 남붕이 1922년부터 1933년까지 11년 동안 쓴 일기이다. 이는 순수한 일기만이 아니라 편지와 시문을 함께 묶어놓은 것으로, 남붕은 17세였던 1886년부터 1933년 64세로 사망할 때까지 47년간 일기를 작성한 것으로 보이나[10] 중간에 없어진 것이 많아 현재 11년 치만 남게 되었다. 일반적으로 일기가 현장성과 즉시성을 갖춘 자료라고 하지만, 이 일기는 그렇지 않은 것 같다. 그는 자신의 주변에서 일어난 사실을 관심에 따라 선택적으로 기록하였다.[11] 남붕의 일기는 조선시대 일기에 비하여 그리 치밀하지는 못하지만 나름대로 독서록과 농사 일지, 치부책 등의 성격을 갖는다고 여겨진다. 그는 자신의 일기를 후대인들이 읽을 가능성이 높다고 판단하여 수시로 꺼내 정리했다. 일기를 정리하면서 일기의 주요 내용을 선별하여 한 질의 책을 만든다면 자신이 일생동안 고심한 것이 무엇인지 알 수 있을 것이라고 했다.[12] 즉,『해주일록』은 남붕의 사상이나 고심을 보여주는 자전적 일기이다.

조선시대 일기에 비하여 내용이 풍부한 편은 아니지만『해주일록』에는 농업 과정이나 경제 내역 등 치부와 관련된 부분이 비교적 상세한 편이어서, 남붕 집안의 경제 운용 실태를 살펴볼 수 있다. 특히 남붕이 일록이나 소언을 묶으면서 해당 기간의 경제 상황을 기록해두어 당시의 상황을 이해하는 데 많은 도움이 된다. 1922년『해주일록』2권 말미에는 묘곡畝谷의 도평島坪을 개간하면서 들어간 품삯과 부대비용을 기록해놓았다. 1924년 정월에는 계전契錢을 갚은 사실과 당겨 쓴 내역을 기재하였다. 1929년에는 두 종가와 관련된 수확 내용을 기재하기도 했다.

남붕은 경과 성의 자세로 전통적인 유자의 삶을 살아간 유학자로, 평생을 경상북도 영해군 원구리에서 살았다. 이들 영양 남씨는 대대로 살았는데, 이곳은 영해면에 소재한 촌락이다. 영해 원구리에는 지역사회에서 대표적인 양반 가문으로 인정받는 영양 남씨, 무안 박씨, 대흥 백씨가 종족 집단의 정체성을 유지하면서도 수백 년간 나란히 공존하고 있어서 주목된다. 이들 성씨는 마을에 들어온 시기도 비슷하고 조상의 위세나 경제적 지위도 서로 우열을 가리기 어려울 정도로 비슷하며, 마을 안에 거주하고 있는 주민의 수도 비슷하다. 이들은 상호 빈번한 혼인을 통하여 유대를 공고히 하여 오랜 세월 특별한 마찰이나 갈등 없이 한 고을에서 세거하고 있다. 1930년대의 자료를 보아도 영양 남씨 40호(212명), 무안 박씨 45호(245명), 대흥 백씨 31호(154명), 기타 타성 35호(108명)로 세 종족이 나란히 한 마을에 공존하고 있었다.[13] 이러한 까닭에 영해는 조선 후기에 '소안동'이라는 별칭으로 불릴 정도로 성장했다. 소안동이라 한 것은 뛰어난 학문적 소양을 갖춘 사족 가문들이 안동 지역에 비견될 만큼 모여 산다는 의미로, 영양 남씨도 그 핵심 일원으로 지위를 가지고 있었다. 그런데 1895년 지방관제 개정 때 영해부와 영덕현이 다같이 군으로 되었다가 일제강점기인 1914년 대대적인 행정구역 통폐합 시기에 영해군은 영덕군에 합쳐지고 말았다.[14] 영덕군은 1읍 8면으로 하나의 행정자치 단위이나, 주민들은 영해면을 중심으로 축산면·창수면·병곡면이 하나의 생활권을 이루고 영덕읍을 중심으로 강구면·달산면·지품면이 또 하나의 생활권을 이루고 있다. 오늘날도 영해 지역 주민들은 이 고장을 원영덕과 구별하여 원영해라 부르고 있으며, 예향·문향·양반 고을로서의 긍지를 지니고 있다.

영양 남씨는 상당한 경제력을 가지고 있었으나 지나치게 거부巨富

를 추구하지는 않은 것으로 보인다. 문중에서는 소유 재산을 300석을 넘기지 말라는 조상의 유지가 있었다고 하는데,[15] 이는 선비의 가문으로서 과도한 물질적 탐욕을 경계하라는 교훈으로 이해된다. 그러나 그 내용은 거부는 아니더라도 상당한 물적 토대를 유지하고 있었다는 것을 의미한다. 일제강점기에 진밭소[16]에 70여 마지기의 토지를 소유하고 있었다고 하는 사실로 미루어 문중 재산이 상당했음을 알 수 있다. 그러나 진밭소의 재산이 소실되고 난 이후 위토 이외의 공유 재산은 더 이상 마련하지 못하였다.[17] 그럼에도 불구하고 1950~60년대까지도 인근의 여성들 사이에서는 원구로 시집가면 손에 물도 묻힐 일 없다고 알려졌다고 한다. 그만큼 원구리는 양반 마을이자 부자 동네로 인식되었던 것이다.[18]

일제강점기에 남붕은 어떠한 삶을 영위하고 있었을까? 남붕은 기본적으로 유학자로서의 삶을 견지하며 살았다. 그의 문집인 『해주소언』에 따르면 그는 스승을 비롯하여 하진무 등 중국 학자나 국내 학자와 많은 교유를 했는데, 이들과 교유한 편지마다 유학이 쇠퇴하는 것에 대한 안타까움을 드러내고 있다. 이는 근대 시기 평생을 익힌 학문이 쇠퇴하는 모습을 지켜본 유학자들의 공통적인 고뇌였을 것이다.

일제강점기에 유학자로 학자적 삶을 유지한다는 것은 쉬운 일이 아니었다. 과거제가 폐지된 상황에서 구학문이 갖는 의미는 퇴색될 수밖에 없었다. 그나마 신학문을 익혀야 직업을 얻는 데 도움이 되었으나 남붕은 구학문을 고집하고 있어 생각이 그리 현실적이지 못하였다. 남붕은 1912년 계룡산 아래 학전 마을로 이주했을 때, 누이동생의 아들 권효상[19]을 7년 동안 가르쳤다. 당시 그를 찾아와 가르침을 받은 사람이 적지 않지만 권효상만큼 학문에 정진한 인물은 거의 없다. 그는 13세로 남붕을 찾아와 사서오경과 한유·유종원·구양수·소식의 문장을 익혔다. 많은 사람이 신학문을 익혀 직업을 얻고자 했으나 권효상은 홀로 공자와 맹자의 글을 읽어 외삼촌의 뜻을 잇고자 했다. 그러나 권효상도 고향을 떠나 떠도느라 가세가 기울어 삶이 곤궁해졌고, 의식을 해결하기 위해 여러 가지 일을 할 수밖에 없었다. 그러자 남붕은 아무리 곤궁해도 학문에 힘써야 한다는 사실을 강조하고 있다.[20]

유학자라 하더라도 집안 경제를 유지하기 위해서는 농사에 힘을 써야 했다. 양반의 체모 유지를 위해서는 경제적인 문제가 우선적으로 해결되어야 했기 때문이다. 그러나 양반[21]이 손에 흙을 묻히며 농사를 짓는 일도 쉽지는 않았으므로, 나이 쉰이 훨씬 넘은 유학자가 농사 일에 매진할 수는 없었다.[22] 1925년 윤4월 중순 『춘추』 경문을 외우고 퇴계 시에 주석을 붙이는 작업을 하다가 일을 하기 위해 밭으로 나갔다. 이때에 그는 임금은 편안하고 신하는 수고로운 것이 양생養生의 요결인데, 선비가 몸을 수고롭게 하는 데에는 채마 밭을 가꾸는 것보다 더 좋은 것이 없기에[23] 책을 읽는 여가에 간혹 일을 하는 것이라고 스스로를 위안했다. 거꾸로 공부에 집중하느라 농사 때를 놓치는 경우도 없지 않았다. 한번은 돈이 필요해서 이웃에게 벼를 팔아달라고 부탁한 적이 있다. 그러나 마침 벼 값이 떨어져 팔지 못하였다는 소식을 전해 듣는다. 이에 벼루와 서책 사이에 자취를 감추고 살다 보니 매번 앉아서 낭패를 볼 수밖에 없다고 탄식하였다.[24] 1929년 9월 하순에는 미려尾閭 들녘의 벼를 거둬들이는 일을 감독하느라 공부를 하지 못한 사실을 한탄했다.[25] 그는 또한 씨를 뿌리느라 하루 종일 소란하여 공부를 할 수 없자 농사에 힘쓰는 한 가지 절차는 집안의 급무이며 배우는 자가 세상은 알지 못하면서 오래도록 책만 보는 것은 집안을 보전하는 좋은 방책이 아니라고[26] 하였다. 1932년 10월 미려 논에 보리 파종 하는 것을 살피러 나갔다가 논에 흙덩이가 널려 있음을 보고 다시 써레질을 한 뒤 파종하라고 하였다. 이때 나가보지 않은 채 머슴한테만 맡겨놓았다면 보리 농사는 허사가 되었을 것이라면서 독서하는 선비도 책상 아래 앉아 있는 것만을 고수할 수 없다고 하였다.[27] 공부와 농사를 병행하는 문제는 동생 남호정南浩定에게 보낸 편지에 분명히 드러나 있다. 그는 동생에게 고향으로 돌아가 농사를 지으며 분수에 따라 편하게 살라고 하면서 집안을 다스린 뒤에야 나라도 다스릴 수 있다는 사실을 기억하라고 했다.[28] 그러나 남붕 자신도 이에 대한 확신은 없었던 것으로 보인다.

> 백발의 나이에 곤궁하게 살아가니 다시 어느 때를 기다리겠는가. 힘을 다하여 이에 종사하지 못하니 한밤중 외로운 등불 아래에서 두려워 불안하기만 하다.[29]

위 내용은 남붕이 처한 현실을 대변해준다. 백발의 나이임에도 별로 이룬 것 없이 궁핍하게 사는 처지를 생각하며 한밤중에 등불 아래서 외로이 떨고 있었다. 자기 스스로 선택한 삶의 방식이 맞는지 확신하기 어려웠던 것이다.

토지 소유 규모

남붕은 어느 정도의 경제 규모를 가지고 있었을까? 현재 관련 문서나 토지대장이 남아 있지 않아 그 규모를 파악하기가 쉽지 않다.[30] 다행히 남은 11년 치 일기를 맞춰서 추정하는 수밖에 없는데, 남붕은 영양 남씨 소종小宗으로 문중 일뿐만 아니라 계 운영에도 직접 관여하고 있어 여기에 속한 토지와 그의 토지를 구분해내는 것도 쉽지 않다.

〈표 1〉 남붕 집안의 토지 규모

번호	위치	지칭	규모	소유권
1	묘곡畝谷	공비답公備畓	3말 5되지기	제위조
2	묘곡	토점土店	1마지기→2마지기	제위조
3	묘곡	퇴도답退賭畓	3마지기	제위조
4	와구瓦邱		5마지기	제위조
5	점곡店谷	밭	13마지기	제위조
6	유전柳田	논	2말 5되지기	정계답
7	후곡後谷	논	1마지기	정계답
8	병곡柄谷	논	4마지기	남붕(매도)
9	묘곡	보리밭	4마지기	남붕
10	곡내谷內		1마지기	남붕
11	옥금평玉今坪		2마지기	남붕
12	강단江端		4마지기	남붕
13	도동道洞		3마지기	남붕(매도)
14	상미려上尾閭	밭→논	3마지기	남붕
15	하미려下尾閭	밭	5마지기	남붕(매득)
16	봉후峰後	논	2말 5되지기	남붕
17	용산龍山	무밭	1마지기	남붕(매득)
18	당하棠下	밭, 논	1마지기	남붕

남붕이 관여한 토지는 18필지 정도인데, 이중에 문중 제위조와 정계답亭契畓이 차지하는 비중이 절반 정도이다. 묘곡 도평은 영덕군 영해면 묘곡 저수지의 수몰 지역으로 흔히 '섬뜰'이라고 불린다.[31] 다음으로 주목되는 것이 정계답이다. 이는 광계정光溪亭 계답으로 남상소南尙召(1634~1709)[32]를 기리기 위해 마련한 토지이다. 남붕이 관여된 토지 규모는 60.5마지기인데 이 가운데 30.5마지기가 남붕의 것이다. 이밖에 토지가 더 있을 수도 있지만, 그 가능성은 그리 높지 않다. 11년간 농사 내역이 한 번도 기재되지 않은 토지가 있을 가능성은 없을 것이기 때문이다.

그러므로 남붕은 30여 마지기 정도의 토지를 소유했다고 할 수 있다. 김흥락은 1808년에서 1889년 사이에 240~500마지기 정도의 토지를 소유한 것으로 확인된다.[33] 김흥락의 경우 19세기의 인물이고, 워낙 대규모 전답을 소유하고 있어 이들을 동일선상에서 비교하기는 어렵다. 다만 비슷한 시기 전라도 장흥에 살던 김주현金冑現(1890~1960)의 경우 1920년대에 200마지기(13정보), 1940년대에 60~70마지기(4~4.6정보) 정도의 토지를 소유한 것으로 확인된다.[34] 또한 『추탄일기秋灘日記』(1938~1943)를 남긴 무안 박씨 박정락朴定洛(1914~1943)의 경우 남붕의 이웃이었는데, 그는 100마지기(6~7정보) 정도의 살림 규모를 가지고 있었다.[35] 남붕이 지닌 토지의 규모는 김주현의 토지가 가장 적었을 때와 비교해보아도 그 절반에 미치지 못하며, 박정락이 가진 토지의 3분의 1에도 미치지 못한다. 당시 김주현을 가리켜 부자는 아니지만 잘사는 편이라고 했다는 사실로 미루어, 남붕은 겨우 밥술이나 먹고 사는 정도였다.

당시 남붕의 경제 상황을 파악하는 데 1927년 남붕의 손자가 작성한 금전출납부가 일정 부분 도움이 된다.

손자에게 1년 동안 쓴 금전출납부를 회계하게 하니 도합 220여 원이었다. 들어오는 곳이 없이 썼으므로 빚 또한 그와 같았다.[36]

남붕은 손자가 1927년에 기록한 남붕 집안의 지출 내역이 220원이라고 적고 있다. 여기에 남붕은 들어오는 곳도 없이 쓴 것이 220원이라고 하면서 이것이 모두 빚이라고 하지만, 이를 통해 남붕이 1년 동안 지출한 내역을 추정하는 것은 가능하리라 본다.

그렇다면 남붕은 토지를 어떠한 방식으로 관리했을까? 일기에서는 다섯 차례에 걸쳐 토지를 거래한 사실이 확인된다.

<표 2> 남붕이 매득한 토지

	명목	규모	매도자	가격	시기
1	미려 밭	5마지기	김순택	가격 945원[37] 이전비 10원	1926년 3월 16일 ~1928년 윤2월 14일
2	용산의 무밭	1마지기	건오 숙叔		1929년 8월 12일

남붕의 경우 토지 거래가 빈번한 편도 아니고, 거기에 이윤 추구 의도가 내포되어 있지도 않다. 1929년 8월의 토지 거래는 건오建五 숙부로부터 용산의 밭을 사들인 것이다. 숙부가 밭이 산속에 들어가 있어 경작하기가 어렵다고 하기에 사들이게 된 것이다.[38] 토지의 규모가 작

아 여기에서 경제적 의미를 찾기도 어렵고, 거래 자체가 친인척 간에 이루어졌다는 점이 특징이다. 미려 밭 5마지기는 본래 동생 호정 소유의 땅이었다. 남붕에게는 동생이 셋 있었는데, 여동생들은 출가하고 호정은 인근에 살았다. 남붕은 동생이 읍인에게 저당 잡힌 밭 5마지기를 되찾았다.

정계의 돈 3백 원을 가지고 아우의 논 5두락을 퇴도지退賭地로 사들였는데, 먼저 8백 냥을 주었다.[39]

오후에 읍내로 가서 3백 원을 가지고 김순택金順澤에게 아우의 빚을 갚았는데, 아직 나머지 335원이 남았다.[40]

아침 뒤에 대서인 정주만鄭柱滿의 편지가 왔는데, 미려의 아우 밭 등기문서가 들어 있었다. 이로써 토지가 비로소 우리에게 이전된 것이다. 그러나 빚 635원 중에서 아직도 갚지 못한 것이 335원으로서 밤낮으로 이자가 불어나니 걱정스럽다.[41]

대개 아우의 빚 645원을 다 마감하였다. 이전 퇴도가退賭價 3백 원을 아우르면 도합 945원이며 이전비 10원을 합하여 955원이다. 이제 아우의 논 5두락이 내 명의의 물건이 되었다. 시가로 논하면 너무 높은 값이나 실제 땅으로 말하면 식생활의 근본이 될 듯하다.[42]

우편국에 가서 광계정 계금 32원을 찾아다가 25전 18전으로 읍내 사람에게 빌린 원금과 이자를 다 갚았으니, 아우가 빌린 돈 중에 아직 갚지 못했기 때문이다. 이로써 아우가 빌린 돈을 갚은 것이 모두 3225냥 9전 5푼을 다 마감하였다. 미려의 논 5두락 값이 4725냥 9전 5푼이고, 이전비가 50냥이었다.[43]

남붕은 2년이라는 오랜 시간에 걸쳐 이 땅을 되찾았다. 먼저 1926년 3월 초 정계의 돈 3백 원으로 미려의 퇴도지를 사들였다. 퇴도지란 전주가 10년을 기한으로 토지의 경작권을 다른 사람에게 넘긴 것을 말한다. 그러나 당시 남붕이 경제적으로 여유가 있어 동생의 땅을 사들인 것은 아니다. 당시 형편이 되지 않자 어쩔 수 없이 정계의 돈을 끌어다가 퇴도지를 사들였던 것이다. 정계전은 광계정계의 기금으로 여러 계원이 모은 것이다. 다시 2년 뒤에 남붕은 3백 원을 김순택[44]에게 지급하고 토지 문기를 돌려받았다. 그리고 한 달 뒤에 345원의 빚을 마저 갚고 소유권을 이전했다. 남붕은 거래가 끝난 뒤에 이 땅의 가격이 시가보다 높기는 하지만 그래도 이것은 먹고사는 근간이 될 것이라고 하였다.

그러면 이제 다른 사람에게 토지를 매도한 경우를 살펴보기로 하겠다.

〈표 3〉 남붕이 매도한 토지

	명목	규모	매수자	가격	시기
1	도동	논 3마지기	금계 종숙	240원	1927년 1월 8일
2	앞뜰	논 2마지기	금계 종숙	300원	1928년 2월 2일
3	병곡 사정	논 4마지기		575냥	1933년 3월 27일

1927년 1월 남붕은 도동의 논 3마지기를 금계金溪 종숙에게 넘겼다. 이 땅은 본래 그의 숙부가 남붕에게 팔았던 것인데, 140원을 더 얹어주겠다고 하기에 넘긴 것이다. 즉 100원에 사들인 땅을 240원에 되판 것으로, 금계 종숙이 두 배가 넘는 값을 지불하면서 이 땅을 되찾아 간 것이다. 1928년 2월에 금계 종숙에게 논 2마지기를 300원에 넘긴 것도 친인척 간의 거래에 해당한다. 이때에는 종숙의 형편이 좋지 않았는지, 남붕은 토지를 넘기고 토지가 300원은 5년 안에 받기로 했다는 사실을 기록하고 있다.[45]

병곡 사정의 논 거래는 일상적인 거래 형태이다. 세금 독촉에 시달리던 남붕이 어쩔 수 없어서 이 논을 팔기로 결정한 것이다. 이 논은 다른 사람에게 소작을 주어 1년에 벼 3섬을 지정指定하여 받던 땅이다.[46] 여기서 지정이란 수확 시기에 지주와 소작인이 직접 가서 도조를 결정했던 방식이다. 토지를 매도하면서 이 땅은 지세가 높고 척박해 가뭄을 잘 타는 곳이라 값이 싸다고 하였다.[47] 남붕은 이때 받은 500냥으로 조합에서 빌린 돈과 봄 호포戶布 값을 갚을 수 있었다.[48]

이상과 같이 남붕은 다섯 차례에 걸쳐 토지를 거래했는데, 여기에 재산 증식 의도가 있는 것은 아니었다. 오히려 조상 전래의 땅을 다른 사람에게 팔아넘기는 것을 불효로 여기던 전통 시대의 관념이 반영된 것이라고 볼 수 있겠다. 그런 까닭에 토지 거래가 친인척 간에 이루어지는 경우가 많았다.

농사짓는 방식

남붕은 땅을 경작함에 있어 자작과 소작을 병행하였다. 일반적으로 자신의 토지는 직영하지만 제위전이나 계전은 소작을 주었다.

일기가 11년 치이지만 내용이 일률적이지 않아 농사 과정을 파악하기가 쉽지 않다. 이에 비교적 자료의 완결성이 높은 1930년 기록을 대상으로 살펴보기로 하겠다.

〈표 4〉 농사 과정

		1930년
농사 과정	1월 17일	손자가 면청에 15원 35전으로 2분기 세금 납부
	1월 23일	머슴이 외양간의 소똥으로 미려의 보리 싹을 덮어줌
	2월 30일	머슴으로 하여금 당하 밭에 흙을 져 나르게 함, 똥과 재를 모아두기 위함임
	3월 2일	머슴 2명이 미려 논에서 가래질을 함
	3월 3일	6명이 보리밭의 김을 맴
	3월 5일	머슴 2명이 미려 논의 보리에 비료를 뿌림
	3월 21일	3명이 미려 논에 건파종을 함
	3월 23일	소를 빌려 무논에 써레질을 함
	4월 11일	이앙할 모를 살핌
	5월 6일	소를 빌려 무논에 써레질을 함
	5월 7일	미려 논의 보리를 살핌
	5월 12일	3원을 손자에게 모내기 자금으로 지급
	5월 16일	번포의 논일을 살핌

농사 과정	5월 17일	강단·봉후 두 곳에 모내기 실시
	6월 3일	상미려 논 2말 5되지기에 모내기
	6월 25일	상하 미려 논이 폭우로 수재를 당함
	윤6월 7일	7~8명이 상하 미려 논에 김을 맴
	윤6월 28일	도동의 소작인이 두 종소의 보리를 운반해 옴, 각각 2섬 1말 반임
	7월 1일	채마 밭에 채소를 파종
	7월 4일	소와 사람을 빌려 보리 실어 나름
	7월 27일	머슴들이 맥초를 썩혀 퇴비를 만듦
	7월 29일	병곡 4마지기 논의 벼 작황을 살피고 3섬으로 지정
	8월 2일	농우를 285냥(57원)에 사들임
	8월 9일	도동에 가서 간평
	8월 11일	니전에 가서 간평, 묘장의 제위답 간평
	8월 21일	여러 곳의 논밭을 살핌
	8월 25일	상하 미려 논의 벼 수확
	9월 2일	강단의 벼를 거둠
	9월 10일	일꾼 8~9명을 얻어 미려 논에 보리 파종
	9월 14일	머슴들이 타작하는 일을 살핌, 수전에서 청봉(순무) 수확
	9월 19일	토점의 개간지 타작
	10월 8일	5명의 일꾼이 강단의 벼 타작
	10월 9일	머슴이 마늘 파종
	10월 18일	묘곡 타작, 밭곡식으로 12말, 콩 5말 수확
	10월 25일	남초면·축산면의 세금 12원 52전을 납부
	10월 29일	세금 문서와 장부를 대조하여 납부한 세금이 15원 49전임을 확인
	11월 7일	머슴에게 사람을 모아 타작을 하도록 함
	11월 8일	머슴이 마당의 곡식을 거둬들임

11월 9일	묘곡의 공비조 논 타작
12월 24일	유전 논 2말 5되지기의 수확 분배, 3섬에 세가 3말임

남붕의 직영지 경작은 머슴이 농사 전반을 관리하는 방식으로 운영
되었다. 손자가 중간에서 관리를 하지만 실제적인 일은 머슴이 담당하
였다. 벼를 재배하는 논농사 중심이며, 밭에서는 보리·밀·조·콩 등의
곡물과 감자·무·순무·수박·오이·파·마늘·고추·차·면화·담배·모
골茅骨49 등을 재배했다. 그리고 선산에 밤나무·대추나무·뽕나무·회
양목 등을 심었다. 남붕은 매우 다양한 작물을 재배하고 있어, 생활에
필요한 대부분의 것을 농사로 확보했다고 해도 과언이 아니다. 자급자
족을 할 수 있는 생산 형태였던 것이다.

벼 재배의 경우 건파종50을 일부 시행하기도 했지만 대부분은 모판
에 모를 길러 옮겨 심는 이앙법을 시행하였다. 건파종을 하는 지역은
미려로, 이 지역은 밭을 논으로 바꾸었지만 여전히 밭의 성격을 지니
고 있어 밭벼를 재배한 것이다. 모내기는 3월 말부터 시작하여 5월 중
순까지 하며 늦어도 6월 초순에는 끝내야 했다. 남붕은 3월 말에 강단
에 못자리를 만든 뒤 4월에 써레질을 하고 4월 중순부터 강단, 봉후, 상
하 미려에 모내기를 시작하여 6월 초순에 끝내고 있다. 모내기가 끝
난 다음에는 곧바로 김매기를 시작하는데, 김매기는 잡초를 제거하면
서 벼가 힘 있게 뿌리내리도록 하는 과정이다. 남붕은 자신의 땅은 직
접 경작하지만 제위전이나 계전은 소작을 주는 것이 일반적이었다. 소
작은 산지기나 고지기 외에 인근의 농사꾼이 맡아 짓는 것이 일반적이
었다. 이러한 경우 벼가 여물기 시작하면 논과 밭을 직접 찾아가 간평

看坪[51]하여 수확량을 결정해야 했다. 당시 집안의 제위조와 계답이 여러 곳에 흩어져 있어 수확철이 되면 간평하느라 분주한 일상을 보냈다. 실제 남붕은 친인척들과 더불어 도평·병곡·도동·유전·니전·묘장·강단·태봉台峯[52] 등지로 나가 간평을 하였다.

이러한 농사 과정을 머슴 한두 명으로 해결하기는 어려웠다. 특히 모내기·김매기·벼 베기·타작 등에는 많은 노동력이 집중적으로 필요하므로 일꾼을 별도로 구할 수밖에 없었다.[53] 이들에게는 일정 금액을 품삯으로 지급했는데, 그 금액도 적지 않았다.[54] 그리하여 남붕은 모내기나 김매기와 벼베기 철이 다가오면 여기에 필요한 비용을 마련하느라 바빴다. 남붕은 돈을 마련해 이를 손자에게 지급하여 일을 처리하도록 했다. 농사를 짓는 데는 소가 반드시 필요하였다. 논을 갈거나 써레질을 하고 수확물을 실어 나르는 것뿐만 아니라 땔나무 등 짐을 실어 나를 때에도 소의 힘을 빌릴 수밖에 없었다. 남붕 집에서도 집안에 외양간을 들여 소를 키웠다. 소가 탈이 나거나[55] 폐사할 경우[56] 어려움을 겪게 되므로 잘 관리해야 했다. 남붕은 머슴에게 소를 잘 관리하도록 했으며, 소가 다리를 절거나 탈이 났을 경우 의원을 불러 고치게 했다. 1923년 5월 남붕은 손자를 사돈댁에 보냈는데, 이는 소를 빌리기 위한 것이었다. 소가 발을 절어 어쩔 수 없이 사돈댁의 소를 빌리는 상황이 벌어졌던 것이다.[57] 1932년 5월에는 이모작을 하던 미려논을 얼른 갈아엎어야 하는데 소가 없어 갈지를 못하게 되었다며 한탄하였다.[58]

당시에는 잡곡을 생산하는 밭농사보다는 벼농사가 농사의 중심이었다. 그리하여 남붕도 쌀의 생산량 증대를 위해 밭을 논으로 바꾸는

번답[反畓]과 하나의 땅에서 쌀과 보리를 연작하는 이모작을 행하였
다. 미려는 본래 상미려와 하미려가 구분되던 땅이었다. 상미려는 남
붕 소유였으며, 하미려는 동생 호정 몫이었다. 동생이 김순택에게 담
보로 잡혀 돈을 빌려 쓰는 바람에 이 땅이 다른 사람에게 넘어갈 위기
에 처하자 남붕이 어렵게 되찾았다. 남붕은 1926년 9월 하순에 자신의
미려 밭을 논으로 바꾸는 작업을 진행했다. 이를 일반적으로 번답이라
고 하는데, 밭을 논으로 바꾸어야 쌀을 안정적으로 확보할 수 있었다.

저녁에 들에 나가 가래질을 하여 밭을 논으로 만드는 상황을 보고 싶었으
나 비가 올 것 같아 가지 못하였다.[59]

아침을 먹은 뒤에 미려평에 나가 가래질하는 것을 살펴보았다. 대개 밭
5마지기를 논으로 만들 계획이기 때문이다.[60]

아침을 먹은 뒤에 들에 나가 가래질하는 것을 살펴보았다. 오후에 또한 들
에 나가 가래질하는 것을 살펴보았다.[61]

이날 또 가래질을 하여서 아침을 먹은 뒤에 잠깐 나가보았다. 이로부터 일
을 마쳤는데, 3일 동안 들어간 일꾼이 39명이다.[62]

즉, 남붕은 1926년 9월 23일부터 3일 동안 39명의 인원을 동원하여
번답을 진행했다. 일기에서는 삽역鍤役이라고 썼는데, 이는 여러 명이
공동으로 하는 가래질을 의미하는 것으로 보인다. 여러 사람이 가래로

흙을 퍼 올려 밭을 논으로 만드는 작업을 진행했던 것이다. 그 결과 다음 해부터는 이곳에서 벼농사를 지을 수 있게 되었다. 이곳을 밭이라고 하지만[63] 1927년부터는 벼를 재배하는 것이 가능해졌다.[64] 1932년에는 8마지기 논의 수확물이 소로 여섯 번이나 날라야 할 정도로 증대되었다.[65] 1933년에는 미려 위아래 논의 도조가 21섬 3말이라고 하는 사실[66]로 미루어 이곳에서의 한 해 수익이 260~280원[67] 정도 되었음을 알 수 있다. 아울러 남붕은 미려 논에 쌀과 보리를 이모작하여 수확량을 증대하였다. 쌀과 보리를 연작하여 한 곳에서 두 배의 수확을 얻을 수 있으면서도 세금은 쌀이나 보리 한 가지로만 납부하는 것이 가능하였으니 그 수익이 적지 않았다. 미려는 본래 보리와 조를 재배하던 밭이었다.[68] 그리하여 가을걷이가 끝나면 바로 여기에 보리를 뿌렸으며, 5월에 보리를 거둔 뒤 곧바로 모내기를 하여 벼를 수확했다.[69] 보리나 조 등 단일 작물을 재배하던 밭이 쌀과 보리를 연이어 거두는 논으로 바뀐 것이다.

머슴의 고용

남붕은 어쩔 수 없이 농업에 종사하기는 했지만 직접 손에 흙을 묻히며 일을 하지는 않았다. 그가 직접 농사일을 했다고 확인되는 기록은 단 한 차례뿐이다. 1928년 6월 중순 남붕은 직접 호미를 들고 담배에 북을 주었다. 아우가 담배에 북을 주라는 자신의 말을 듣지 않자 때를 놓칠까 걱정되어 직접 호미를 든 것이다.[70] 이때에 남붕은 어머님이 담배를 즐겨 피우시는데 자신이 직접 담배에 북을 줌으로써 어머님 봉양할 거리로 삼았다며 자신의 행위를 효와 연결하고 있다.

큰아들 원모가 30세의 나이에 병으로 죽자 남봉은 손자를 시켜 농사를 관리하게 하였다. 남봉 집안에는 두 명 정도의 머슴이 있었는데, 모두 큰 머슴인 경우도 있지만 작은 머슴과 큰 머슴을 따로 두기도 하였다.

머슴의 고용 조건은 그리 까다로워 보이지는 않는다. 1924년 4월 영덕에 살던 농사꾼이 찾아와 삯을 받는 일꾼이 되고 싶다고 하자, 그대로 머슴으로 삼았다.[71] 1930년 2월에는 어린 아이가 영양에서 왔다고 하자 농사일을 아는지 물어보고는 바로 고용하였다.[72] 남봉은 고용에 대한 대가로 머슴에게 새경[私耕]을 지급하였다.

아침을 먹은 후에 벼 6섬을 팔았는데 그 가격이 60원 60전이다. 그 4섬은 머슴의 새경조이다.[73]

정조 4섬이 새경가로 202냥이고, 농포[옷값] 16냥, 또한 2냥을 합하여 220냥이다.[74]

돈 2원을 아우에게 부쳐서 머슴의 봄옷 지을 재료를 사오게 하였다.[75]

3원 50전을 시내에 부쳤으니, 대개 머슴아이의 봄옷 값과 반찬값과 잡비 때문이었다.[76]

광목 15자 및 양사洋紗 8자를 샀는데, 값이 2원 90전이다. 광목은 두 머슴의 봄옷을 지을 옷감이고, 양사는 나의 여름옷인 학창의를 지을 옷감이다.[77]

1928년 머슴이 1년간 받은 새경이 벼 4섬으로 확인되는데, 이것을 돈으로 환산하면 202냥이다. 이외에 머슴은 옷값 16냥과 별도로 2냥을 합쳐서 모두 220냥을 지급받고 있다. 여기서 별도로 지급한 2냥은 담뱃값이었을 것으로 짐작된다. 220냥은 44원에 해당되는 금액이다. 1927년 남붕 집안에서 지출한 금액이 220여 원이라고 하니[78] 이는 1년 지출의 5분의 1에 해당되는 금액이다.

남붕은 농사가 시작된 4월에 2~3원의 비용으로 옷을 마련해주는데, 이는 머슴을 고용할 때 결정된 사항이다. 그러나 이들의 관계는 그리 강고하지 않았다. 1927년에는 머슴이 일손이 바쁠 때 사라져버렸고[79] 철없는 머슴 금동金童은 시장 구경을 한다며 도망쳐버리기도 했다.[80] 또한 머슴이 새경에 불만을 품고 주인을 협박하기도 하고[81] 모내기로 한창 바쁜 철에 아프다며 드러누워 있기도 했다. 이에 남붕은 하루가 여삼추라며 아프다는 머슴에게 한약을 지어 먹였다.[82] 남붕도 1926년 12월 머슴을 들인 지 얼마 되지 않아 쫓아낸 적이 있는데, 건방지고 말을 잘 듣지 않는다는 이유에서였다.[83]

그러면 머슴은 어떠한 역할을 담당했을까? 다음은 일기에서 이들의 일을 뽑아 정리한 것이다.

<표 5> 머슴의 일

농사 관련	집안의 잡역
① 논농사: 가래질하기, 논 갈기, 써레질하기, 못자리 만들기, 모내기, 김매기, 벼 베기, 거둬들이기, 타작하기, 말리기, 방아 찧기 ② 보리 농사: 보리 심기, 밟기, 밭매기, 베기, 거둬들이기, 타작 ③ 밭농사: 좁쌀 파종, 파 심기, 마늘 파종, 채소밭 가꾸기 ④ 거름 만들기: 맥초로 퇴비 만들기, 똥 푸기, 재 나르기, 비료 뿌리기 ⑤ 과수원: 과수원 손질하기, 밤 따기 ⑥ 기타: 풀 베기, 마(삼) 베어 말리기, 모골 파종, 부들 베어 말리기	① 나무하기: 땔감 하기, 솔가지 긁어 오기 ② 집수리: 변소 고치기, 변소 지붕 잇기, 담장 잇기, 벽 바르기, 굴뚝 고치기, 구들 놓기, 울타리 고치기 ③ 나무 심기: 묘목 실어 오기, 소나무 심기, 소나무 베기, 소나무 실어 나르기, 백양나무 심기 ④ 청소: 외양간 치우기, 마당 쓸기, 새끼 꼬기, 우물 치기, 도랑 치기, 변소 치기, 잿간 치우기, 흙 나르기 ⑤ 기타: 시장 다녀오기, 짐 옮기기, 흙 나르기, 배행, 바닷물에 무 씻기

머슴은 기본적으로 농사일을 하는 조건으로 고용된 것이다. 그러나 실제로는 집안의 다양한 일에 동원되었다. 농사일 중에서는 벼농사가 가장 중심이었으며 논을 가는 일에서부터 써레질, 못자리 만들기, 모내기, 김매기, 벼 베기, 타작하기, 곡식 저장 등 일련의 모든 과정을 머슴이 주관하였다. 보리 농사도 마찬가지여서 보리 싹 틔우는 일부터 보리 심기, 김매기, 보리 베기, 거둬들이기, 타작하기 등을 담당하였다. 밭농사로는 조 파종, 파와 마늘 심기, 채소밭에 물 주는 일 등이 있었다. 농사에 필요한 거름을 만들기 위해 맥초를 태운 뒤 썩혀 퇴비 만드는 과정과 똥과 재로 거름 만드는 일, 논과 밭에 비료 뿌리는 일까지 머슴의 일이었다. 이외에 소먹이 풀을 베어오는 일과 마(삼)·모골(띠)·부들 등을 베어 말리는 일도 했다.

집안일은 농사일보다 더 다양하고 복잡하다. 이들 머슴은 집안을 관리하고 운영하는 모든 일에 동원되었다. 그 가운데 중요한 것이 땔감을 마련하는 것이었다. 땔감은 취사와 난방을 위해 꼭 필요했는데, 당시에는 땔감이 없어 고통을 겪던 시기였다. 1924년 1월 말 손자가 남붕에게 편지로 아직 머슴이 없어서 땔감 마련이 어렵다[84]고 하는 사실로 미루어 땔감을 해오는 일도 머슴의 주된 일 중 하나였음을 알 수 있다. 집안의 자잘한 수리도 머슴이 맡아서 하였다. 즉, 지붕과 담장 잇는 일부터 구들을 다시 놓는 일도 이들이 해야 했다. 구들 전체를 뜯어 다시 배치할 경우에는 기술 있는 사람을 동원하지만, 간단한 것은 머슴이 담당하였다.

소나무 숲 조성에도 머슴이 동원되었다. 여기에는 묘목을 심는 과정부터 다 자란 소나무를 베어내는 일까지 포함된다. 또한 겨울에 새끼를 꼬고 우물을 치고 도랑을 걷어내는 일도 담당했다. 주인이 시킬 경우 시장에 가서 필요한 물건을 사오기도 했다. 1930년 9월 중순에는 머슴 두 명이 밭에서 뽑은 순무를 바닷물에 씻었는데,[85] 이는 영덕이라는 지역적 특성을 반영한 것이다. 또한 머슴은 집안의 부녀가 먼 길을 행차할 때에 이들을 배행陪行하여 다녀오는 일도 담당했다.

남붕은 머슴이 아플 경우 이들에게 약을 지어 먹였다. 1928년 4월 모내기철이 다가와 일각이 여삼추와 같은데 머슴이 병이 나자 약 두 첩을 지어 먹였다[86]는 기록이 있다. 이는 기본적으로 노동력의 손실을 우려한 것이나 거기에 인간적인 배려도 없지 않은 것이다. 이들 머슴이 하던 일은 조선시대 노비, 특히 노(남자 종)가 하던 일과 별반 차이가 없다. 농사일을 돕는다는 명목으로 고용되지만 실제로 머슴은 집안의 잡다한 일에 동원되었다. 남붕도 기본적으로 머슴이 노비와 다르지 않다는 생각을 지니고 있었을 것이다.

1920년대와 30년대는 총독부의 농업 정책이 본격적으로 시행되던 시기이다. 당대인들은 일본 정책의 수용 여부를 놓고 갈등을 불러일으킬 소지가 적지 않았다. 그러나 남붕은 일본의 정책에 대하여 그리 예민하게 반응하지 않았다. 그들의 정책에 무조건적으로 반대하지 않았으며, 일의 실효성을 따져서 수용 여부를 결정하였다.

남붕은 일본의 식민 정책에 대하여 적극적으로 반대하지는 않았다. 농무회 설립 문제[87]나 식산조합殖産組合의 활동에 대해서는 오히려 찬성하는 뜻을 보이고 있다.[88] 1924년 10월에 영덕읍의 양병두梁炳斗가 찾아와서 식산조합에 대해 이야기하자 그의 뜻이 옳다고 하면서,[89] 실업근면회사의 규장 36조항을 밤새 수정하기도 했다.[90]

1923년 6월 영해면 괴시리 관어대觀魚臺에 살던 영석永錫이 면서기가 되어 자신의 어머니 생신을 잘 차려 대접한 적이 있었다. 그는 친족 남녀노소를 모두 초청하여 점심과 술·안주를 제공했다. 그러자 남붕은 면서기로서 한 달에 받는 돈이 매우 많아서 이러한 잔치를 차릴 수 있었던 것이라고 했다.[91] 1926년 2월 저미계糯米稧 총회에 참석하고서 계원 80여 명이 아침저녁으로 저축한 쌀을 한꺼번에 합치니 3년 사이에 원금과 이자가 거의 6~7천 금에 이르렀다며, 참으로 '티끌 모아 태산'이라고 할 만하다[92]고 하였다. 그러나 1930년 4월 군청과 면청에서 구제금을 징수하려고 하자 이는 감당하기 어려운 일이라고 하였다.[93] 구제금융은 지주들이 자금을 모아 운영하는 금융 형태였다.[94]

이제 일제 식민지 농법의 수용 문제를 살펴보도록 하겠다. 총독부는 산미 증식 계획의 일환으로 비료 사용을 강요하여 수확량을 증대시키고자 하였다.

> 아침을 먹은 뒤에 아이들이 가루 비료 한 포를 봉후의 논에 뿌리다가, 반정도 뿌렸을 때 큰 비가 내려 그만두고 왔는데, 이미 뿌린 것도 논에 물이 많아서 효과가 없을 것이라고 하였다.[95]

> 아침을 먹은 뒤에 머슴 두 명이 미려 논에 심은 보리에 비료를 뿌렸는데, 어제부터 시작하였다.[96]

> 아침에 밭 손질하는 것을 살폈다. 아이들이 마른 풀 뿌리에 흰 가루 비료를 주었다.[97]

남붕은 자신의 논과 밭에 화학비료인 금비를 사용하고 있었다. 물론 두엄·재·인분 등 전통적인 방식의 비료도 사용하기는 했지만, 그래도 가장 효과가 높은 것은 가루 비료였다. 1926년 6월 아이들이 논에 가루 비료를 뿌리다가 비가 오자 그만두었다. 그러자 남붕은 이미 뿌린 것이 물에 떠내려가 효과가 없어질까 걱정했다. 즉 남붕은 화학비료인 가루 비료를 사용하는 데 저항감을 갖지 않았던 것이다.

그러나 모내기에 못줄을 사용하여 정#자 모를 내는 문제에 대해서는 이의를 제기하였다.

> 강단 논의 모내기를 다 끝내지 못하여 일꾼 세 사람을 써서 모내기를 하였

다. 앞뒤로 쓴 일꾼이 모두 20명인데, 전에 비해 7~8인이 늘어난 것은 못줄을 대면서 모내기를 하였기 때문이다. 저녁때까지도 일이 끝나지 않아 이웃 논에서 일을 마친 사람들을 불러서 일을 마치고 담배를 사주었는데, 그 값이 30전이다.[98]

이날 동네에 모내기가 처음 시작되었는데, 군청과 면사무소에서 사람을 보내 정자로 모내기를 하도록 했다. 대개 작년에 이와 같이 하였으나 소출이 줄어들었으므로 동네의 노인과 젊은이들이 면사무소에 가서 담당자를 만나 소출이 감소되어 행할 수 없다고 말하였다. 오후에 드디어 정자로 심는 새로운 법을 따르지 않고 구식으로 모내기를 하였다고 한다.[99]

봉후·유전·강단의 논 도합 7두락에 모내기를 하였는데, 일꾼 20여 명을 썼다. 대개 면사무소 사람이 채근하는 바람에 한 줄씩 모를 심었으므로 일꾼이 전보다 더 들었다. 곡식 소출도 이익이 없고 감소되었다고 하니 한탄스럽다.[100]

당시 영덕군청과 축산면사무소에서는 이앙을 할 때 못줄을 잡고 정자로 모내기할 것을 강요했다. 전통적 모내기는 모판을 만들어 모를 길러 옮겨서 심되, 이앙 방식은 그리 중시하지 않았다. 일정 간격을 갖추어 모를 심는 방식이었던 것이다. 그러나 일제강점기에 들어서는 못줄을 별도로 사용하여 줄을 맞춰 모내기하는 방식을 강요했다. 이에 남봉도 처음에는 이들의 지시에 따라 정자 모내기를 시행했던 것으로 보인다. 그러나 이 경우 양쪽으로 줄을 잡는 인원 두 명이 추가로 필요했으므로 모내기 인원이 늘어났다. 더구나 일본식 정자 모를 했더니 같은 논에서 소출이 줄어들기까지 했다. 남붕은 이러한 이유를 들어 반대하고 나섰다. 그러나 식민 당국에서는 끝내 정자 모내기 방식을 포기하지 않았고, 결국 남붕은 면사무소 직원의 채근에 따라 모를 낸 뒤 소출도 이익이 없고 감소하였다며 한탄할 뿐이었다.

남붕은 상례 중에 면서기가 와서 강제로 조의금을 걷어가는 문제에 대해서는 비판적이었다.

> 아침을 먹은 뒤에 조문객을 접대하였다. (…) 지금 조약組約이라 하는 것은 반드시 면서기가 와서 조문객의 부조금을 거두는 것이다. 대개 일이 있으면 서로 돕는 것은 애초에 예의가 아님이 없다. 그러나 저들이 의무라고 하며 와서 시행한다면 되지만, 만약 이로부터 강요하며 거두어들인다면 이는 강제로 세금을 징수하는 것과 다를 것이 없으니 심히 안 될 일이다. 접때 아우와 함께 그것이 안 되는 뜻을 극진하게 논하고 면청의 인원이 오는 것을 막았는데, 오늘 과연 이런 일이 없었다. 그러나 조문객들이 이미 전일의 소문을 들어서 외부 촌락에서 온 자가 얼마 안 되었다. 나중에 듣자니, 순사 및 서기 서너 사람이 곡위에 들어와 조문 받는 소리를 듣고 물러나갔다고 한다.[101]

위 내용은 남붕의 어머니 대상과 관련된 내용이다. 일기가 중간에 유실되어[102] 위 일기를 통해서는 어머니 상례의 구체적인 과정을 파악하기 어렵다. 특이한 것은 일제강점기에 상을 당하면 면서기와 순사가 상가에 직접 찾아와서 부조금을 거둬 갔다는 사실이다. 남붕은 이 문제에 대해서는 비교적 강한 어조로 비판하였다. 저들이 의무라고 하면서 부조금을 거둬 간다면 이는 강제로 세금을 징수하는 것과 다를 바가 없으니 있어서는 안 될 일이라고 하였다.

다음은 남붕이 납부한 세금 내역이다. 일제강점기에는 세금 납부 체제가 개편되어 조선시대와는 전혀 다른 형태를 취하고 있었다.

〈표 6〉 남붕의 세금 납부 실태

시기	납부처	내역	규모	
1923년 10월 24일	면사무소	도동재사의 세금		
1926년 11월 9일	축산면사무소	공사 세금 3세		
1926년 11월 14일	면사무소	1기 세금	17원 20전	
1927년 1월 12일		세금	16원 26전	
1927년 11월 14일	영해면사무소	1기 세금	17원 16전	
1928년 1월 22일		2기 세금	쌀 57되(89냥 6전)	
1930년 10월 25일	남초면사무소 축산면사무소	공사 세금	12원 52전	
1930년 10월 29일	면사무소	세금	15원 49전	
1933년 1월 27일	면사무소	본재 2기 세금	7원 80전	15원 86전
		양 처소의 2기 세금	5원 80전	
		별소의 2기 세금	2원 26전	

위 표는 일기에 나타난 세금 납부 실태를 정리한 것이다. 일기의 완결성이 떨어져 전체 모습을 파악하기는 어렵다. 그러나 위 사실을 통해 다음의 몇 가지 사항은 지적할 수 있다. 첫째, 면사무소에서는 세금고지서를 발급하였으며, 세금을 체납하면 벌금을 내게 하였다.[103] 세금은 1년에 2회 납부하는데 1기분(10월)과 2기분(1월)으로

나뉘어 있었다. 둘째, 남붕이 납부하는 세금의 규모는 상당히 큰 편이었다. 1927년의 1년치 세금 규모가 33원 42전으로 확인되는데, 이는 남붕 집안의 한 해 지출 규모(220원)의 6.5분의 1에 해당되는 것이다. 셋째, 세금 납부 장소는 면사무소였으며, 세금의 명목을 '공사 세금 3세'라고 하는데 이것이 구체적으로 무엇을 의미하는지는 알기 어렵다.

> 세금을 납부하려고 백미 57되를 시장에 보내니 값이 89냥 6전이었다. 2기 세금을 내기 위해서이다.[104]

> 아침을 먹은 뒤에 본 재사의 4섬 7말을 발매하고 종소에 2섬을 납부하였으니, 장차 세금을 납부하기 위해서이다.[105]

남붕은 세금을 바치기 위해 쌀을 시장에 내다 팔았다. 1928년 1월에는 백미 59말을, 그리고 1930년에는 4섬 7말을 팔았다. 남붕은 세금을 때맞추어 내기 위해 상당한 노력을 한 것으로 보인다. 납기일을 어기면 벌금을 내야 했으므로 가능한 기한에 맞추려고 한 것이다.

전통의 끝자락을 붙들고

남붕은 일제강점기를 살면서도 조선시대 사람으로 살아가고자 했다. 그는 평생 동안 문중을 재건하고 위토를 관리하고 조상을 드높이기 위해 노력했다. 광계정과 서산정, 연계회 모임에 적극 참여하고 어려운 가운데서도 퇴계의 향약을 시행하고자 했다. 즉, 남붕은 자신이 사는 시대의 현실을 직시하지 못한 채 전통의 회복을 위해 진력하였다.

남붕은 종가와 문중 일에 매우 적극적이었다. 그는 영양 남씨 송정 공파 광계공 상소의 10대 주손으로 아버지 태진과 어머니 안동 권씨 사이에서 태어났다. 당시 영양 남씨 대종의 종손은 남붕의 조카인 남병모南秉模(1880~1938, 자는 건숙建叔)가 맡았으며 소종의 책임은 남붕이 맡고 있었다. 이들은 선산의 묘사를 올리고, 각지에 흩어져 있는 위토를 관리했다. 당시 영양 남씨의 선산은 도동[106]·백동[107]·이전[108]·토점[109]·와구[110]·대동 첨무곡[111]·갈면동[112]·장등[113]·화산[114]·간화전[115]·저산[116]·아지동[117] 등지에 있으며 위토는 묘곡·와구·점사·묘장 등지에 분포하였다. 남붕은 이들 선산의 제사와 시사時祀 등에 관련된 일을 책임지고 있었다. 남붕은 친가 일뿐만 아니라 외가 쪽 일에도 관여하였다.[118] 위토에서 생산된 수확물의 정도에 따라 제수 품목을 정하는 것도 이들의 몫이었다.

영양 남씨 위토 중에는 묘곡 도평島坪에 위치한 것이 적지 않았다. 이곳은 묘곡 저수지의 수몰 지역으로 강안에 섬처럼 뜰이 형성되어 있어 섬뜰이라고 불렸다. 이 위토는 지형적 특성상 비가 오면 모래가 쓸려 내려와 수몰되어 거의 해마다 수해를 입었다. 그 상황이 심각하여 도평 위답들이 온통 냇가를 이루었다[119]고 할 정도였다. 이같이 수해를 입으면 계파 내의 족인들이 이를 거둬내는 작업을 하였다. 다음의 자료를 통해 여기에 동원된 물력의 규모를 파악할 수 있다.

정조[벼] 3말은 술값으로 들어갔다.

정조 3말은 양식 값으로 들어갔다.

처음에는 20명이 동원되어 품값은 따로 들지 않았다.

두 번째는 10명이 동원되었는데, 품꾼 6명이며 소 1마리는 품꾼 ○○이다.[120]

이 일은 남봉과 종질 건숙이 주관하였다. 1922년에는 이 일을 2회로 나눠 진행했는데, 첫 번째는 20여 명의 인원이 동원되었고, 두 번째는 6명의 인원과 소 한 마리가 동원되었다. 이 작업은 계파의 족친들이 모여서 했는데,[121] 이때 남봉을 비롯한 종질 건숙과 건오 족숙 등이 주도하면서 족인의 적극적인 참여를 독려하였다.

당시 일본은 토지조사 사업 과정에서 토지소유권 확정을 위해 전통적으로 형성된 여러 가지 권리를 빼앗고 한 마을 한 집안의 공유지였던 문중이나 계 조직에 속한 토지를 여러 명의 이름으로 올리기보다는 단독 명의로 올릴 것을 종용했다. 이에 종손이 종가나 문중 재산을 단독으로 토지조사부에 올려서 공동의 재산을 날려버리는 경우도 없지 않았다. 이는 영양 남씨의 경우도 마찬가지였다.

영양 남씨 시조의 유허지인 축산丑山[122] 좌우의 산림을 익동의 하진厦鎭 족숙 단독으로 산림대장에 올리는 바람에 이 땅이 일본인에게 넘어갈 위기에 처하였다. 즉, 하진이 일본인에게 돈을 빌려 쓰는 바람에 이를 담보로 잡은 일본인이 축산의 산림을 팔아 쓰겠다고 나선 것이다. 이에 남봉은 한 사람의 이름으로 올릴 것이 아니라 문중에서 신실한 사람 5~6인의 이름으로 올려야 한다고 주장했다.[123] 그러나 이는 문중 및 공동의 재산의 경우 단독 명의로 올리도록 한 일본의 정책과 배치되어 실효성이 없는 것이었다. 그러한 의미에서 당시 문중의 재산은 종손의 잘못으로 해체될 위기에 처한 경우가 많았다. 난고종택은 종손이 문중 재산을 담보로 돈을 빌려 쓰는 바람에 빚 독촉에 시달리는가 하면 토지가 부족하여 특단의 조치를 취하지 않을 경우 지탱하기가 어려운 상황이었다.[124] 이에 문중의 족인들이 자금을 모아 5~6천 금을 거두었다. 이 자금의 사용 문제를 두고 의견이 나뉘어 회의를 할 수밖에 없었다.[125] 건숙과 우현 씨는 거둔 돈으로 논을 사려고 했으나, 남붕은 이들과는 입장을 달리하였다.

> 애당초 나의 뜻은, 종택을 보호하고 선조를 높이고 돌보려 하였으며, 한편 제사 위토位土를 마련하여 여러 사람 명의로 지적대장에 등재하여 영구히 폐단이 없게 하고, 족친들이 낸 돈으로 토지를 사서 종택이 쓸 농토로 삼으려고 하는 것입니다. 그런데 건숙 등 여러 사람이 제사 위토를 마련하려고 하지 않고 오직 토지를 마련하려고 하면서, 마치 적국처럼 보면서 서로 교류하지 않고 마음대로 하고 있습니다. 우현 씨가 이미 그들과 같이 도모하고 있으니, 부디 잘 주선하여 선조의 제사 위토를 마련하지 않으려고 하는 것을 막아야 할 것입니다.[126]

즉, 남붕은 종가를 보호하고 선조를 드높이기 위해서는 종택이 사용할 위토를 마련하는 것이 우선되어야 한다면서 족인이 거둔 5~6천 금의 돈은 위토를 마련하는 데 쓰자고 하였다.

다음으로 주목되는 것이 정계답이다. 이는 광계정 계답으로 남상소를 기리기 위해 마련한 토지이다. 남상소는 난고 남경훈의 아들인 남길의 차남이며 남붕의 10대조이다. 현재는 남상소가 1660년 식년 진사시에 입격하였다는 사실만 확인될 뿐 그의 뚜렷한 행적은 확인되지 않는다. 언제부터인지는 모르겠으나 영양 남씨 내외손은 남상소의 호를 딴 정자를 영해면에 세우고 이를 광계정이라 불렀다. 이 계에는 영양 남씨 내외손이면 누구나 가입이 가능하였는데, 계회에 명첩과 명전을 납입하는 과정을 거쳐 구성원이 될 수 있었다. 그러므로 광계정계회에는 영양 남씨 이외에 익동의 이씨와 저산의 권씨 등도 참여하였다.[127] 당시 남붕은 광계정계의 책임을 맡아 관련 토지를 관리하는가 하면, 명전을 바탕으로 기금을 조성하여 토지를 매입하고, 구성원에게 돈을 빌려주며 식리를 취하기도 하였다.[128] 이러한 계회 모임은 광계정에 한정되지 않았다. 1925년 4월 서산의 제자들은 김흥락을 기념하는 정자인 서산정을 짓는 계회를 조직하였다.[129] 남붕도 서산 김흥락의 제자이므로 이 모임에 참여하였으며 1926년 6월 서산정이 어느 정도 형태를 갖추자 남붕이 서산정의 계전 10원 40전을 기진麒鎭 족숙에게 전해주었으며, 계원 10명의 이름을 기록하여 유사가 보관하도록 하였다.[130]

당시 남붕은 조선시대 사마시司馬試 동방同榜 후손들의 모임인 연계회蓮桂會 모임에 적극적으로 참여하였다. 사마안司馬案은 조선시대로부터 연유하는 것으로, 이는 지역별 생원·진사의 이름을 적은 명부이다. 조선시대에는 양반이 아니면 사마안에 이름을 올리는 것이 불가능했으나 1930년대에도 소과 급제자 후손이 연계회를 조직하여 운영하였다.[131] 영해 지역도 예외는 아니었다. 현재 영해 지역의 사마안을 확인할 수 없어 여기에 어떠한 성분을 갖는 인물이 등재되었는지는 알 수 없다. 기본적으로 연계회 구성원들이 사마시 입격자의 후손일 것으로 보인다. 『해주일록』은 연계회 구성원들이 어떠한 활동을 벌였는지를 구체적으로 보여주고 있다.

이서중李舒仲과 함께 교촌校村에 갔는데, 이때 연계회가 있기 때문이다. 이서중이 성묘聖廟 및 서무西廡에 들어가 배알했는데, 회재晦齋 선생의 위판이 있는 곳이기 때문이다. 저녁이 되어 집에 돌아왔다. 오늘 당원으로서 모인 자가 60~70명이다.[132]

대개 연계소蓮桂所의 토지에서 수입이 적지 않은데 매년 ○○ 비용에 다 들어가므로 영건소營建所를 따로 세우도록 노력하여 건물을 건축할 계책을 세웠고, 또한 몇 해 전에 초안을 잡아 완의完議한 조목을 아직도 시행하지 못하였으므로 중간에 모든 것을 상의하고 싶었기 때문이다.[133]

아침 뒤에 교촌으로 갔는데, 이날 연계소 모임이 있었기 때문이다. 모인 자들이 노소 합하여 백 수십 명이었고, 지출금이 240여 금이었으며, 남은 것이 5백 금이었다. 장차 우편국에 저금하였다가 건물을 지을 계획이었다.[134]

아침 뒤에 연계소 자본을 저금하는 일로 읍내에 모였으며, 박계조·이내형·공선 씨가 동석하였다. 처음에는 여러 성씨 5~6인의 공동 명의로 하려고 하였는데, 조합의 규정에 그런 규례가 없다고 하였으므로 다만 박계조 명의로 저금하고 통장은 공선 씨가 가지고 왔으니, 이는 대개 내가 있는 곳에 보관해두기 위해서였다.[135]

일제강점기 영해 지역의 연계회 모임은 매우 활발한 편이었다. 1923년 3월 참석 인원이 60~70명이고, 1925년 4월 참석 인원이 백 명을 훨씬 넘는 것으로 보아 많은 사람이 관심을 가지고 있음을 알 수 있다. 이 연계회 모임은 단순한 친목 모임이 아니었다. 이들은 일정한 비용을 모아 토지를 매입하였으며, 남은 자금은 우체국에 저축하여 후일을 대비했다. 1924년 3월 남붕은 연계회장인 송천의 권영송에게 편지를 보내 연계회에 귀속된 토지의 수입이 적지 않으니 이들의 회합 장소인 연계각을 별도로 세우는 것이 좋겠다는 뜻을 전했다. 이후 남붕은 익동에 팔려고 내놓은 정자나 서재로 쓸 만한 서너 칸 기와집이 있으니 이를 매득하여 연계소의 존재감을 드러내는 것이 어떻겠느냐고 하였다.[136] 그러나 나중에 공선 씨의 주선으로 교촌에 예닐곱 칸 기와집을 사기로 결정하였다.[137]

또한 영해에서는 조선시대 향촌 교화 목적으로 시행되던 향약이 시행되고 있었다.

교촌의 향약회에 가니 모인 사람이 10명이었다. 점심을 먹은 뒤에 회의에서 논의하여 계원 중에 죽은 사람 4명에게 1~2원의 돈으로 부의를 내기로 하였다. 그중 3명은 때가 지났으므로 추급하되, 그 제사의 제물을 마련하는 데 보태 쓰게 하였다.[138]

아침 뒤에 향약계 모임에 갔다. 갈물재葛勿齋에서 모였는데 계원의 태반이 일이 있다며 오지 않았다. 삼종제 양언養馬이 유사인데, 3~4년의 원금과 130여 금의 이자를 액수대로 받아들이지 못하여 탕감하고서 60여 금으로

회계를 마감하였다.[139]

대개 한쪽 사람들에게 (…) 퇴계 선생의 향약 책을 찾아가지고 왔으니 대개 장차 청금회의 조약 법을 만들 때 본보기를 취하기 위해서였다. (…) 향약을 한 번 보았다. 대개 퇴도 선생의 세상을 다스리는 방도가 대략 이 책에 전하고 있으니, 오늘날 도산청금회에서 마땅히 적용하여 시행해야 할 일이다. 오후에 약헌을 초록하였다.[140]

오늘 오후에 백성화가 향약계가 모여 상의할 일 때문에 와서 이야기를 나누며 한참 있다가 갔다.[141]

아침을 먹은 뒤에 향교의 향약 계회에 참석했는데, 모인 사람이 겨우 8~9명이었다. 많은 사람이 일 때문에 참석하지 못했다고 한다.[142]

아침을 먹은 뒤에 태화루에 가서 향약회에 참석하였다.[143]

저녁에 순원舜元 족조가 내방하여 이야기를 나누고, 또한 향약계의 모임에 대해 의논하였는데, 올해는 정지해야 하나 다만 권후경의 집에서 문서를 수정한다는 뜻을 산남의 이세경 등 여러 사람에게 통지해야 한다고 하였다. 대개 권후경이 임사任司인데 상중에 있고 그 나머지 이곳 계원 중에는 모임에 참석할 이가 드물기 때문이다.[144]

대개 향약계의 재정과 저축 때문에 몇 년 전부터 일단 모임을 정지하기로

계획하고, 이 족조로 하여금 어제 산남의 계원들과 의논하게 했기 때문이다.[145]

당시 영해 지역의 향약회는 명맥만 유지되고 있었다. 향약회에 대한 책임은 권후경이 맡고 있었는데, 참석 인원이 10명을 넘지 못했다. 연계회 참석 인원이 60명에서 백 수십 명에 달한 것과 비교하면 향약회의 참여도는 매우 저조한 편이다. 모임이 있을 때에도 구성원의 절반가량이 이러저러한 핑계를 대고 참석하지 않았다. 이러한 문제는 향약 주도층에서도 익히 알고 있었으며, 그리하여 1932년 7월에는 향약계의 재정과 저축 문제를 거론하며 모임을 정지하기로 했다. 이들의 모임 장소는 교촌·갈물재·태화루 등으로 필요에 따라 정하여 사용하였다. 남붕은 향약회 활동이 상당히 저조하여 참석 인원이 줄어들고 있는데도 이를 문제삼지 않았다. 그는 퇴계 선생의 향약 책을 찾아 약헌을 베껴 쓰면서 퇴도 선생의 세상을 다스리는 방도가 대략 이 책에 전하고 있으니, 도산청금회에서 마땅히 적용하여 시행할 것이라고 했다.

이상에서와 같이 남붕이 종가를 복원하여 선조를 드높이고 광계정과 연계소의 기금을 운용하여 조상의 음덕을 기리고자 했던 것은 전통의 복원을 통해 난국을 극복하고자 하는 의지가 드러난 것으로 보인다.

나오며

지금까지 남붕의 『해주일록』을 자료로 일제강점기 경상도 영덕 소재 유학자의 경제생활 실태를 파악하고 그가 어떠한 관념을 지니고 있었는지를 살펴보았다. 남붕은 열강의 침략과 서구 문물 수용이 본격화되던 시기에 평생 구학을 지키기 위해 노력한 인물로 평가되는데, 그의 경제생활도 이러한 점에서 맥을 같이한다. 그는 일본의 경제 구조가 성립된 상황에서 전통의 끝자락을 붙들고 조선적인 관념하에 그곳으로의 회귀를 꿈꾸었다. 그는 퇴계의 적통임을 자부하면서 유교를 종교와 같이 엄격하게 실천할 뿐만 아니라 자신의 학문을 제자들에게 전수한 지식인이었다. 그는 무너진 종가를 세우고 흩어진 조상의 땅을 되찾기 위한 노력을 쉬지 않았다. 그가 관리하던 60마지기의 토지 가운데 절반가량이 제위전과 계답이라는 사실이 이를 보여준다. 과거제가 폐지되어 학문을 통한 관직 진출이 단절된 상황에서 학문과 농사를 병행하는 것이 쉽지는 않았다. 농사짓는 것은 결국 집안을 나스리는 것이며, 집안을 다스린 뒤에 나라를 다스릴 수 있다고 생각했다. 그는 농사를 지으며 분수에 맞게 살아가는 것이 마음이 편하다고 하면서도 평생 농사에 진력하지 못해 재산을 확대하지는 못했다.

남붕은 30여 마지기 토지에 1년에 220원 정도를 지출할 수 있는, 그저 밥이나 먹고 살 정도의 살림 규모를 가지고 있었다. 그는 몇 차례 토지를 거래하기는 했지만 여기에 재산 증식 의도가 내포된 경우는 없었다. 다만 동생 때문에 다른 사람에게 넘어가게 된 미려 밭 5마지기를 되찾기 위해 진력하는데, 이는 조상 전래의 땅이 다른 사람에게 넘어

가는 것을 불효라고 여겼던 '조선시대적' 발상이었다. 그러나 남붕도 쌀 재배를 위해 밭을 논으로 만드는 번답에 힘썼으며, 논에서 보리와 벼를 이모작으로 재배해 수확량을 증대시키기도 했다.

남붕은 토지를 손자에게 관리하도록 했는데, 이는 아들 원모가 30세에 죽었기 때문이다. 손자는 할아버지를 대신해서 농사를 주관했지만, 실질적인 일은 머슴의 고용을 통해 해결했다. 이들 머슴은 노비제가 해체된 구조에서 노비를 대체할 인력이었다. 머슴은 주인의 손발이 되어 농사뿐만 아니라 집안의 잡다한 일에 동원되었다.

남붕이 살던 시기는 일제의 침략이 노골화되던 때로 토지조사 사업이 끝나고 본격적인 산미 증식 계획이 진행되던 시기였다. 남붕은 일제의 농업 정책을 그대로 수용하였다. 농무회 설립 문제나 식산조합 활동에 대해서는 온정적이었고, 화학비료인 가루 비료를 농사에 사용하여 토지의 생산성을 높이고자 했다. 그러나 일본 당국이 정자로 이앙할 것을 권하자 이에 대해서는 인원이 많이 드는데도 소출은 줄었다는 이유를 들어 불만을 토로했다. 일본의 정책을 수용하는 나름의 원칙이 있었던 것이다.

남붕은 기본적으로 일제강점기를 살면서도 조선시대 사람처럼 살아가고자 했다. 그는 평생 동안 문중을 재건하고 위토를 관리하고 조상을 드높이기 위한 노력을 그치지 않았다. 광계정·서산정·연계회 등의 모임에 적극 참여하고 향촌에서는 퇴계의 향약을 시행하고자 노력했다. 그러나 남붕의 노력에도 향약 참여 인원은 지속적으로 줄어들어 1932년에는 더이상 유지하기가 어려운 상황이었다. 즉, 남붕은 현실을 정확하게 직시하지 못하고 전통의 회복에 매달렸던 것이다.

남붕의 노력은 전통의 복원을 통해 난국을 극복하고자 하는 의지의 발로라고 볼 수 있다. 일제강점기라는 엄혹한 시기에 원구리에 근거를 둔 뿌리 깊은 양반이 일본의 정책에 대해 별다른 저항 없이 대체로 수용하고자 한 점은 비판 받을 여지가 있다. 남붕에게 일정한 역할을 기대하려는 사람들로서는 실망스러운 측면도 없지 않다. 그러나 크게 보면, 전통을 회복하고자 했으므로 일본의 정책에 일일이 저항할 필요성을 느끼지 못했을 수도 있다. 구학을 지향한 영남의 보수 유학자 남붕이 지향한 바가 근대와 거리가 멀고 현실적이지 않다고 하여 저버리지 말고, 그의 진지한 삶의 태도를 알맞은 곳에 자리매김해야 할 것이다.

참고문헌

[저서]

국사편찬위원회,『해주일록』, 한국사료총서 57, 2015.

김희곤 외,『영덕의 독립운동사』영덕군, 2003

목영해,『어린 시절 사진을 보며:목영해 시집』문음사, 2004

영남대학교 민족문화연구소,『동해안지역 반촌의 사회구조와 문화』, 경인문화사, 2008.

영덕군지 편찬위원회,『영덕군지盈德郡誌』상·하, 영덕군, 2002.

안동대학교 대학원 민속학과 BK21 사업팀,『셋이면서 하나인 원구마을』, 민속원, 2007.

이창기,『영해지역의 반촌과 어촌』, 경인문화사, 2015.

이창기, 경북대학교 영남문화연구원,『영덕 난고 남경훈 종가』, 경북대학교출판부, 2018.

澤田卯之助,『朝鮮農業寶鑑』1936.

[논문]

김범,「해제」,『해주일록』(한국사료총서 57), 국사편찬위원회, 2015.

김도형,「권업모범장의 식민지 농업재배」,『한국근현대사연구』3, 1995.

김홍영,「해주 남붕의 퇴계시 주해와 그 의의:『운도정음주해』의 해제를 겸하여」,『한문

　　학연구』17, 계명한문학회, 2003.

김종석,「20세기 유학자 남붕의 구학, 그 구조와 전개」,『국학연구』40, 2019.

김건태,「19세기 어느 성리학자의 가작과 그 지향: 김홍락가 사례」,『한국문화』55,

　　2011.

김희태, 「『정강일기定岡日記』: 일제 말~광복 직후 장흥 유생의 일기」, 『지방사와 지방

　　　문화』 1, 1998.

김영희, 「일제 말기 향촌 유생의 일기에 반영된 현실 인식과 사회상」, 『한국근현대사

　　　연구』 14, 2000.

김영희, 「일제 후반기 향촌 지식인의 현실 인식의 변화의 체제 저항과 타협 사이의 다면

　　　성 읽기」, 『한국사연구』 117, 2002.

손경희, 「1920~30년대 해주 남붕의 질병 인식과 치료 방법」, 『국학연구』 41, 2020.

송양섭, 「1888년 영해부 호구 분쟁에 나타난 호정戶政 운영의 일단」, 『조선시대사학보』

　　　82, 2017.

안경식, 「남붕의 일기를 통해 본 1920년대 영덕 지역의 신구 교육 갈등」 『국학연구』 41,

　　　2020.

우인수, 「영덕 지역 무안 박씨 가학의 전승과 양상」, 『국학연구』 36, 2018.

윤희면, 「1930년대 전라도 남원 『사마안司馬案』 편찬에 비춰진 신분 의식」, 『한국근현

　　　대사연구』 50, 2009.

이송순, 「일제하 1930・40년대 농가 경제의 추이와 농민 생활」, 『역사문제연구』 8,

　　　2002.

이송순, 「1920~1930년대 전반기 식민지 조선의 농가 경제 분석」, 『사학연구』 119,

　　　2015.

이성임, 「『해주일록』을 통해 본 영덕의 유학자 남붕의 농사 관리 방식」, 『국학연구』 41,

　　　2020.

이영학, 「1910년대 조선총독부의 농업 정책」, 『한국학연구』 36, 인하대 한국학연구소,

　　　2015.

이영학, 「1920년대 조선총독부의 농업정책」 『민족문화연구』 69, 부산대 한국문화연구

소, 2018.

이은영, 『해주소언』, 『문집해제』 25, 한국국학진흥원, 2017.

이창기, 「삼성三姓 종족 마을의 혼인연대: 영해 원구리의 사례」, 『사회와 역사』 71, 2006.

이창기, 「영해 원구리 영양 남씨의 문중 조직과 종족 활동」, 『민족문화논총』 49, 2011.

이창기, 「영해 도곡리 무안 박씨의 문중 조직과 종족 활동」, 『민족문화논총』 57, 2014.

장시원, 「산미 증식 계획과 농업 구조의 변화」, 『한국사 13: 식민지기 사회경제 1』, 한길사, 1994.

정병욱, 「1931~1937년 조선식산은행朝鮮殖産銀行의 산업금융 활동」, 『해사논문집』 36, 1993.

조정현, 「해주 남붕의 일기 자료를 통해 본 일제강점기 유교 지식인의 시대 인식과 현실 대응」, 『국학연구』 40, 2019.

1 남붕의 생애에 대해서는 김종석의 논문에 밝혀져 있다(「20세기 유학자 남붕의 구학, 그 전
  개와 좌절」, 『국학연구』 40, 2019, 287~293쪽).

2 김범, 「해제」, 『해주일록』(한국사료총서 57), 국사편찬위원회, 2015.

3 구학이란 유교 개혁을 지지하던 식자층과 일부 개혁유림들이 성리학을 비롯한 전통 학문을
  지칭하던 말로서 근대 학문인 신학과 대비해 사용했던 용어이다.

4 김홍영金洪永, 「해주 남붕의 퇴계시 주해와 그 의의: 『운도정음주해』의 해제를 겸하여」, 『한
  문학연구』 17, 계명한문학회, 2003.

5 김종석, 앞의 논문.

6 조정현, 「해주 남붕의 일기 자료를 통해 본 일제강점기 유교 지식인의 시대 인식과 현실 대
  응」, 『국학연구』 40, 2019.

7 이성임, 『해주일록』을 통해 본 영덕의 유학자 남붕의 농사 관리 방식」, 『국학연구』 41, 2020.

8 안경식, 「남붕의 일기를 통해 본 1920년대 영덕 지역 신구 교육 갈등」, 『국학연구』 41, 2020.

9 손경희, 「1920~1930년대 해주 남붕의 질병 인식과 치료 방법」, 『국학연구』 41, 2020.

10 『해주일록』, 1930년 6월 5일, "朝後有所考事, 檢視日錄, 盖始於丙戌而及今四十餘年, 而往事
   如歷歷如前日, 記錄之有助於考據如此也."

11 남붕은 자신의 가족 가운데 어머니는 거의 매일 기재했지만, 부인은 거의 기재하지 않았다.
   부인과 관련된 내용은 단 1회에 불과하다. "처가 밤에 화가 나서 예의를 잃었으니 경계할 만
   하다"라는 언급이다.(『해주일록』, 1929년 11월 26일, "夜, 有妻怒失節事,可戒.")

12 『해주일록』, 1932년 7월 30일, "且或好事者, 一爲抄出, 而與丙戌以後二十二年日錄, 選合爲全
   帙, 則庶或知余一生苦心所在, 而悲其無所成於斯世也."

13 朝鮮總督府, 『朝鮮の聚落(後篇)』, 1935, 825쪽.

14 우인수, 「영덕 지역 무안 박씨 가학의 전승과 양상」, 『국학연구』 36, 2018.

15 이창기, 앞의 논문, 531쪽. 이러한 이야기는 『해주일록』 공동연구팀이 2019년 9월 난고 종가
   를 방문했을 당시 종손으로부터 들은 바 있다. 이 이야기는 문중에서 구전으로 전해 내려온
   것으로 보인다.

16 진밭은 니전泥田이라고 하는데, 이는 밭이 질어 진흙 밭이라고 한 것으로 보인다.

17 이창기의 연구에 따르면 70여 마지기의 진밭소가 일제강점기에 소실되었다고 하는데(이창
   기, 앞의 논문, 531쪽), 『해주일록』에 의하면 이 지역은 일기가 끝나는 1933년까지 남아 있
   었다. 만일 소실되었다면 1933년 이후의 일일 것이다.

18 김현아, 「여성의 사회 조직과 생활 영역」, 『셋이면서 하나인 원구마을』, 안동대학교 대학원
   민속학교 BK21 사업팀, 2007, 76~77쪽.

19 권효상은 후에 남붕의 고제로 문집 간행을 주도하기도 했다. 문하생 남귀락南龜洛의 발문에
   의하면 권효상이 책 상자에서 일부를 정리해서 베껴 쓴 뒤, 10책으로 되어 있던 것을 간행해
   후세에 전하고자 하는 친손자 남희원과 외손자 박성봉의 부탁에 따라 발문을 지었다고 한다
   (『해주소언』, 발문, 1980).

20 『해주소언』권16(잡저), 「固窮勉學說贈權甥孝相」(1929).

21 당시는 신분제가 해체된 지 오래되었지만 당시 원구리에는 여전히 양반과 상인常人[상놈]이라는 신분의식이 남아 있었다. 1924년 2월 마을회의를 할 때 양반과 상인이 시끄럽게 다툴 단초가 있었는데, 마을 안 젊은이 몇 사람이 극력 방비하여 이러한 악습을 징계하였다는 사실을 기록하였다(『해주일록』, 1924년 2월 26일, "午後, 參洞會時, 有班常紛爭之端, 而洞中年少諸人, 極力防備, 旣懲其惡習. 又設農務會而寓約法於其中, 以爲維持一洞之計, 甚美事也. 是日爲摠會, 而請洞中年高諸人, 故余亦往赴贊成焉."). 1927년 10월 초순 백동의 부모님 산소를 돌보고 돌아오는 길에 상인이 산위에서 장사 지내는 것을 보고 조문을 한 뒤 양반과 상인이 신분이 다르지만 어쩔 수 없는 형세였다고 하고 있다(『해주소언』, 1927년 10월 3일).

22 『해주일록』은 1922년에서 1933년까지의 기록이 남아 있는데, 당시 남붕의 나이는 53~64세이다.

23 『해주소언』, 1925년 윤4월 16일, "夕有治圃之役, 盖君逸臣勞, 養生之要訣, 而儒者勞身莫如治圃, 故讀書之暇, 或以從事焉."

24 『해주소언』, 1927년 8월 24일.

25 『해주일록』, 1929년 9월 22일.

26 『해주일록』, 1932년 10월 13일.

27 『해주일록』, 1932년 10월 11일.

28 『해주소언』권4, 「답종제양숙答從弟養淑」.

29 『해주소언』, 1926년 1월 26일.

30 남붕의 5세손 남경준 씨에 따르면 집안에 전해 오던 문서 궤짝 하나를 도난당했다고 한다.

31 묘곡은 본래 영해부에 딸린 묘곡 부곡으로 조선시대 묘곡면이 되었다가, 1914년 행정구역 통폐합에 따라 백일동과 원상동 일부를 합하여 묘곡동이라 하였다(영덕군, 『영덕군지』하, 2002, 677쪽).

32 남상소의 자는 유보幼輔, 호는 광계光溪, 본관은 영양이다. 난고 남경훈의 아들인 남길南佶의 차남이며 남붕의 10대조이다. 남상소는 1660년 식년 진사시에 입격하였으며, 문집으로 『광계유고光溪遺稿』가 남아 있다는 사실 이외에 별다른 행적은 확인되고 있지 않다.

33 김흥락의 경우 1808년에 240여 마지기, 1850년에 480여 마지기, 1889년 501마지기를 소유한 것으로 확인된다(김건태, 「19세기 어느 성리학자의 가작家作과 그 지향: 김흥락가 사례」, 『한국문화』55, 2011, 126~127쪽).

34 김희태, 「『정강일기』: 일제 말~광복 직후 장흥 유생의 일기」, 『지방사와 지방문화』1, 1998. 김영희, 「일제 말기 향촌 유생의 일기에 반영된 현실 인식과 사회상」, 『한국근현대사연구』14, 2000, 99쪽.

35 김영희, 「일제 후반기 향촌 지식인의 현실 인식의 변화」, 『한국사연구』117, 2002, 160쪽.

36 『해주소언』, 1927년 12월 30일, "使孫兒會計一年用下 金錢文簿合二百二十餘圓也 此無入處 用之 故其償金 亦如之."

37 일제강점기에는 조선의 화폐인 냥과 일본식 화폐 원이 함께 사용되었다. 이러한 모습은 일기 전체에서 확인되고 있다. 당시 화폐의 가치는 1원이 100전이었다. 또한 1원은 조선 화폐 5냥으로 환산된 것으로 보인다.

38 『해주일록』, 1929년 8월 12일; 8월 16일; 8월 17일.

39 『해주소언』, 1926년 3월 7일, "以亭契條三百圓 退買舍弟畓五斗落 先給八百兩".

40 『해주소언』1928년 2월 7일, "午後往邑 以三百圓金 報舍弟償金于金順澤 餘存尙三百三十五

圓也".

41 『해주소언』, 1928년 2월 10일, "朝後代書人鄭柱滿書來 有尾閭舍弟田賣渡登記文字 於是而土
地始得移轉於我 然債金六百三十五圓內 未報條三百三十五圓 尙未報賞 而日夜息利 是可憂
也".

42 『해주소언』, 1928년 윤2월 7일, "盖舍弟債金六百四十五圓 於是而磨勘 而並前退賭價三百 則
合九百四十五圓 移轉費十圓合五十五圓 舍弟畓五斗落 爲自家名下物也 以時價論則太高 而
以實地言 則似爲食根也".

43 『해주소언』, 1928년 윤2월 14일, "往郵局覓先亭契錢三十二圓 而以二十五圓十八錢 報邑人債
金本利畢 盖舍弟債金未了者也 於是而舍弟債金條所報 凡三千二百二十五兩九錢五分 盡爲磨
勘 而尾閭畓五斗價 實滿四千七百二十五兩九錢五分也 移轉費又五十兩也".

44 김순택은 돈을 빌려주고 고리를 취하던 일종의 사채업자로 보인다. 남붕도 김순택에게 여
러 차례 돈을 빌려 사용하고 있었다 (『해주일록』, 1928년 5월 9일; 8월 14일; 1929년 6월 27
일).

45 『해주소언』, 1928년 2월 5일.

46 『해주일록』, 1930년 7월 29일.

47 『해주일록』, 1933년 3월 27일.

48 『해주일록』, 1933년 5월 20일조.

49 사초과의 여러해살이 풀이다. 자리를 만드는 재료로 사용한 것으로 보인다.

50 마른 논에 볍씨를 뿌리는 파종법으로, 벼를 밭곡식처럼 기르다가 비가 오면 물을 대주는 방
식이다.

51 지주가 도조賭租를 결정하기 위해 추수하기 전 실지로 가서 농작물의 풍흉을 살펴보는 일이
다. 이를 두지정·집조라고도 하는데 주로 경상도와 전라도에서 많이 행해졌다.

52 이곳은 외선조 박도사朴都事의 묘위답인데, 남붕이 유사를 맡고 있어 백남신 형과 같이 가
서 간평하였다(『해주일록』, 1922년 8월 19일).

53 남붕이 농사일에 품꾼을 사는 경우는 매우 많았는데, 그중 일부를 예시하면 다음과 같다.
1923년 5월 8일 묘곡 모내기에 20명이, 1926년 6월 20일 옥금·봉후·강단·유전 등지의 김
매기에 20명이 동원되었다. 이들에게는 일반적으로 1인당 30전을 품삯으로 지급하였다(『해
주일록』, 1923년 5월 8일; 1926년 6월 20일).

54 『해주일록』, 1923년 5월 8일.

55 『해주일록』, 1926년 3월 1일.

56 『해주일록』, 1926년 5월 1일.

57 『해주일록』, 1923년 5월 2일.

58 『해주일록』, 1932년 5월 29일.

59 『해주일록』, 1926년 9월 23일, "夕 欲出野看揷役 變田作畓之形止 天欲雨 故未果".

60 『해주일록』, 1926년 9월 25일, "朝後 出尾閭坪 看鉏役 盖以田五斗落作畓計也".

61 『해주일록』, 1926년 9월 26일, "朝後 出看鉏役于野 午後又出看鉏役".

62 『해주일록』, 1926년 9월 27일, "是日 又鉏 朝後暫出 自是掇役 三日所入役夫 三十九名也".

63 『해주소언』, 1927년 8월 15일.

64 『해주소언』, 1927년 9월 27일.

65 『해주일록』, 1932년 9월 29일.

66 『해주일록』, 1933년 8월 23일.

67 당시에는 벼 1섬이 12원에서 13원 34전 정도에 거래되고 있었다(『해주일록』, 1924년 2월 27일; 『해주소언』, 1927년 7월 22일).

68 『해주소언』, 1926년 2월 16일; 6월 21일.

69 『해주소언』, 1928년 5월 5일.

70 『해주소언』, 1928년 6월 14일.

71 『해주일록』, 1924년 3월 23일.

72 『해주일록』, 1930년 2월 29일.

73 『해주소언』, 1928년 12월 21일, "朝後賣租六石 價六十円六十戔也 而其四石 雇兒私耕租也".

74 『해주소언』, 1928년 12월 28일, "正租四石 私耕條價二百二兩 農布價十六兩 又二兩 合二百二十兩".

75 『해주일록』, 1924년 4월 27일, "以二円金付舍弟 買來雇僮春服之資".

76 『해주소언』, 1926년 4월 7일, "以三圓五拾錢付市 盖雇兒處春服資及饌物及雜用故也".

77 『해주일록』, 1930년 4월 28일, "買廣木十五尺及洋紗八尺 價二円九十錢也 布則二雇兒春服也 紗則余夏服鶴氅衣資也".

78 『해주소언』, 1927년 12월 30일, "使孫兒會計一年用下 金錢文簿合二百二十餘圓也 此無入處用之 故其債金 亦如之".

79 『해주소언』, 1927년 8월 26일; 8월 28일.

80 『해주일록』, 1930년 9월 2일.

81 『해주소언』, 1929년 1월 7일, "雇兒出 以私耕不滿於心故也 然入於冬內 而虛度名節六七日 今於作事之際 發私耕不足之言而要脅之者 其意不良 故任其出去".

82 『해주소언』, 1928년 4월 23일.

83 『해주소언』, 1926년 12월 7일; 12월 11일.

84 『해주일록』, 1924년 1월 27일.

85 『해주일록』, 1930년 9월 18일.

86 『해주소언』, 1928년 4월 23일.

87 『해주일록』, 1924년 2월 26일.

88 『해주소언』, 1926년 10월 2일.

89 『해주일록』, 1924년 10월 2일.

90 『해주일록』, 1924년 10월 3일.

91 『해주일록』, 1923년 6월 12일.

92 『해주소언』, 1926년 2월 1일.

93 『해주일록』, 1930년 4월 23일.

94 정병욱, 「1931~1937년 조선식산은행의 산업금융 활동」, 『해사논문집』 36, 1993.

95 『해주일록』, 1926년 6월 23일, "朝後 兒曹播粉肥料一包于峰後畓 纔半大雨撥來 已播者亦以畓水多 故無効云也".

96 『해주일록』, 1930년 3월 5일, "朝後 雇兒二人播肥料于尾閭畓麥 自前日爲始".

97 『해주일록』, 1932년 6월 13일, "朝 檢視治圃 兒曹錫白末肥料于枯草根也".

98 『해주소언』, 1925년 윤4월 24일, "江畓移秧未畢者 又雇三人以移之 前後用人凡二十人 比舊加入七八人者 以繩索作間移秧之故也 至夕猶有餘業 故借隣畓畢役之人以畢之 買南草以謝之 其價三十戔也".

99 『해주소언』, 1926년 5월 8일, "是日洞內移秧始開 而郡面廳送人 敎井字移秧 盖往年如此 而穀

數減損 故洞人老少往見面廳任員 言其損穀不可行 午後遂不從井字新法 而依舊式移秧云".

100 『해주소언』, 1926년 5월 11일, "峰後畓·柳田畓及江端合七斗落移秧 而用人夫二十餘人 盖爲面廳人所壓迫 以一字行植苗 故用人比前加入 穀數亦無益有減云 可歎".

101 『해주일록』, 1933년 1월 28일.

102 일기는 1930년 12월 29일에 끝이 나고, 1932년 4월 25일부터 다시 시작된다. 그러므로 어머니가 돌아가실 때의 기록은 남아 있지 않다. 다만 1933년 1월 29일에 대상을 지내고 탈상한 사실로 미루어 어머니는 1931년 1월 29일에 사망한 것으로 보인다.

103 『해주일록』, 1930년 2월 19일.

104 『해주소언』, 1928년 1월 22일.

105 『해주일록』, 1930년 10월 14일.

106 도동은 영덕군 영덕읍 화천리에 위치하는데 남붕의 10대조 남상소南尙召, 6대조 남경룡南景龍, 증조부 남정환南鼎煥, 조부 남교영南教英 등의 묘소가 있는 곳이다.

107 백일동에는 부모님 묘소와 조부의 묘소가 위치한다.

108 니전에는 부장 선조 고비의 묘소, 판관 선조 고비의 묘소, 난고 남경훈과 그 부인의 묘소, 한계 선조 고비의 묘소가 위치한다.

109 토점에는 5대조비와 7대조 묘소가 위치한다.

110 와구에는 7대조비의 묘소가 위치한다.

111 대동에는 6대조비 숙부인, 5대조비, 숙모 김유인金孺人의 묘소가 위치한다.

112 갈면동에는 생가 조모의 묘소가 위치한다.

113 장등에는 증조모와 8대조의 묘소가 위치한다.

114 화전에는 감찰 선조의 묘소가 위치한다.

115 간화전에 안분당安分堂 선조, 전적 선조, 고조부, 고조비의 묘소가 위치한다. 안분당은 남경훈의 아들 남길南佶로 난고종택을 지었다.

116 저산에는 9대조 할머니 숙인 권씨 및 8대조비 김씨의 묘소가 위치한다.

117 아지동에는 9대조와 9대조비의 묘소가 위치한다.

118 남붕은 외선조인 도사 박종문朴宗文 제전에 대한 유사도 담당하였다(『해주일록』, 1922년 8월 19일).

119 『해주소언』, 1925년 7월 21일.

120 『해주일록』 2책, 「도평개답하기島坪開畓下記」

121 『해주일록』, 1922년 윤5월 19일.

122 영덕 축산면의 마을 이름이다. 지형이 소가 누워 있는 형국이어서 붙은 이름이다. 경덕왕 14년(755) 당나라 현종 연간에 김충金忠이라는 안렴사가 일본 사신으로 다녀오던 도중 풍랑을 만나 구사일생으로 이곳 축산에 표착한 다음 신라에 살기로 청원하자 경덕왕이 남쪽에서 왔다 하여 남씨로 사성하고 시호를 영의英毅라 내리고 식읍을 영양英陽으로 정하여 남씨 시조가 되었다고 한다.

123 『해주소언』, 1925년 5월 15일.

124 『해주소언』, 1925년 7월 14일.

125 『해주소언』, 1925년 7월 14일; 1926년 2월 11일.

126 『해주소언』, 1926년 2월 11일.

127 『해주소언』, 1928년 3월 18일.

128 『해주일록』, 1923년 8월 18일; 9월 12일.

129 『해주소언』, 1925년 4월 8일; 4월 29일.

130 『해주일록』, 1926년 6월 12일; 9월 22일.

131 1930년대 전라도 남원에서도 『사마안』을 만들어 운영한 사실이 확인된다(윤희면, 「1930년대 전라도 남원 『사마안』 편찬에 비춰진 신분 의식」, 『한국근현대사연구』 50, 2009).

132 『해주일록』, 1923년 3월 23일.

133 『해주일록』, 1924년 3월 10일.

134 『해주소언』, 1925년 4월 13일.

135 『해주소언』, 1925년 윤4월 2일.

136 『해주소언』, 1926년 3월 10일; 3월 20일.

137 『해주소언』, 1926년 4월 7일.

138 『해주소언』, 1927년 7월 16일.

139 『해주소언』, 1925년 4월 28일.

140 『해주소언』, 1926년 10월 15일.

141 『해주일록』, 1929년 7월 19일.

142 『해주일록』, 1929년 7월 22일.

143 『해주일록』, 1930년 8월 22일.

144 『해주일록』, 1932년 7월 11일.

145 『해주일록』, 1932년 7월 17일.

6장

일제시기 향촌사회의
질병과 치료:
『해주일록』을 중심으로

손경희

48년간 일기를 쓰다

　일기는 개인적인 기록이다. 그러나 특정 지역이나 시기에 대한 기록물이 매우 부족할 경우 일기라는 사적인 기록이 한 지역사회를 복원하거나 설명하는 데 큰 도움을 준다. 남봉의 일기인 『해주일록』이 그러하다. 남봉은 7~8세에 할아버지로부터 공부를 배우기 시작했고, 17세가 되던 해부터 일기를 쓰기 시작하여 48년 동안 하루도 빠뜨리지 않았다. 남봉은 매우 치밀하게 일기를 작성하고 보관하였다. 그러나 현재는 아쉽게도 1922~1933년 일기만 남아 있다.

　『해주일록』 속에는 일제강점기인 1920~1930년대 초반 향촌 사회의 다양한 모습이 담겨 있다. 공부와 더불어 가장 그를 집중하게 만든 일은 자신을 포함한 주변 인물들의 질병 문제였다. 이 시기는 근대 의학이 자유롭게 사람들에게 도달되는 때가 아니었고, 일제의 근대 의료 시스템만이 지역민에게 다가가고 있는 상태였다. 특히 남봉이 살았던 경북 영덕군은 그나마도 궁벽한 곳으로 근대적 의료기관 설립이 매우 늦은 지역이었다.

당시 의료는 일제가 조선인을 구체적으로 지배할 수 있는 가장 강력한 방편 가운데 하나였다. 일제는 안정적인 식민 지배를 위해 조선에 근대 의료 시스템을 도입·추진하였다. 일제는 근대 의료를 시혜로 강조하며 식민 지배의 강압성을 희석시키고 조선인 각 개인에 대한 통제 및 개입의 수단으로 삼았다. 이를 위해 일제는 초기부터 조선의 의료 민속을 조사하면서 조선인들에게 위생 관념의 개선을 요구하였다. 일제가 시행한 의료 민속 조사는 조선인들의 근대 의료 접근성을 높이려는 것이 아니라 식민 지배의 명분과 정당성을 높이는 데 목적이 있었다.

일제 강점 초기 조선인들은 경제적 문제와 근대 의료기관 부족으로 대부분 민간 치료에 의존하던 실정이었다. 지방의 경우 의료 공백이 더 컸다. 이 시기 중앙이 아닌 지방의 의료 실태를 확인할 수 있는 자료가 지극히 부족한데, 이때 남붕의『해주일록』은 매우 의미가 크다.

『해주일록』에는 1920~30년대 초반 경북 영덕군의 다양한 모습이 기록되어 있다. 남붕은 자신의 공부, 독서, 경제생활, 농업 경영, 향촌 사회 운영, 교유 관계, 질병과 치료 등 여러 사안에 대해 자세하게 기록하였다. 질병은 사람의 삶과 죽음을 결정하는 주요 요인이다. 남붕은 때로는 담담하게, 때로는 정신적인 여유 없이 질병을 맞닥뜨리고 이겨냈다. 본고에서는 영덕군의 의료 실태, 남붕과 그 주변 인물들의 질병 및 치료를『해주일록』을 중심으로 살펴보고자 한다.

그동안 이러한 연구는 조선 시기에 집중되어 있었다. 16세기 일기인 『미암일기』『묵재일기』등을 통한 질병 및 치료에 관한 연구가 이루어졌고, 17~18세기 일기인 『계암일록』 『도재일기』 『역중일기』 등을 통해서도 부분적으로 연구가 진행되었다. 이러한 연구 덕분에 개인적 자료인 일기가 조선의 의료 정책, 질병과 치료 방법, 한의학 자료 발굴이라는 측면에서 의미가 컸다는 것도 밝혀졌다. 그러나 일제강점기 연구는 별로 이루어지지 못했는데, 발굴된 자료가 부족했기 때문이다. 의생 김광진이 작성한 환자 치료 기록인 『치안治案』과 자신의 황달 투병기인 『치달일기治疸日記』를 통한 연구가 있을 뿐이다. 이 연구에는 황달 이외 다른 질병과 치료에 대한 내용은 거의 없었다. 본고의 『해주일록』은 일제강점기 질병과 치료 연구에 대한 새로운 자료 소개라는 측면에서 상당한 의미가 있다.

본고에서는 우선 『해주일록』을 통해 영덕군의 자연재해 및 질병 실태를 확인한다. 다음으로 남붕이 앓았던 질병과 그 치료 내역을 확인하고자 한다. 그다음으로는 남붕의 주변 인물들이 앓았던 질병과 그 치료에 대해 살펴볼 것이다.

가뭄이 자주 발생하다

남붕은 1870년(고종 7) 12월 경북 영덕군 영해면 원구리에서 태어났다. 남붕은 영남 지방 퇴계학파의 적전嫡傳이라 할 수 있는 서산 김흥락의 문인으로 유집으로는 『해주소언』과 『해주일록』이 있다. 『해주일록』은 남붕의 일기로 그는 자신의 일기에 대해 상당한 자부심을 가지고 있었다. 그 스스로 "병술년(1886)에 시작하여 지금까지 40여 년인데 지난 일이 마치 어제처럼 역력하니, 기록을 살피고 증거로 삼는 데 도움되는 것이 이와 같다"며 그 상세함을 자랑했다.

일제강점기 영덕군은 근대 의료 시스템이 늦게 도입된 곳 가운데 하나로, 당시 의료 사정의 일면을 『해주일록』을 통해 파악할 수 있다. 남붕이 살았던 영덕군은 동해안의 북단에 위치했다. 동은 동해, 서는 영양·청송, 남은 영일군, 북은 강원도 울진군에 접해 있어 서울과는 상당히 멀었다.

영덕군은 예로부터 장수의 고을로 이름이 나 있었다. 조선 중기 실학자 지봉 이수광의 『지봉유설芝峰類說』 권17의 「인사부人事部」 수요壽夭 편에 의하면 "강릉·안변·영덕·이천 지역은 오래 사는 사람이 많아 장수의 고을로 불린다[江陵安邊盈德伊川人亦多壽號爲壽鄕]"라고 하였다. 남붕의 어머니 안동 권씨 역시 82세까지 장수한 인물이다. 하지만 조선 시기 영덕군에는 영해부 10명, 영덕현에 5생의 의생이 관원과 지역의 유지들의 건강을 지켰을 뿐이고, 일반민들이 기댈 수 있는 의료 시스템은 전무했다.

질병은 자연재해와 관련이 매우 깊은데, 당시 영덕군에서는 가뭄과 홍수가 가장 큰 문제였다. 『해주일록』에는 가뭄 18회, 홍수 1회에 관한 기록이 남아 있어 가뭄이 압도적으로 더 자주 발생한 것을 알 수 있다. 자연재해는 농사를 황폐화할 뿐만 아니라 전염병이 창궐할 환경을 조성하기도 한다. 남붕은 전염병이나 다른 질병의 창궐보다는 자연재해로 인한 소출 감소로 생활이 어려워지는 부분에 더 예민하였다.

남붕이 오랜 가뭄으로 고민하던 시기인 1922년 6월 11일 영덕군에

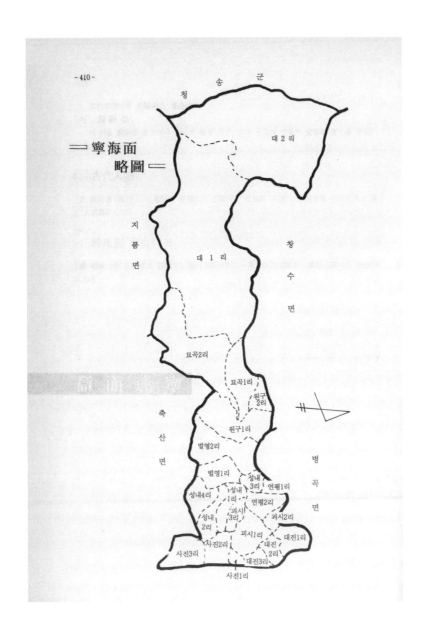

영해면 지도, 『영덕군지』, 1981, 410쪽.

적리赤痢 환자가 1명 발생하였다. 적리는 급성 전염병인 이질의 하나로 피가 섞인 대변을 보는 병증이었다. 이 시기 남붕도 몸이 좋지 않았다. 적리 환자가 발생한 지 열흘 정도 지나 영덕군에 비가 내리기 시작하였다. 남붕은 "가뭄 끝에 비가 내려 농작물에 심히 도움이 되니, 아주 다행이다"라고 썼으며, 또한 같은 날 "심기心氣가 피로하고 초췌하여 드디어 폐하였다. 저녁에 많이 괴로웠다"라며 가뭄으로 오랫동안 마음과 몸이 피로했음을 호소했다.

오랜 가뭄으로 고생하던 영덕군은 가을이 되자 큰 홍수 피해를 입었다. 곡식을 수확해야 할 즈음 홍수가 나 소출이 적었다. 남붕은 묘곡에 가서 위답位畓 네 마지기 타작하는 것을 직접 살폈다. 홍수에 망가지고 남은 것이 겨우 두 마지기로, 나누어 받은 것이 겨우 2섬 1말이라 세 곳의 제사와 차례에도 부족할 정도였다. 하는 수 없이 남붕은 제수 품목을 줄여서 마련해야 할 형편이었다.

다음해인 1923년 5월 14일 일기에는 "요즘 가뭄이 너무 심하다"라고 써 당시 영덕군의 봄 가뭄을 증언했다. 이틀 뒤 비가 내리자 남붕은 "오랜 가뭄 끝에 사람들의 마음이 크게 위로되었다"라며 가뭄 해갈을 기대했다. 1924년 5월 21일 일기에서는 "산골짜기가 가뭄으로 말라 이앙을 하지 못하였는데, 오늘 큰비가 내렸으니 때맞춰 내린 단비라고 할 만하다"라며 가뭄 끝에 내린 비에 대한 고마움을 드러냈다.

『해주일록』의 가뭄 기록은 1929년에 다시 등장한다. 1929년 7월 1일에도 영덕군에는 가뭄이 심각했다. 가뭄이 한 달을 넘겼을 때 겨우 비가 내렸으나 먼지만 적실 양에 불과했다. 가뭄이 지속되자 마을에서는 중구봉에서 밤 3경에 기우제를 지냈다. 중구봉은 현재 영해면 원구리에 있는 산봉우리이다. 기우제를 지내고 며칠이 지나 7월 11일이 되자 남붕은 "밤 5경에 큰 비가 내렸다. 대개 5월 29일부터 7월 11일까지 모두 40일 동안 비가 오지 않아 큰 가뭄이 든 나머지에 오늘 단비가 내린 것이다. 그러나 밭에 조를 파종한 지가 얼마 안 되고 채소를 파종하기에도 때가 이미 늦었다"라며 농사 걱정을 많이 하였다.

같은 해 10월 11일자 일기에는 "금계 종숙의 집에 가서 잤는데, 나락을 나누는 일이 있기 때문이다. 올해는 가뭄 피해가 너무 심하여 겨우 2섬 1말인데 또한 빈 껍질이 반을 넘었다"라고 기록되어 있어, 가뭄으로 인해 소출이 매우 적었음을 알 수 있다. 이후에도 남붕은 가뭄에 대한 걱정을 여러 차례 썼다. 1932년 9월 16일에도 "간평하였는데 논벼는 가뭄 피해로 반이 줄었고, 밭의 조는 풍년이 들었다. 이른 아침에 비가 조금 내렸으나 먼지를 적실 정도에는 미치지 못하였다"라며 지속되는 가뭄과 수확량 감소에 애를 태웠다.

1933년 4월 20일 일기에는 심한 가뭄으로 보리가 제대로 자라지 않아 고민에 빠진 것이 기록돼 있다. 가뭄이 20여 일 이상 계속 지속되었다. 남붕은 묘곡으로 가서 보리밭을 살펴보고 20말로 지정하였다. 그 밭이 4두락인데 그해에는 가뭄을 입어 소출이 줄었다. 소출이 줄면 일상생활이 지장을 받았을 뿐만 아니라 제사 음식의 수도 줄여야 했다.

가뭄으로 소출이 줄어들던 때, 남붕은 질병이 생기면 바로 근대 의료기관을 이용할 형편이 못 되었다. 당시에는 자연재해가 발생하면 기근에 이어 전염병이 창궐하는 것이 당연한 수순이었다. 그러나 『해주일록』에는 전염병에 대한 기록은 거의 없다. 남붕이 자신과 주변 인물의 질병에만 관심을 가졌던 것인지, 아니면 영덕군에 전염병이 크게 발생하지 않았던 것인지는 더 확인을 해보아야 한다. 다만 1927년 기록이 있다. 가뭄이 지속되던 영덕군에 뇌척수막염腦脊髓膜炎 환자가 발생했다. 뇌척수막염은 바이러스에 의해 뇌조직과 수막에 염증이 생기는 것으로, 1927년 9월 17일 영덕군에 10명의 환자가 발생하였다. 남붕은 뇌척수막염이 영덕군에 유행한다고 기록하였다.

당시 영덕군에서 발생한 전염병에 관한 기록은 『해주일록』이 아닌 신문 기사를 통해 확인할 수 있다. 콜레라·천연두 등으로, 『해주일록』 기록 이전인 1916년 10월 4일에 호역虎疫이라 불린 콜레라가 발생하여 환자 1명이 나왔다. 그리고 한 달 뒤인 11월 8일에는 환자가 7명으로 늘어났고, 이 가운데 1명이 사망하였다. 당시 7명 가운데 5명이 콜레라로 판명되었다. 1922년 2월 23일에는 천연두가 발생하여 날로 확산되었다. 그러나 콜레라와 천연두에 대한 남붕의 언급은 없으며, 당시 영덕군의 대응도 신문 기사에서 찾기 쉽지 않다.

일제 말기인 1939년 경상북도 경찰부 조사에 의하면 천연두의 경우 1920년대 말 달성군 현풍, 1932년 봉화군, 1933년 대구부 등에서 유행했지만 영덕에서는 발생하지 않았다. 전염병 가운데 적리, 장티푸스, 파라티푸스, 디프테리아 등은 1935년부터 1938년까지 영덕군에서 발생한 기록이 없었다. 그러나 1939년에는 적리 12명, 장티푸스 10명, 파라티푸스 7명, 디프테리아 5명 등 총 36명의 환자가 발생해 그중 14명이 사망했다. 전염병 사망자 가운데서 조선인은 10명으로 71.4%를 차지하여 일본인보다 사망 비율이 크게 높았다.

⟨표 1⟩ 1939년 영덕군의 전염병 환자 발생 및 사망 통계

종별	국적	환자	사망
적리	일본인	6	2
	조선인	6	1
	계	12	3
장티푸스	일본인	1	
	조선인	9	2
	계	10	2
파라티푸스	일본인		
	조선인	7	
	계	7	
디프테리아	일본인		
	조선인	5	3
	계	5	3
계	일본인	9	2
	조선인	27	4
	계	36	6

출전: 경상북도 경찰부, 『1939년도 경북 위생의 개요 慶北衛生の概要』, 1940, 40~44쪽

영덕은 결핵성 질환자 수도 상당하여 폐결핵 42명, 기타 결핵 25명 등 총 67명이었다. 이 가운데 사망자는 4명으로 5.9%를 차지했다. 1940년에 출판된 『조선의 농촌 위생』을 보면 조선 농민 1인당 소유 질환 수는 평균 4.2건에 달하여 이병률이 높은 편이었다. 당시 가장 흔했던 것은 97.7%가 갖고 있던 기생충병이었다. 2위는 소화기 질환으로 66%, 3위는 만성 결막염 등 안질환으로 57.7%, 4위는 치과 질환으로 38.4%가 앓았다. 그다음은 경부임파선종, 피부 질환, 신경통, 빈혈 순

이었었다. 결핵성 질환과 호흡기 질환, 순환기 질환, 정신병과 한센병 환자는 적은 편이었다.『해주일록』에 등장하는 남붕 및 주변 인물들의 질병도 이 범위에서 크게 벗어나지 않았다.

남붕, 실용적인 자세로 질병을 치료하다

1) 근대 의료 시스템의 적극적인 수용과 민간 치료

당시 조선에는 근대 의료 시스템, 한의학, 민간 치료 등이 공존하고 있었다. 남붕도 질병의 종류나 위급 정도에 따라 셋을 골라 사용하였다.

『해주일록』기록 시기는 남붕이 53~63세였던 때로, 크고 작은 병을 여러 번 앓았다. 남붕은 질병이 생겼을 때 상당히 실용적인 태도를 보였다. 남붕은 일제강점기에도 조선 선비가 그러했듯 유가의 덕목을 지키며 이를 변화된 환경 속에서도 실천하고자 노력한 전통적 유교 지식인이었다. 그럼에도 그는 한의학이나 민간 치료만 고집하지 않고 질병 치료를 위해 근대 의료 시스템을 적극적으로 활용하기를 주저하지 않았다.

그렇다고 병이 생길 때마다 근대적 의료기관을 찾을 수는 없었다. 경제적인 문제 때문이었다. 남붕은 질병이 생기면 대부분 자신이 직접 진단하고, 자신의 경험을 바탕으로 치료 방법을 강구하였다. 그렇게 해도 병이 낫지 않으면 근대 의료기관인 공의公醫를 찾거나 한의원을 찾았다. 이는 당시 조선인들이 질병에 대처하던 방식과 같았다. 일반인들은 아프거나 다쳤을 때 집에서 가족의 경험과 지식을 토대로 주변에서 쉽게 구할 수 있는 재료를 이용하여 치료를 꾀하였다. 그러나 금방 치료 효과가 나오지 않으면 경우에 따라서 한의원을 찾거나 공의를 찾아 도움을 받았다.

일제강점기 조선인들이 근대 의료 시스템에 접근할 수 있었던 것은 일제가 안정적인 식민 지배를 위해 강점 초기부터 의료기관을 설립했기 때문이었다. 1909년 12월부터 중앙의 총독부의원과 함께 주요 지방도시에 자혜의원慈惠議院이 설립되었다. 자혜의원은 무료 진료로 일본 지배에 대한 조선인들의 반감을 없애고 우호적인 감정을 심겠다는 뚜렷한 목적 하에 운영되었다. 1910년 경상북도 대구에 자혜의원이 설치되었지만 남붕이 살던 영덕군에서는 혜택을 받기가 어려웠다.

영덕에는 공의가 있었다. 공의는 지방 거주민의 질병 치료를 담당하여 총독부 시정에 지역민을 동화시키는 주요한 수단이었으며, 1914년부터 전국에 파견되었다. 주 임무는 공중위생 사무와 진료였다. 공의들은 군청 및 헌병·경찰관서 소재지 중 비교적 인구가 많고 의료기관이 결핍된 곳, 특히 일본인이 많이 이주한 곳에 배치되었다. 영덕군도 일본인의 이주가 크게 늘어나고 있던 지역이었다. 1936년 당시 영덕군의 일본인 수는 201호, 774명이었다. 경북의 공의 정원은 21명으로 각 군에 1명, 영일군 등 일본인이 많은 지역에 2명, 경주군에는 3명이 배치되었다.

『해주일록』속에 공의 이야기가 여러 번 등장하나, 남붕이 생존했을 때 영덕군의 공의가 누구였는지 정확하게 밝혀내기는 어렵다.『해주일록』이 남아 있는 1922년에서 1933년 사이 영덕군의 공의는 한 사람이었고, 그 이후인 1936년 기록에 의하면 당시 영덕군 공의는 이케가미池上淸澄였다. 이케가미는 일본 가고시마鹿兒島縣에서 태어나 도쿄 자혜회의학전문학교慈惠會醫學專門學校를 졸업하고 일본에서 개업했다가 1908년 조선헌병대의 초빙에 응해 공의가 되어 조선에 왔다. 1910년에는 경성 한성병원漢城病院에서 근무했고, 이후 한성부 전염병원으로 옮겼다가 사임하고 영덕에서 개업하였다. 또한 1936년에 영덕군의 근대 의료기관으로 영덕구세의원盈德救世醫院이 있었으며, 이는 평북 의주군 출신 백행근白行謹이 운영한 병원이었다. 백행근은 1925년 경성 세브란스의학전문학교를 졸업하고 바로 경성 세브란스병원의 부속 병원에서 근무한 뒤, 경북 안동 성소병원聖蘇病院에 초빙되었다. 1929년에는 성소병원을 그만두고, 1936년에 영덕군에서 의원을 열었다.

당시 남붕은 어떤 질병에 걸렸으며, 어떻게 치료하였을까. 다음의 표에 『해주일록』속 질병 및 치료에 관한 내용을 정리하였다. 질병과 치료에 관한 기록은 모두 33회 가량이었다. 해주는 1년에 평균 3회 가량 질병을 앓았다.

〈표 2〉『해주일록』(1922~1933) 속 해주의 질병과 치료 내역

연도	질병명	기간	치료 방법
1922	학질	6월 20~25일	• 닭 삶아 먹음 • 닭 한 마리 삶고, 인삼 두 뿌리를 달여 섞어서 복용 • 약수 먹음
	얼굴 상처 (닭 발톱에 다침)	10월 16~19일	• 약을 사용하지 않음
1923	설사	8월 23~30일	• 약 2첩 복용 • 온돌방 조섭 • 닭을 삶아서 먹고 땀 냄
1924	설사	5월 18일	• 자석환 복용

연도	질병명	기간	치료 방법
1925	눈·코 종기	윤4월 21~24일	• 아이들에게 눈의 혹 빼내게 함 • 코 종기에 대해서는 특별한 조치 없음
	안질	5월 12~28일	• 특별한 조치 없음
	학질	6월 4~6일	• 금계랍 복용
	종기	7월 30일~8월 16일	• 공의 치료, 약 2통 구입 • 경명주사 바름 • 오래 묵은 큰 빗을 불에 달구어 지짐 • 왜약 1합 사서 붙임 • 우황, 우복, 추분 붙임 • 공의에게 고약 2통 사서 붙임 • 석웅황 가루를 생강즙에 타서 바름 • 조각자탕과 거머리를 이용한 가루를 입술에 바름 • 짚여버섯치를 구해오게 하여 성분이 남게 태워 기름에 타서 바름 • 해화 가루를 공의가 준 고약에 섞어서 바름
1926	감기	12월 24일	• 약을 조제하여 먹음
1927	다리 종기	1월 10~22일	• 백덕면 부름 • 백순팔어른을 통해 종기를 째서 터트림 • 검은 소의 똥을 붙임 • 소주 훈증
	촌충	7월 22일	• 배자환 한 덩이 복용
	감기	12월 26~29일	• 지은 약을 먹고 땀을 냄

연도	질병명	기간	치료 방법
1928	回陽丸 복용	3월 20일	• 회양환 복용
	학질	3월 25일	• 금계랍을 구하려 백 의원 집 방문
	설사	4월 28일	• 별다른 조치 없음
	이명증	4월 30일~5월 29일	• 백 의원에게 문의 • 대조분미고 만듦 • 조카 건모에게 증세를 써서 서울의 좋은 의원에게 물어보도록 요청 • 공의 문의, 약 처방 • 황백피 8냥쭝을 가지고 가루를 내어 사람의 젖 1식기에 타서 환약을 복용(이농증) • 공의 치료, 가루약 3봉 • 우두고 먹음 • 감국 2냥쭝과 오미자 8냥쭝을 함께 달여 먹음 • 국화주 복용
	추위	7월 22일	• 별다른 조치 없음
1929	이명증	6월 15일	• 황국 잎으로 베개 만들고 피마자 잎으로 국을 끓여 복용 • 수박 1개를 박하 즙과 섞어서 복용 • 닭 한 마리에 꿀을 발라 삶고 달여서 복용
	이명증	9월 3일	• 피마자 잎을 끓인 물로 귀 세 차례 훈증 • 오미자 국화탕 복용
1930	치통	2월 17~23일	• 별다른 조치 없음
	신기 불편	3월 15~19일	• 여러 가지 약재로 탕약 만들어 마심
	이명증	6월 27일	• 오가피와 금은화 약주 복용
	체기	8월 3일	• 별다른 조치 없음
	몸 기운 거북	8월 12일	• 별다른 조치 없음
	감기	8월 24일	• 자리에 누움

연도	질병명	기간	치료 방법
1932	감기	5월 1~7일	• 별다른 조치 없음
	병 앓음	6월 5일	• 별다른 조치 없음
	학질	7월 14~16일	• 별다른 조치 없음
	감기	9월 27일	• 별다른 조치 없음
	설사	10월 4일	• 하루에 두 번 자석환을 50개씩 술과 같이 복용
	감기	12월 2일	• 약을 달여 먹음
	치통	12월 16일	• 별다른 조치 없음
1933	복통	1월 8일	• 별다른 조치 없음

출전: 남붕, 국사편찬위원회 편, 『해주일록』, 2015에서 재정리

『해주일록』 속 남붕이 앓았던 질병은 학질, 설사, 종기, 안질, 감기, 촌충, 이명증, 치통, 신기 불편, 체기, 몸 기운 거북, 복통 등 다양했다. 이러한 질병은 1915년 조선총독부에서 조사한 『조선위생풍습록朝鮮衛生風習錄』 중 「요병療病」 편에 소개된 눈병, 안구 종기, 치통, 식중독, 종기, 폐병, 학질, 황달병, 화류병, 나병, 뱀에 물렸을 때, 열병, 정신병, 부인병, 두창, 콜레라, 전염병 등과 크게 다르지 않았다. 차이는 전염병뿐으로, 『해주일록』에는 전염병에 대한 기록이 거의 없다. 이 시기 전염병이 남붕이 사는 마을에 발생하지 않아 기록하지 않은 것으로 보인다.

남붕은 본인이 앓았던 질병에 대해서는 초기 증세, 치료 과정, 치료 방법, 경과 및 결과 등에 대해 매우 세밀한 기록을 남겼다. 감기나 치통, 복통, 체기 등 가벼운 증상일 경우에는 대부분 별다른 조치 없이 휴

식을 취하거나 음식으로 해결하는 경우가 많았다. 병이 빠른 시간 안에 낫지 않거나, 상태가 심해지거나, 입술 종기처럼 사람들에게 직접 보이는 질환의 경우에는 긴급하게 공의를 찾았다.

남붕은 1922~1933년 사이 종기를 총 3회 앓았다. 종기가 생긴 부위도 코, 입술, 다리 등으로 여러 곳이었다. 그는 코의 종기를 비종鼻瘇, 입술 종기를 순종唇瘇, 다리에 난 종기를 두독종豆毒瘇·각종脚瘇이라 표현했다. 남붕은 코 종기로 나흘간이나 밤에 외우는 공부를 하지 못할 정도로 고통스러워하면서도 별다른 조치를 취하지 않고 견뎠다.

처음 공의를 찾은 것은 입술 종기 때문으로, 보름 가까이 고생을 하였다. 당시 그는 입술 종기에도 불구하고 병곡柄谷의 소작인이 자신을 위해 닭을 준비하자 거부하지 않고 먹었다. 그런데 닭을 먹은 다음 종기가 더 심해지자 "병은 입을 통하여 들어오는 것에 대하여 어찌 경계하지 않겠는가"라며 음식을 조심하지 않은 자신을 자책하였다. 남붕은 입술 종기가 계속 부어오르자 다양한 방법을 강구하였다.

날이 맑았다. 새벽에 이전과 같이 하였다. 문안드리고 사당을 참배하였다. 또 마을의 선조 사당을 두루 참배하였는데, 입술 종기가 아직 심하지 않았기 때문이었다. 이로부터 입술 끝이 점점 부어올라 여러 가지로 치료하였으며, 공의에게 1원 50전을 주고 사온 두 통의 약을 붙이고 경명주사鏡明朱砂를 발랐다. 사람을 보내 백 의원에게 물으니 "오래 묵은 큰 빗을 불에 달구어 지지면 매우 좋다"고 하여 그 방법으로 시험하였다.

당시 남붕은 세 가지 치료법을 동시에 사용할 정도로 긴박했다. 공의에게서 사온 약을 붙이고, 경명주사를 발랐다. 경명주사는 한의학에서 진정제로 효험이 있다고 알려진 것이었다. 여기에 백 의원이 알려준 민간치료법도 시행했지만 효과가 없었다.

다음 날 남붕은 새벽마다 읽던 『춘추』를 읽을 수 없을 정도로 아팠다. 그는 다시 경명주사를 바르고 묵은 빗으로 지졌으나 효과가 없었다. 왜약倭藥 1합蛤을 사서 붙였지만 오히려 통증이 크게 일어 고생을 하였다. 당시 남붕이 왜약을 쉽게 구입할 수 있었던 것은 의약업이 유망 업종이란 것을 인식한 일본인들의 진출 때문이었다. 당시 일본인 약종상들이 서양 약품과 자국에서 제조한 약을 판매하러 다녔다.

공의가 처방해준 약과 왜약 등을 사용해도 입술 종기가 나아지지 않자 남붕은 민간 요법도 적극적으로 사용했다. 우황牛黃, 우복牛腹, 추분雛糞을 입술에 붙였다. 당시 우황은 열을 내리고 독을 없애는 데 사용하던 것으로, 종기에 효능이 있다고 알려져 있었다. 그러나 이마저도 효과가 없자 남붕은 아우를 시켜 이전에 같은 병을 앓았던 익동翊洞 이경두李景斗에게 가서 사용한 약을 물었다. 이경두가 사용한 방법은 석웅황石雄黃 가루를 생강즙에 타서 종기에 바르는 것이었다. 석웅황은 독성을 풀어주고 담을 걷어내는 등의 효능이 있었다. 하지만 그는 바로 석웅황을 바르지는 않았다. 남붕은 공의에게 황색과 흑색 고약 두 통을 사서 바르고 붙였지만 오히려 입술 종기가 더 크게 부어 사용을 중단하였다.

공의에게 산 고약도 효과가 없자 석웅황 가루를 생강즙에 타서 발랐으나 상태가 더 심해져 세수도 못할 정도가 되었다. 그는 입술 종기를 치료하기 위해 매일 다른 방법을 사용했다. 소주 훈증, 쪽잎 즙 바르기,

해화海花 가루를 기름에 섞어 바르기 등 온갖 방법을 다 강구하였다. 그러나 효과가 없었다. 남붕은 "입술 종기 때문에 내내 매우 고통스러웠다"라고 썼다. 남붕의 아우가 형님의 상태가 더 나빠지자 다른 지역 명의를 찾았다.

새벽에 일어나 이전과 같이 하였다. 아우가 시내로 가서 타지의 명의를 수소문하여 물으니, 조각자탕皁刻子湯으로 씻고 훈증하면 된다고 하고, 또 거머리 여러 마리를 대나무 통에 넣어 그 위에 소금을 넣어 봉하여 불속에 넣어 성분이 남도록 태우기를 세 번 하여 가루를 만들어 바르면 된다고 하였다. 또 아이들을 어대魚坮로 보내 짚여버섯치를 구해 오게 하여 성분이 남게 태워 기름에 타서 발랐다.

남붕의 아우가 시내로 가서 다른 지역의 명의를 만나 그 증상을 말한 뒤 처방을 물은 결과 두 가지 방법을 얻었다. 한 가지는 조각자탕으로 씻은 후 훈증하는 것, 또 다른 방법은 거머리와 소금을 대나무 통에 넣고 세 번 태운 가루를 바르는 것이었다. 여기에 남붕은 짚여버섯치를 태워 기름에 섞어 발랐다. 그런데도 입술 종기가 낫지 않아 남붕은 계속 공의가 준 약을 바르고, 해화 가루를 고약에 섞어서 바르는 등 온 힘을 다했다. 당시 남붕은 입술 종기 치료를 위해 보름 이상 매일 다른 약과 방법을 동원했을 정도로 상태가 좋지 않았다. 다양한 방법을 동원한 결과 입술 종기가 나은 것으로 보인다.

입술 종기에 이어 남붕은 1927년 1월 10일부터 22일까지 다리에 난 종기로 고생했다. 그는 다리 종기에 대한 아픔을 매일 기록하였다. 다리 종기는 초기 콩만 한 크기였지만 점점 악화되었고, 불편함을 느낄 정도였다. 그러나 바로 치료를 하지는 않았다.

밤에 학업을 그만두고 일찍 잠들었다. 다리에 콩만 한 독한 종기가 나서 몸이 불편하였다. 또 지난밤 초경 뒤에 사람들과 새벽까지 시끌벅적하게 이야기를 하느라 신기가 피곤했기 때문이었다.

남붕은 다리에 생긴 종기 때문에 외출도 자제했고, 밤에는 매일 하던 외우는 공부조차 하지 못할 정도가 되었다. 그는 며칠 동안 지속된 고통에도 아무런 치료도 하지 않은 채 버텼다. 종기는 더 심해져 공부를 하지 못할 뿐만 아니라 걷기도 어려워 마을 안의 선대 사당을 참배하는 일조차 못할 지경이 되었다.

남붕은 다리에 종기가 생긴 지 일주일이 지날 무렵 마을 어른인 백순팔白順八을 통해 종기를 째서 터뜨렸다. 백순팔에게 병을 치료하는 의방醫方이 있었기 때문이다. 그러나 이미 남붕의 오른쪽 무릎 안쪽에 종기가 덩어리를 지은 상태라 종기를 째도 고름이 나오지 않았다. 그는 종기에다 검은 소의 똥을 붙였다. 조선총독부에서 조사한 의료 민속 조사에 의하면 전라남북도에서는 종기에 소똥을 바르면 열기를 빼앗겨 종기가 즉시 완치된다고 여겨 소똥을 발랐고, 강원도에서는 검은 소의 똥을 녹여 마시면 완치된다고 여겼다.

남붕의 다리 종기는 그의 공부 습관으로 인한 것이었다. 종기를 째 준 백순팔은 남붕에게 '오래 꿇어앉아 공부하여 피가 막혔으니 움직여 혈기를 기르라'고 일렀다. 남붕의 치열함을 알 수 있는 부분이다. 남붕은 "나는 단지 말로만 하고 실행하지 못하므로 이런 고통을 만난 것인가"라며 자책하였다.

며칠 지나 남붕은 소주를 사와 다리 종기에 훈김을 쐬었다. 소주에는 소변을 잘 나오게 하거나 대변을 굳게 하는 효능뿐만 아니라 기생충을 없애고 습하고 더운 곳에서 생기는 독기를 몰아내는 효능이 있었다. 남붕은 다리 종기에 대해서는 민간요법으로만 치료를 하였다.

남붕은 1922~1933년에 여러 차례 이명증을 앓았고, 종기와 마찬가지로 증세가 심해 공의를 찾았다. 그는 질환을 이명증耳鳴症, 이명耳鳴, 명증鳴症, 이명지증耳鳴之症 등 다양하게 칭했다. 58세 무렵에는 "오른쪽 귀에 이명증이 생겨 마치 격류 속에 있는 듯 정신이 전일하지 못하니 심히 걱정스럽다"고 토로할 정도로 병세가 심각했다. 그런데도 아이 두 명에게 수업을 하고 『퇴계집』을 조금 읽는 등 일상을 놓지는 않았다.

남붕은 이명증을 치료하기 위해서 다양한 방법을 동원했다. 우선 백의원에게 물은 다음 대조분미고大棗糞米膏를 직접 만들었다. 이런 방식은 당시에는 자연스러운 것으로, 환자가 직접 의원을 찾아가 처방을 받은 다음 약을 구입하여 집에서 직접 달여 먹었다. 또한 그는 조카 건모建模에게 자신의 증세를 써서 서울의 좋은 의원에게 물어보도록 요청하였다. 당시 의료기관 및 위생 환경 등 보건 의료 측면에서 영덕 같은 농촌은 도시보다 훨씬 낙후하다는 것을 그도 알았던 것이다.

갖가지 치료에도 낫지 않아 그는 미리 만들어둔 대조분미고를 먹었다. 그의 이명증 증세는 "혹은 들리지 않고 혹은 울려 정신이 산란하여 수습할 수가 없었다"고 할 정도로 심해졌다. 사흘을 견딘 후 남붕은 읍내의 공의를 찾았다.

아침 뒤에 이명증 때문에 읍내의 공의에게 가서 물으니, 의사가 치료하기 위하여 먼저 약을 써야 한다고 하였는데, 내가 괴시에 가야 하므로 오후에 다시 오겠다고 약속하였다. 괴시로 가서 성락聖洛 족조 빈소에 곡하고 상가에서 점심을 먹었다. 또 하촌으로 가서 맹원孟元 숙부 빈소에 곡하고 대략 마을 안에 인사를 닦았다. 오후에 돌아와 공의한테 가서 약을 찾아왔다.

남붕은 이명증에도 불구하고 향촌 사회 어른으로 상갓집 두 군데를 들른 후 공의에게서 약을 받아 왔다. 그는 이명증 치료를 위해 공의가 지어준 약물을 귀에 넣고, 가루약 1봉도 복용했다. 그러나 남붕의 이명 증은 더 심해져 이농증이 되었다. 그는 급히 이농증을 앓았던 박익헌을 찾았다. 박익헌은 황백피黃白皮 8냥쭝을 가루 내어 사람의 젖 1식기에 타서 환약을 만들어 먹는 방법을 알려주었다. 황백피는 열기를 식히고 습기를 말리는 효능이 있었다.

박익헌이 가르쳐준 방법으로도 이명증 증세가 좋아지지 않자 남붕은 또다시 공의를 찾았다. 남붕은 공의에게 치료받는 데 돈이 많이 들어 경제적으로 상당한 부담을 느꼈다. 그는 "모내기와 약값과 여러 가지 경비로 돈이 부족하여 읍내에 사는 김순택에게 15원을 꾸었으니 이전의 빚과 합하여 30원이 되었으며 이자는 3푼이었다"라며 구체적인 금액까지 기록해두었다. 이후에도 약값과 원기 보충용 소머리 구입 등에 상당한 돈을 썼다.

오후에 이명증을 치료하기 위하여 읍내 공의한테 가서 치료하였다. 또 가루약 3봉을 가지고 왔는데, 전후의 약값으로 1원 60전을 주었다. 또 2원 60전을 주고 소머리를 사 왔으니, 장차 원기를 보충하기 위해서였다.

남붕은 자신이 원기가 부족하여 쉽게 이명증에서 벗어나지 못하는 것이라고 생각하여 소머리를 사와 보양했다. 그리고 지속적인 공의 치료에도 이명증이 낫지 않자 민간 치료에 집중했다. 남붕은 백 의원이 알려준 대로 감국甘菊 2냥쭝과 오미자五味子 8냥쭝을 함께 달여 먹었다. 감국은 열을 내리고 독을 없애는 데 사용한다.

남붕은 이명증에도 아침 문안과 사당 참배를 계속했다. 그는 귀가 울리고 들리자 않자 피마자 잎을 달여 항아리에 넣고 귓구멍을 훈증하였다. 피마자에는 고름을 뽑아내고, 종기나 상처 부은 것을 가라앉히고, 통증을 그치게 하는 효능이 있었다. 남붕은 이명증이 나아지자 그 원인을 몇 가지 들었다.

수일 이래로 이명증이 덜해지는 형세인 듯 이전에 공의가 치료한 효과인가, 우두고牛頭膏로 원기를 보충한 효과인가? 그것이 아니면 근래 국화주에 하룻밤 말린 오미자를 담가 아울러 달여 마시고 피마자 잎으로 국을 끓여 귀에 훈증한 효과일 것이다. 국화주는 약재가 부족하여 마시는 것을 그만두었고, 피마자 잎은 귀에 훈증하는 약이나 또한 오늘 아침에 그만두었으니, 병의 뿌리가 이미 굳어져 이처럼 예사롭게 해서는 안 될 듯해서였다.

이처럼 남붕은 자신의 이명증 치료를 위해 온갖 방법을 다 동원하였다. 상당한 금액을 들여 공의에게 지속적으로 치료를 받았을 뿐만 아니라 우두고로 원기를 보충했다. 이어서 하룻밤 말린 오미자를 국화주에 달여 마시고, 피마자 잎을 끓여 훈증하는 등 최선을 다한 결과 이명증을 극복하였다. 그는 다양한 약재의 기능과 효과에 대한 풍부한 식견과 병을 치료하고자 하는 절박함 덕분에 병을 이겨낼 수 있었다.

남붕은 59세였던 1929년 6월 15일에도 이명증으로 고생을 한다. 이때는 공의를 찾아가기보다 바로 민간요법을 사용했다. 이명증이 크게 일어나자 남붕은 익동에 가서 박 참봉에게 물었다. 박 참봉은 "지금은 여름철입니다. 황국黃菊과 오미자는 가을철을 기다렸다가 써야 합니다. 지금은 황국의 잎으로 베개를 만들고, 피마자 잎으로 국을 끓여 복용하면 됩니다"라고 하였다. 남붕은 다음 날 베개를 만들기 위해 대청大廳에 가서 국화잎을 땄다. 당시 이명증에 관한 기록은 이것뿐이었다.

1929년 9월 3일 남붕의 이명증이 재발한다. 그는 남붕은 귀가 울고 먹먹한 증상이 있어 오미자 국화탕을 복용하고 피마자 잎 끓인 물로 귀를 세 차례 훈증하였다. 그 스스로 효험이 있다고 보았던 것이다.

한편 대형 약방들은 일제 초기부터 신약을 만들어 판매하기 시작했다. 대형 약방들은 광고를 통해 대량 판매를 원했다. 1930년대에 이르면 신문과 잡지의 광고 중 약방 광고가 80~90%를 차지할 정도였다. 영덕에서도 경성의 대형 약방들이 광고를 하기 시작했다. 남붕은 '경성의 태여약방泰呂藥房에서 광고지가 왔다'는 것을 『해주일록』에 기록할 정도로 신약에 관심을 가지고 있었다.

2) 의약과 민간치료의 병행

남붕은 질병이 발생했을 때 특효약이 있으면 바로 사용했는데, 학질이 바로 그러했다. 학질, 즉 말라리아는 모기로 인한 감염성 질환이다. 논 농사가 중심이던 조선 사회에서는 학질이 매우 자주 발생하였다. 남붕은 1922~1933년 사이 네 차례 학질로 고생한다. 그는 학질을 학아瘧兒, 학역瘧疫, 학숭瘧祟 등으로 표현하였다.

학질은 고려 시대부터 등장했으며, 전국에 걸쳐 크게 유행하였고 치사율이 매우 높았다. 학질에 걸리면 오한, 발열, 발한 등 전형적인 감염 증세를 보였다. 학질은 '학을 뗀다'는 표현처럼 일상에서 매우 익숙하고 조선에서 가장 만연한 질병의 하나였고 적지 않은 사람들이 그로 인해 생명을 잃었지만 국가적 차원에서 관리가 이루어지지는 않았다. 경북에서는 미신 치료법으로 환자 모르게 뱀을 환자 머리에 둘러서 붙으면 완치된다거나 인분을 먹게 하면 특효가 있다며 시행하는 경우도 있었다.

일제강점기에도 말라리아 환자는 계속 발생하였다. 1920년대 전반기에 6만 명대에 머무르던 말라리아 환자는 1920년대 후반부터 증가하기 시작하여 1930년을 전후하여 정점에 이르렀다가 이후 서서히 감소하지만 1930년대 후반에도 여전히 10만 명대에 머물렀다. 영덕군의 말라리아 발생 현황은 아래 〈표 3〉과 같다.

<표 3> 영덕군 말라리아(1939년 말) 발생 현황

인별	환자			결과			
	발생	전입	계	사망	완치	전출	계
일본인	25	-	25	-	25	-	25
조선인	1,251	-	1,251	-	1,251	-	1,251
계	1,276	-	1,276	-	1,276	-	1,276

출전: 경상북도 경찰부, 『1939년도 경북 위생의 개요』, 1940, 69쪽.

　　1939년 당시 영덕군의 말라리아 환자는 일본인 25명, 조선인 1,251명으로 조선인의 비율이 98%로 압도적으로 많았다. 말라리아 완치율은 100%였는데, 그 비결은 약이었다. 당시 다른 열성 전염병이나 질병들과는 달리 학질에는 키니네라는 좋은 약이 사용되고 있었다. 키니네라는 이름은 기나나무의 껍질을 약재로 사용하는 것에서 유래했는데 한자로 금계랍金鷄蠟이라는 명칭으로 불렸다. 제중원에서는 초기부터 키니네를 치료제로 사용하였다.

　　남붕은 학질에 대해 스스로 진단하는 경우가 많았다. 그는 1922년 6월 20일에 "심기가 피로하고 초췌하여 드디어 폐하였다. 저녁에 많이 피로웠다"라며 학질의 고통을 호소한다. 긴급 처방으로 닭을 한 마리 먹었다. 다음 날에도 남붕은 "오한이 심하여 몸이 떨리고 손과 발이 오그라들"고 "밤까지 열과 두통으로 고생"하자 다시 닭 한 마리를 삶고 인삼 두 뿌리를 달여 함께 먹었다. 병세가 조금 좋아졌으나 입맛이 떨어지고 원기가 쇠약해지자 남붕은 스스로 "학질에 걸린 것 같다"고 진단했다.

남붕은 학질이 몸의 영양이 부족해서 생기는 것으로 이해하고, 몸을 건강하게 하기 위해 여러 가지 노력을 했다. 남붕은 가장 간편하게 구할 수 있는 닭과 인삼뿐만 아니라 영덕의 유명한 약수로도 병을 치료하고자 했다. 일기에는 "약수동藥水洞에 가서 종일토록 약수를 먹었다"는 기록을 남기기도 하였다.

이 시기 남붕은 학질 치료제인 금계랍을 바로 먹지는 않았다. 약수를 먹으면서 몸 기운을 보강하는 데 노력하였다. 1930년에 경상북도 위생과에서 편찬한 『현재에도 행하는 미신적 민간요법現今行はるる迷信的民間療法』을 보면 일반인들은 다른 여러 전염병과 마찬가지로 말라리아도 의약보다는 미신적 민간 치료에 의존하고 있었다.

남붕은 1925년에도 6월 4일부터 6일까지 학질로 고생했다. 그가 학질에 대응하는 태도는 상당히 온건하였다. 남붕은 자신의 몸 상태가 '오후부터 온 몸이 아프고 한기가 들고, 저녁에 열과 두통이 심해지자' 스스로 학질이라 진단했다. 그럼에도 이틀이 지난 뒤에야 금계랍을 먹었다. 금계랍을 먹었는데도 금방 효과가 나타나지 않아 남붕은 온몸의 열과 통증으로 고생을 하였다.

남붕은 1932년 7월 14~16일에도 자신이 학질임을 스스로 진단했다. 그는 학질의 증세로 "저녁에 정신과 기운에 자못 편치 못한 증상이 있"었다고 기록했고, 그리하여 "밤에는 암송을 하지 않고 조섭"하였다고 썼다. 다음 날도 남붕은 몸이 많이 괴롭다고 표현했다. "『일록』교정"으로 마음을 써서 피곤한 상태였다는 것을 그 이유로 들며, 자신의 몸 상태로 하루만 더 교정을 하면 학질이 침입하리라 예상할 정도로 몸 상태가 좋지 않았다. 남붕은 평소 자신의 몸 상태에 따라 학질 진단을 내리고, 심한 경우에만 금계랍을 구입하여 먹었다. 당시 사람들은 학질 약인 금계랍의 효능을 명확하게 알고 있었다.

남붕은 설사병 같은 소화기 질환도 자주 앓았다. 그는 1922~1933년 사이 설사병을 4회 가량 앓았다. 그는 설사병을 대세大洗, 냉설冷泄이라 표현했는데 원인은 과로와 음식 때문이었다. 당시 남붕은 경주까지 다녀오는 일정 때문에 상당히 힘들어했다. 남붕은 옥금玉今의 성중 씨와 함께 경주로 떠났다. 18일째 되던 날, 경주부의 주사 유기영 집에서 잠을 자는데 몸이 춥고 떨리는 증세가 나타났다. 급하게 유표우柳杓祐가 약 두 첩을 지어주어 밤에 한 첩을 달여 먹고, 아침에 한 첩을 먹었다. 당시 남붕은 자신의 병이 "먼 길에 쌓인 피로 때문"에 생겼다고 스스로 진단하며 자신만의 비법을 동원해 온돌방에서 조섭하면서 닭을 삶아 먹고 땀을 냈다. 그러나 곧바로 설사로 고생을 한다.

설사가 심한데 막을 수가 없었다. 닭을 먹었기 때문이리라. 종일 잇따라 설사가 나와 지탱할 수 없을 것 같았다. 밤에 주인 집 젊은이 두 명으로 하여금 읍에 들어가 환약 및 탕약 두 첩을 사오게 하여 복용하니, 설사가 드디어 멎었다. 그 약이 매우 신묘하다.

종일 고생을 하던 남붕은 밤에 환약과 탕약 두 첩을 먹고서야 설사에서 벗어났다. 그는 자신의 몸 상태를 "원기가 다 빠져나가고 입맛이 다 끊어졌으며 뱃속이 답답"한 상태로 설명하면서, 햅쌀은 몸에 이롭지 않다며 묵은 쌀로 죽을 쑤어 먹었다.

그는 경주읍의 공형표 하숙집에 찾아가 환약 두 개를 먹었지만 배가 더 아팠다. 공형표의 호는 청은淸隱이다. 그는 공자의 74세 후손이며 안강읍 청령리 출신으로, 중국 곡부에 가서 공자 영정을 모셔와 안강읍 청령리 사상재泗上齋에 봉안하였으며『궐리지』를 편간한 인물이다. 당시 남붕이 경주를 방문한 것도 공자 영정을 모시는 일 때문이었다.

다행히 공형표가 구해준 설사약을 먹고 뱃속이 조금 편안해졌다. 남붕은 공형표에게 땔나무를 사서 구들을 데우게 하고 쌀을 사서 죽을 쑤게 하였다. 그리고 인삼 및 탕약 두어 첩을 복용하는 등 자신이 알고 있는 모든 방법을 동원하여 설사병에서 벗어나려 노력했다. 이 과정에서 남붕은 공의나 병원을 찾지는 않았다. 타향인 경주에 머물고 있기도 했지만 당시 약종상을 통해 조선인들이 환약이나 탕약을 구하는 데 큰 어려움이 없었던 점이 컸다. 1939년 기록에 의하면 영덕 지역에서만 약재를 사고 팔던 업자가 일본인 12명, 조선인은 182명으로, 총 194명이나 되어 약에 대한 접근성이 높았다.

〈표 4〉 경북 영덕군 약 업자

구별	약종상	제조매약 업자	매약 청매	매약 행상	합계
일본인	3		9		12
조선인	38	1	117	25	182
계	41		126	25	194

출전: 경상북도 경찰부, 위의 책, 78쪽.

한편 질병에 걸려도 집중적인 치료를 하지 않는 경우도 있었다. 안질이나 감기 등이 대표적이었다. 남붕은 1925년 5월 12일부터 28일까지 안질로 고생했다. 그는 이를 안질眼疾, 안환眼患이라 표현했다. 안질이 생긴 첫 날 그는 "안질이 심히 괴로웠다"라고 짤막하게 기록했다. 안질이 생긴 지 3일이 지나자 문중 회의에도 가지 못할 정도로 상태가 심해졌다. 그런데도 그는 새벽에 일어나 치성을 드리고, 경문을 읽고, 선대 사당을 두루 참배하는 등 일상적인 일을 전부 수행했다. 그는 며칠을 안질로 고생하면서도 특별한 조치를 취하지 않았다.

남붕의 안질 증세는 호전되었다가 재발하기를 반복했다. 안질 때문에 밤에 외우는 공부를 그만둘 정도였다. 그리고 연이어 "왼쪽 눈이 아파 이토록 고통스러웠다"라며 안질의 아픔을 표현했다. 안질로 책을 읽지 못할 정도였고, 이틀 뒤에도 낫지 않아 큰 제사에 참례하지 못할 정도였음에도 특별한 조치를 취하지 않은 점이 특별하였다.

남붕은 1922~1933년 사이 감기를 6회 가량 앓았다. 그는 감기를 한감寒感, 감고感苦, 외감外感, 감모感冒, 감기感氣, 감한感寒이라 표현했다. 남붕은 감기에 대해서도 별다르게 약을 먹는 등의 조치를 취하지 않았다. 6회 가운데 한 번만 "지은 약을 먹고 땀을 내었다"라고 기록했으나 어떤 약을 먹었는지는 알 수 없다. 남붕은 감기에 걸려 코가 막히거나 고통이 심하다는 토로는 자주 하였다. 그러나 그럴 때에도 학문을 게을리 하지 않았다.

남붕은 1930년 2월 17일부터 23일까지 치통을 앓았다. 치통으로 괴로워 밤에 암송을 하지 못할 정도였다. 그러나 "안쪽 치아의 뿌리가 들떠 매우 아팠다" "밤에 치통 때문에 암송을 접었다" "밤에 잇따라 치통을 앓느라 독서를 접었다" 등 한 줄 기록만 남겼고, 며칠간의 고통에도 처방이나 치료에 대한 내용은 전혀 언급하지 않았다.

남붕은 안질, 감기, 치통 등에 대해서는 약을 처방받아 치료를 하는 것이 아니라 휴식을 취하면서 자연스럽게 치유되기를 기다렸다.

3) 남붕의 건강 관리법

『해주일록』속 남붕의 건강 관리법은 일상 속에서 쉽게 실천할 수 있는 방법이라는 것이 특징이었다. 첫째, 규칙적인 생활을 하며 치성을 드리고, 목욕재계하며 철저히 자신을 반성하는 삶을 살았다. 1923년 10월 23일은 남붕에게는 특별한 날이었다. 이날 그는 종숙으로부터 천제에게 치성을 드리는 방법을 알게 된 것이다.

> 이날 도동재사에 들어가 타작하는 것을 보고 재사에서 잤다. 종숙과 함께 하늘을 공경하고 마음을 깨우치는 방도를 논하였다. 대개 종숙이 바야흐로 천제에게 치성을 드리는데 매일 한밤중에 하는 것을 법칙으로 삼는다고 한다.

『해주일록』에 의하면 남붕은 1924년 1월 15일부터 본격적으로 매일 새벽에 치성을 드리기 시작했다. 아주 특별한 날 이외에는 하루도 빠짐없이 새벽에 치성을 드렸을 정도로 규칙적인 생활을 하였다.

『해주일록』에 목욕과 관련된 기록은 총 10회로 상당히 드물었다. 일상적인 목욕에 대한 기록이 없어 그의 주변 위생 상태를 정확하게 파악하기는 쉽지 않다. 다만 여름과 동지 즈음의 목욕은 특별히 기록되어 있다. 남붕은 한여름인 복날에 마을 앞 시내에서 밤에 목욕을 하였다. 때론 용당에 가서 목욕을 하고 돌아왔다. 남붕에게 동짓날 목욕은 의미가 남달랐다. 이날은 남붕이 목욕 후 황천상제에게 백 번 절하고 축문을 고하는 날이었다.

1929년 11월 22일, 큰 바람이 불어 기온이 찬데도 남붕은 새벽에 목욕을 하고 옷을 갈아입었다. 첫 닭이 운 뒤에 향촉香燭과 명수明水를 받들어 후원에 자리를 마련하였다. 명수는 제사를 지낼 때 쓰는 맑은 물이다. 남붕은 작년 동지에 했던 것처럼 황천상제에게 백 번 절하고 축문을 고하기를, "이제부터 개과천선하여 선인 군자가 되기를 바랍니다"라고 하였다. 그는 1923년부터 1932년까지 매년 "동짓날 목욕재계하고 개과자신할 것을 하늘에 고"하였다. 개과자신은 허물을 고치고 자신을 새롭게 하는 것을 말한다. 그는 항심恒心을 소유한 인물이었다. 동짓날이 되면 목욕하고 하늘에 고하고, 밤마다 자시와 축시 사이에 뜰에 서서 묵묵히 기도했다. 그는 자신에게 상당히 엄밀했다. 남붕은 "반성하고 수양하는 공부는 매양 흠결이 많고 마음과 입의 허물은 하늘과 땅에 부끄러움이 많았다. 지금까지도 고치지 못했는데, 어느 때에야 착한 사람이 될 수 있겠는가"라며 철저한 자기반성을 한다.

둘째, 약수를 마셨다. 영덕군은 약수가 유명해, 남붕은 질병이 생기거나 기회가 있을 때마다 약수를 자주 마셨다. 1918년 경무총감부 위생과 조사에서도 알려진 바, 영덕군의 묘곡동과 창수동의 약수가 유명하였다. 묘곡동 약수는 경상북도 영덕군 영해읍 서쪽으로 약 2리 떨어진 조항산鳥項山 기슭에 있었는데 여름철에는 물을 마시기 위해 하루에 약 100명 내외가 왕래할 정도였다. 창수동 약수는 영덕군 창수면에 있는 것으로 영해와 창수면의 경계로부터 3리 떨어져 있고, 영양군과 영덕군 경계 지점에서 1리 정도 떨어진 담운산 기슭에 있었는데 여름철에는 물을 마시기 위해 약 50명 내외가 왕래하였다. 1936년 조사에 의하면 영덕군 화전 약수도 유명했다. 화전 약수는 강구에서 서남으로 약 1리 떨어진 화전리花田里에 있었다. 원래는 눌미訥味 마을 가운데 흐르는 작은 하천이었는데, 이곳에서 약수가 솟아나왔다. 약수는 탄산수로, 색은 특별히 없었다.

『영해유록』에도 약수 몇 곳이 소개되어 있다. 대동大洞 약수는 부府의 남쪽 20리 영해면 대리 반정천反亭川 가운데 있는데, 위장병과 체기에 효험이 있다. 마당두들[場坡] 약수는 부의 서쪽 30리 창수면 신리에 있으며, 위장병과 땀띠에 효과를 보였다. 방가골 약수는 부의 35리 창수면 창수리 방가골에 있으며, 체기와 위장병에 효험이 있다. 위정葦井 약수는 부의 서쪽 35리 창수면 창수리에 있으며, 위장병과 피부에 좋았다. 초수椒水 약수는 부의 남쪽 15리 묘곡리 초수곡에 있다. 눈병과 풍습이 있는 사람이 목욕하고 땀을 흘리면 많은 효험을 볼 수 있다고 알려졌다. 남붕은 지역 명물인 약수를 잘 활용하여 건강을 지키려고 노력하였다.

1922년 6월 9일에는 "아침을 대촌坮村 족조의 집에서 먹고, 초수동에 들어가 약수를 10여 사발 마셨다"고 썼다. 상당한 양이다. 며칠 뒤에는 손자아이까지 대동하고 약수를 마시러 갈 정도로 약수에 대한 신뢰가 강했다.

1922년 6월 25일에는 병과 더위로 밥맛이 떨어지자 약수동에 가서 종일토록 약수를 먹었다. 그는 "조금 효과가 있는 듯하다"라고 썼다. 약수를 마시고 오자 입맛이 돌아와서 점심을 맛있게 먹었다. 저녁에 귀가했는데, 병에 시달려 극도로 지쳤다. 그는 아픈 몸을 이끌고 약수를 먹으러 갔던 것이다.

1929년 6월 19일에는 아침에 어머님께 문안드리고 사당에 배알하자마자 묘곡畝谷에 갔다. 보리를 타작하고 나누는 일 때문에 날씨가 맑은 아침 아직 더워지기 전에 간 것이다.

> 아침은 소작인 금계金溪 댁에서 먹었다. 아침을 먹은 뒤에 보리 1석 9두를 나누었는데, 두비斗費 1두까지 합쳐 모두 1석 10두이다. 전에 비해 수가 줄었는데, 우박을 맞는 재해를 입었기 때문이리라. 초정에 가서 약수를 마셨다. 점심은 금계 댁에서 먹었다. 저녁에 내려왔다.

남붕은 묘곡 금계 댁에서 소작료를 나누고 초정에 가서 약수를 마셨다. 그는 약수의 효과를 믿었기에 약수터 근처에 갈 일이 생기거나 기회가 생기면 약수를 마셨다.

셋째, 입동이 시작되면 냉수를 먹기 시작하여 입춘까지 한 종지씩 매일 마셨다. 남붕은 냉수로 냉기를 다스리면 배가 찬 데 도움이 된다고 생각하였다.

> 이날 아침에 비로소 냉수를 마시는 것을 그만두었다. 대개 동짓날부터 어제 입춘까지 아침마다 정화수 한 종지를 마셨는데, 오늘 아침에 드디어 그만두고 마시지 않았다. 사람들이 배가 찬 데 이롭다고 하여 시험 삼아 마셔보았으나 아직 그 효과를 알지 못하겠다. 그러나 대변이 건조하고 부들부들하지 않았는데, 아마도 냉수로 냉기를 다스린 결과인 듯하였다. 또 하나의 양기가 움직이기 시작하였고 양기는 깊은 샘 속에 있으니, 수기水氣

란 밖은 차고 안은 따뜻한 점을 알 수 있고 사람 또한 양기가 속에 있다. 또 이는 양기로 양기를 다스리는 이치이다.

넷째, 주변에서 쉽게 구할 수 있는 약재로 가루나 약주, 환을 지어 복용했다. 이를 위해 남붕은 평소 약재를 사두는 경우가 많았다. 1928년 윤2월 23일에 남붕이 직접 백 의원 집에 가서 세 가지 약재를 나누어 가져왔다. 약재 값은 55냥 9전이었다. 그가 가지고 온 약재 가운데 술을 빚어 볶아 만드는 것이 있었으므로 수일 기다린 뒤에 첩을 지어야 했다.

남붕은 다양한 약재를 여러 가지 형태로 만들었는데, 우선 금은화金銀花를 가루로 만들어 복용했다. 금은화는 인동덩굴의 꽃(인동초忍冬草)으로 해열 및 해독 작용을 하고 설사를 멈추게 하며, 몸에 쌓인 열과 오한을 푸는 효능이 있어 매우 요긴했다. 종기가 생긴 부위나 환부가 달아올라 병이 나는 경우, 열과 오한이 나는 감기 증세에 사용했다. 남붕은 "금은화의 향기가 코로 맡을 만하니, 사람에게 도움이 있을 것이라 생각"하여 기회가 되면 직접 길에서 금은화를 따모았다.

남붕은 종기 치료를 위해 거머리 가루도 사용했다. 거머리 여러 마리를 대나무통에 넣고 그 위에 소금을 넣어 불에 태운 다음 가루를 내어 종기에 발랐다. 거머리는 종기나 상처가 부은 것을 가라앉히거나 어혈을 제거하는 데 효능이 있었다.

그는 금은화와 오가피를 함께 달여 약주로 만들어 마시기도 했다. 오가피는 근육과 뼈를 튼튼하게 하고, 뼈마디가 저리고 아픈 것을 제거하거나, 간肝과 신腎을 보하는 효능이 있었다. 또한 회양환回陽丸을 직접 만들어 한 번에 50개씩 먹었다. 회양환은 원기를 보하고 피부를 윤택하게 하며 심心을 열어 눈을 맑게 하는 처방이다.

비로소 회양환을 먹었으며 50개를 한정으로 하였다. 손자의 약재가 남은 것으로 만든 것인데, 손자에게 먹으라고 권해도 따르지 않아 마지못해 내가 먹게 되었다. 화전花田의 재종제의 상일祥日이 내일이므로 손자와 가내의 연소배들을 보내 제례 의식을 돕도록 하였다. 오후에 환약 50개를 먹었다.

남붕은 음양쌍보환陰陽雙補丸도 만들었다. 쌍보환은 기혈을 균등하게 보하여 건조하지 않고 열도 나지 않도록 하는 처방이었다. 가루 내어 오동나무 씨 크기로 환을 빚은 뒤 주사로 옷을 입혀서 매번 50환씩 빈속에 대추탕과 같이 복용한다. 그가 직접 환을 제조할 수 있었던 것은 조선 후기 약령시의 설치, 약재의 민간 유통 확대 외에도 의료 구급방救急方과 간편 의서는 물론 단방單方과 같은 간략한 처방 등이 널리 확산되면서 개인이 글만 읽을 수 있다면 의학 지식을 얻을 수 있는 길이 열려 있었기 때문이다. 남붕도 환을 직접 만들 정도로 약재의 성질과 효능을 잘 알았다.

이전 장에서 숙지황 반 봉지(값 30전), 새삼씨 조금(값 10전)을 샀고, 오늘은 사온 술 한 그릇에 숙지황을 담갔는데, 그것을 자석모와 새삼씨와 합하여 환을 만들고 그것을 음양환으로 삼아 복용할 계획이다. 새삼씨는 지난해에 동산 가운데 태전太田에서 채취한 것으로 밥그릇 한 개 정도이다. 그래서 지금 조금만 더 구하여 더한 것이다.

남붕은 숙지황熟地黃, 새삼씨[兎絲子], 자석모磁石毛를 섞어 환을 만들어 음양환으로 복용했다. 숙지황은 허한 것을 보하는 효능이 있었다. 새삼씨는 밥으로 지어 늘 먹으면 요기가 될 만하고, 또한 풍질風疾을 치료할 수 있다. 그는 음양쌍보환을 오전과 오후 각각 식후에 술로 삼켰다.

> 아침을 먹은 뒤에 묘소에 가서 곡하고 돌아와 궤연을 모셨다. 음양쌍보환을 복용하기 시작했는데, 한 번에 50개를 복용한다. 복용법은 오전과 오후에 식후 한참 뒤에 복용하는 것이다.

남붕은 이명증에 도움이 되는 독승환獨勝丸도 직접 제조하여 복용했다. 독승환은 일명 대보환이라 불렸는데, 귀가 붓거나 잘 안 들릴 때 사용하는 약이었다. 황백 8냥을 사람 젖에 담갔다가 햇볕에 건조하고 소금물로 볶아서 환으로 제조하여 빈속에 먹는다.

> 오후에 독승환을 제조했는데, 재료는 4냥쭝이다. 대개 본래 황백黃柏 8냥을 사람의 젖에 담갔다가 햇볕에 건조하고 소금물로 볶아서 가루를 만들어서 환을 만들어 빈속에 복용한다고 하는데, 작년에 내가 복용하여 효험을 보고 남은 황백은 8냥쭝이 있으나 사람의 젖을 얻기 어려우므로 겨우 4냥쭝을 젖에 담갔다가 소금물에 볶아서 가루를 만들었다. 오늘 오후에 우선 환을 만들어 복용할 계획이다.

다섯째, 남붕은 평소 담배를 즐겨 피우다 끊었다. 그가 담배를 즐기자 찾아오는 손님들이 담배 선물을 자주 하였다. 1923년 2월 18일 담배를 즐기는 그에게 대동大洞의 친족 유성有晟 씨가 담배 10여 묶음을 주었다. 1923년 5월 6일에는 산청군에서 줄기와 마디를 제거하고 첩으로 만든 담배 한 묶음을 우편국을 통해 남붕에게 보내오기도 하였다. 1924년 1월 18일 공낙중이 담배 두어 묶음을 가지고 왔다. 남붕은 1924년 1월 23일에는 담배를 끊지 못하는 자신을 탓하기도 한다.

오늘 20전으로 담배 5묶음을 샀는데, 담배 맛은 매우 뛰어나나 가격이 너무 비쌌다. 내가 비록 술은 끊고 입에 대지 않으나 흡연은 그대로 버릇이 되어서 끊고 싶어도 아직 끊지 못하였으니, 하나는 들고 하나는 빠뜨린 것이 아니겠는가.

비싼 담배 가격에 놀라 금연을 하려 했지만 하지 못하는 안타까움이 드러난다. 1924년 4월 27일 일기를 보면 남붕이 경제적 여유가 있을 때마다 담배를 준비했음을 알 수 있다.

광계정 계회의 회문을 9통 써서 시장에 온 인편을 통해 각 촌락에 부쳤다. 돈 1원을 대평臺坪 족숙에게 주었다. 대개 3월 이후부터 땔나무를 네 바리 하고 들일을 세 번 하여 모두 일곱 차례 일을 했으므로 품값이 4냥 9전인데 5냥을 비로소 주었으니 1전은 더 넣은 것이다. 돈 2원을 아우에게 부쳐서 머슴의 봄옷 지을 재료를 사오게 하였다. 나머지 돈 60전으로 담배를 사오게 하여 계회 때 취해 쓸 재료로 삼게 하였다.

1924년 5월 9일에는 남붕이 직접 남다南茶라 한 담배를 심기도 하였다. 금연에 대한 남붕의 직접적인 표현은 한참 뒤인 1930년 11월 5일에 나온다. 이날 밤 「어초계㷦草戒」를 짓기 시작했는데 마치지 못하였다. 어초계는 담배를 경계하는 글이다. 이즈음 그가 담배를 끊은 것으로 보인다. 1933년 1월 1일에는 학문에 대한 열의를 드러내면서 술과 담배를 일순간에 끊은 사실을 밝혔다.

결단코 이제부터 무릇 외물을 그리워하는 한가롭고 잡된 마음은 일절 술과 담배를 끊은 사례처럼 단칼에 쳐서 두 도막을 내어 가슴에 머물지 못하게 하고, 한결같이 도의와 덕업에 마음을 두어 좋은 사람이 되어 은연중에 자신을 수양하여 근독하고 성신하려 한다.

여섯째, 음식을 절제하였다. 남붕은 아무리 좋은 음식이라도 자신에게 맞지 않으면 먹지 않았다. 영덕 지방에서는 특별한 손님이 오거나, 겟날과 복날 등에는 많은 사람들이 한꺼번에 같이 먹을 수 있는 음식으로 개장국을 만들어 먹는 풍습이 있었다. 당시 사람들은 개고기가 몸의 기운을 보충하는 데 좋다고 여겼다. 정다산丁茶山의 『증보 단방신편單方新編』에 개고기는 "맛이 함산鹹酸하고 성性이 온溫하다. 음기를 강화하고 혈맥을 보하며 장위腸胃를 튼튼하게 하며 하초下焦를 실하게 하며 정수精髓를 보충해준다"며 단방으로 효과가 있음을 설명하고 있다.

당시 개장국은 손님을 대접하는 별미 가운데 하나였고, 남붕도 큰 부담 없이 개장국을 먹었다. 농사가 끝나고 소작료를 나누는 날 금계 종숙 집에서 별미로 개장국을 먹기도 했다.

아침을 먹은 뒤에 고지기에게 3마지기에 대한 벼를 나누어 받았는데, 모두 2섬 4말이다. 저녁에 금계 종숙의 집에 가서 2마지기에 대한 벼를 나누어 받았는데, 모두 2섬 12말이다. 고지기에게 받은 벼는 양촌 댁에 맡겨두고, 금계 종숙에게 받은 벼는 종숙의 집에 맡겨 두었다. 밤에 종숙의 집에서 잤는데, 개장국을 별미로 주었다.

개장국은 집에서 개를 기르지 않는 경우 돈을 주고 사 와서 만들어야 했으므로 일상적인 음식은 아니었고 계 모임을 할 때 준비하는 경우가 많았다. 남붕도 향촌 사회의 만향계晚香契에 참여하였고 사무도 1년간 맡아서 보았는데, 이 모임은 백일동에서 열렸다. 일기에 "계에서 84냥 5전을 빌려 갚았다"라는 기록이 있는 것으로 보아 계에서 회원들에게 자금을 융통해주었음을 알 수 있다. 남붕은 1923년 5월 13일 공전과 사전의 보리 작황을 살펴보고, 이어서 보리의 수확량을 미리 확정하였다.

1923년 5월 5일 아우와 함께 참여한 만향계 모임에 개장국과 막걸리가 나왔다. 이날도 남붕은 개장국을 먹었다. 그런데 그는 이날 "몸이 편치 않은 느낌이 있었다"라며 그 이후로는 개장국을 먹지 않았다. 당시에는 복날 개장국을 먹는 풍습이 있었으므로 1930년 6월 24일 복일에 여러 친족 노인들을 대접하기 위해 개장국을 준비하였는데, 남붕은 개장국을 먹지 않아 참석하지 않았다. 이에 그쪽에서 두 그릇을 집으로 가져왔다. 그는 어머니와 식구들에게 개장국 맛을 보게 하였다. 남붕의 마을에서는 1932년 6월 25일 중복에 노인 10여 명이 구갱회狗羹會를 열었다. 구갱회는 사람들이 모여서 개고기를 넣고 끓인 국을 먹는 모임이다. 당시 남붕은 개고기를 먹지 않았지만 구갱회에 참석할 나이라 개장국을 받아 식구들이 먹었다.

일곱째, 철저한 자기반성이다. 남붕은 삶의 태도에서 남에게 문제를 떠넘기거나 화살을 돌리지 않고 자신에게 맞추었다. 그는 "나는 수십 년 전부터 심한 병이 아니면 베개에 기대지 않았고 무더운 계절에도 더욱 맹렬하게 힘을 들여 공부를 하였다"라며 학문에 대한 열정을 피력했다. 학문뿐만 아니라 모든 일에서 치열하였다.

1920~1930년대 남붕의 건강법은 새벽에 일어나 치성을 드리고, 지역의 자랑인 약수를 마시고, 자신이 이해한 약재를 바탕으로 간편하게 환을 만들어 먹고, 금연하고, 음식을 가려서 먹고, 철저한 자기반성을 하는 삶의 태도로 살아가는 것이었다.

남붕, 모든 것을 던져 질병을 치료하다

『해주일록』에는 해주 자신 이외 손자, 아우의 손자, 어린 외손, 증손, 어머니, 손부, 어린 손자, 머슴아이, 집안 노소, 삼종제 호창의 아내 이씨, 손녀의 시아버지, 덕명 재종숙, 친족 아이, 조카며느리의 부친 등 다양한 사람들의 질병과 치료에 관한 기록이 담겨 있다. 해주 주변 인물들의 질병 관련 기록은 모두 32회였다.

남붕 주변 인물들이 걸린 질병은 산증疝症, 감기, 협담脥痰, 복부 맷힘, 머리 종기, 항문 불편, 구토와 설사, 위독痿劇, 겨드랑이 종기, 노환, 학질, 귀 약, 학모瘧母, 체후 불편, 눈가 다침, 술병, 이질, 복통, 소갈증 등 다양했다.

〈표 5〉『해주일록』 속 해주 주변 인물의 질병과 치료

연도	질병명	기간	대상	치료 방법
1922	산증	7월 18~22일	종제 호연	• 약을 먹음
1923	감기	1월 20일 ~2월 15일	손자, 며느리, 어머니	• 별다른 조치 없음
	협담	5월 10일	어머니	• 별다른 조치 없음
1926	복부 맺힘	10월 18일	종제 양덕	• 별다른 조치 없음
	머리 종기	12월 27일	어머니	• 별다른 조치 없음
1927	항문 불편	7월 23일 ~8월 13일	손자	• 이 참봉에게 약을 지어 먹임
	토하고 설사	11월 18~19일	손자	• 백 의원의 집에 가서 유주고를 만들어서 복용 • 인삼 뇌두 3돈쭝
	위독	12월 5일	아우의 손자	• 해주가 청주 한 잔을 가지고 가 우유에 타서 유주고를 만들어 먹이고 땀을 내게 함
	토하고 설사	12월 11일	어린 외손	• 약을 먹임
	겨드랑이 종기	12월 12일	증손	• 별다른 조치 없음

연도	질병명	기간	대상	치료 방법
1928	노환	1월 15일	어머니	• 시초점
	감기	1월 28일	어머니	• 아우 집 개를 잡아 삶아서 드림
	병환	2월 6~20일	어머니	• 집에 개를 잡음
	학질	2월 22일	증손	• 금계랍
	귀 약	윤2월 15일	손부	• 가루약 6포, 공의 지음
	학질	윤2월 22일	어린 손자	• 금계랍
	학질	3월 13일	어린 손자	• 금계랍
	사망	3월 22일	아우의 손자	• 별다른 조치 없음
	머슴 아이 병	4월 23일	머슴아이	• 약 2첩 지어 먹임
	체후 불편	5월 28일	어머니	• 별다른 조치 없음
	설사	6월 27 ~29일	손자	• 의원 약을 지음
	설사	7월 9일	어머니	• 별다른 조치 없음
	감기	8월 16일	손자	• 백 의원 약 2첩
1930	감기	1월 22일	집안 노소	• 별다른 조치 없음
	눈가 다침	11월 24일	손자	• 별다른 조치 없음

연도	질병명	기간	대상	치료 방법
1932	감기 사망	6월 26일	삼종제 호창의 아내 이씨	• 별다른 조치 없음
	술병 사망	7월 21일	손녀 시아버지	• 별다른 조치 없음
	이질	8월 24일	덕명 재종숙	• 별다른 조치 없음
	사망	8월 25일	친족 아이	• 별다른 조치 없음
	복통	9월 7일	손녀	• 별다른 조치 없음
	소갈증 사망	11월 29일	조카며느리 부친	• 별다른 조치 없음
	손자 아이 병	12월 24일 ~1월 3일	손자	• 별다른 조치 없음 • 계속 조섭

출전: 남붕, 국사편찬위원회 편, 『해주일록』에서 재정리.

1) 어머니 안동 권씨

남붕의 어머니 안동 권씨는 권석용의 딸이었다. 권씨는 85세에 사망하였는데 죽음 직전까지 손수 침구를 정리하고 머리를 빗고 단정히 몸가짐을 하여 자손들에게 늙은 모습을 보이지 않을 정도로 철저한 인물이었다. 권씨는 감기, 협담, 머리 종기, 체후 불편, 설사 등 여러 질병을 앓았다.

남붕은 어머니 안동 권씨의 여러 질병에 대해 적극적으로 대응하기보다는 지켜보는 자세를 취하는 일이 더 많았다. 1923년 1월부터 권씨는 감기로 고생을 했는데, 이때는 집안 식구 모두가 감기에 걸렸다. 1923년 1월 20일부터 2월 15일까지 거의 한 달가량 새 며느리, 손자아이, 어머니까지 감기에 걸려 그가 애를 태웠다. 당시 안동 권씨는 남붕의 아우 집에서 머물고 있었는데 "어머님이 감기에 걸려 땀을 내셨다"라며 건강이 좋지 않다고 기록하였다. 당시 그는 아우 집에 머물고 있는 어머니께 매일 문안을 드렸지만 특별한 치료법을 사용하지는 않았다.

남붕은 어머니가 편안할 때에는 아주 기쁜 마음으로 "어머님의 체후가 연일 편안하시다"라고 기록했다. 1923년 5월 10일 안동 권씨가 협담으로 편치 않았지만 역시 특별한 조치를 취한 흔적은 보이지 않는다.

1926년 12월 27일 안동 권씨는 머리 종기로 고생을 했다. 남붕은 딱히 편하게 해드릴 방도가 없어 안타까워했다. 종기와 추위로 누워 계신 여든이 다 된 어머니가 쾌차하기를 두려운 마음으로 지켜볼 뿐 특별한 처방이나 치료를 하지 못하였다. 평소에는 강건하기 때문에 하루 누워 계신 것도 두려워했다.

어머님께서 머리의 종기와 추위로 입맛을 잃고 누워 계시니, 여든이 다 된 노인이지만 기력이 아직 강건하므로 믿고서 두려워하지 않았으나 하루 와병하시니 두려움이 형언하기 어렵다.

매일 아침 문안인사를 드릴 정도로 효성이 지극했던 남붕은 음력으로 1월 15일인 상원上元에 시초점을 쳤다. 그는 어머니가 묵은 병으로 고생을 하자 시초점을 쳐 앞날을 예측해보고 싶었을 정도로 불안했던 것이다. 시초점은 시초라는 풀 나무로 치는 점이었다. 『해주일록』에서 유일한, 치료가 아닌 간단하나마 점을 치는 장면이다. 그가 얼마나 어머니의 병에 조바심을 냈는지를 알 수 있다.

어머님 기체후가 어제부터 묵은 병환으로 편치 않으니 속이 타고 답답하였다. 시초점을 쳐서 '대유괘大有卦'가 '규괘睽卦'로 변한 점괘를 얻었는데, 이는 1년 동안의 신수를 본 것으로 괘의 뜻이 상당히 범상치 않으니 어떤 현상이 올지 모르겠다.

대유괘는 '소유한 것이 많다'는 뜻이다. 이 괘가 규괘, 즉 '서로 어긋나고 상이함'으로 바뀐 점괘에 남붕은 매우 불안해한다.

이외에는 주변 인물들이 질병에 걸리더라도 무당을 불러 굿을 하거나 점을 치는 경우는 없었고, 어머니의 병을 치료하는 데서도 음식을 통한 기력 회복에 집중했다. 당시 사람들은 개고기가 기력 회복에 효과가 있다고 믿었다. 일제강점기 조선총독부의 조사에 의하면 영덕은 아니지만 함북에는 '중증 환자는 개고기를 많이 먹으면 낫는다'는 속언도 있었다. 남붕은 어머니가 감기에 걸리자 기력 회복을 위해 아우집에서 키우던 개를 삶아 드렸다. 그러나 열흘이 지나도 어머니의 상태가 좋아지지 않자 이번에는 자기 집에서 키우던 개를 잡았다. 다행히 어머니 권씨는 개고기를 먹고 기력을 회복했다. 그 이후에도 남붕의 어머니는 몇 번 몸 상태가 나빠졌지만 대부분 며칠 내에 회복했을 정도로 강건함을 유지하였다.

2) 손자와 어린 손자
남붕은 손자와 어린 손자로 나누어 기록했는데 손자는 6회, 어린 손자는 2회 질병을 앓았다. 남붕의 손자 사랑은 각별했다. 일찍 큰아들을 잃은 그는 손자가 아플 때마다 애를 태웠다. 손자의 질병은 어린아이들이 주로 앓았던 감기, 항문 불편, 구토와 설사, 눈가 다침 등이었다.

남붕은 손자가 수십여 일 동안 독감으로 힘들어하자 같이 아파했다. 또한 손자가 항문이 아프고 목이 잠겨 고생을 했을 때는 직접 이 참봉에게서 약을 지어 먹였다. 증세가 좋아지지 않자 남붕은 강구면 직천동의 의원 이영구李永龜를 데리고 손자가 사는 소월동을 찾아갈 정도로 정성을 들였다.

아침에 나는 직천으로 가서 의원 이영구를 찾아가 손자의 질병에 대하여 묻고, 이 의원과 함께 소월동으로 가서 손자를 보았다. 수운水雲 5개를 가지고 모두 그 방법대로 태우게 하였다. 나는 또 이 의원에게 약을 지어달라고 부탁하였다. 대개 이 의원의 숙부가 살았을 때 손자가 그 환약을 먹고 효험을 보았다고 하였다. 이영구가 그 법을 전수하여 약을 짓고 있으므로 내가 돈 2원을 미리 주고 15일에 사람을 보내 찾아오겠다고 약속하였다. 약값이 8원이라고 하였다. 나는 5냥을 수운 5개 값으로 갚고 드디어 돌아왔다. 먼저 손자를 말에 태워 보내고 나는 걸어서 읍점邑店에 이르러 김영학을 만나 점심을 먹었다.

남붕은 손자가 아플 때 즉시 의원을 불렀고, 손자를 위해서는 돈을 아끼지 않았다. 의원 이영구에게 8원을 주고 손자의 약을 지었고 손자의 원기를 보충하기 위해 3원을 주고 개 한 마리를 사서 삶아 먹이는 등 최선을 다했다.

남붕은 손자와 마찬가지로 어린 손자가 아플 때에도 돈을 아끼지 않고 적극적으로 대처했다. 어린 손자가 토하고 설사를 하자 백 의원의 유주고를 먹이고, 인삼 뇌두 3돈쭝을 구하여 먹였다. 백 의원의 조언을 들었던 것인지, 자신의 의학 상식에 따라 먹인 것인지는 모르지만 인삼 뇌두는 위산 분비를 감소시키고 위점막을 보호하는 데 효과가 있었다. 또한 허약한 것을 보하고 설사를 방지하는 작용도 했다.

유주고는 어린 아이들이 병에 걸렸을 때 주로 사용된 것으로 보인다. 1927년 11월 19일 아우의 손자가 병이 들어 심각하였다. 아이가 매우 위독하여 익동 의원 집에 갈 준비를 하였는데, 남붕이 청주 한 잔을 가지고 가 우유에 타서 유주고를 만들어 먹이고 땀을 내게 하였다. 남붕은 어린 손자가 학질에 걸리자 1냥을 주고 금계랍 5푼을 사서 먹이는 등 빠른 대처를 하였다.

그는 어린 손자의 가벼운 상처에도 자신의 가슴을 쓸어내릴 정도로 애정이 남달랐다.

오늘 어린 손자가 장난치며 놀다가 다쳐서 눈가에서 흘러나온 피가 얼굴을 덮었다. 나는 아이가 눈을 다쳤을까 걱정하며 간담이 놀라고 두려웠으며, 급히 처치하며 중심을 잃지 않는 이가 드물었다.

어린 손자가 놀다가 눈가를 다쳐 피를 흘리자 "급히 처치하며 중심을 잃지 않은 이가 드물었다"라며, 놀랐음을 밝히고 있다. 그는 손자가 병이 나면 늘 옆에서 집중해 지켜보면서 병세를 기록했다. 아들을 앞세운 그에게 손자는 세상의 중심이 되었던 것이다.

3) 주변 인물들의 사망과 질병

남붕의『해주일록』에는 주변 인물들의 질병과 죽음에 대해서도 많은 기록을 찾을 수 있다.

첫째, 그를 가장 힘들게 한 것은 큰 아들 원모의 죽음이었다. 남붕의 아내는 대흥 백씨로 2남 1녀를 두었다. 아들은 원모와 형모이고, 딸은 박종무에게 시집을 갔다. 남붕의 큰 아들 원모는 일찍부터 몸이 아파 그가 걱정을 많이 하였다. 그가 큰아들 원모에게 보낸 답서인 「답원아畓元兒」에 의하면 건강이 나빠져 제대로 식사도 하지 못하는 아들에게 수시로 육즙을 먹고 힘을 내도록 하라는 말과 함께 학문에 전념하는 것도 좋지만 건강부터 챙기라는 당부를 하였다. 그의 당부에도 불구하고 원모는 1918년 12월 세상을 떠났다. 그 이후 남붕은 아들 기일이 다가오면 아파하고, 아들의 제사를 지낼 때는 매우 슬퍼하였다.

남붕은 아들이 남긴 모든 것을 소중하게 여겼다. 아들이 쓴 글을 모아 생질 권효상에게 부탁하여 문자를 베껴 쓰게 하였다. 생질 권효상은 1박 하면서 원모의 글을 베꼈다. 남붕은 큰 아들 원모를 늘 그리워했다.『해주일록』무오년(1918)조 표점을 하면서 당시 아들의 상태를 기록한 것을 보고 마음 아파했고, 증손 남매가 자신의 아버지 글을 계속 읽을 수 있도록 아들이 쓴『천자문』을 배접하면서도 눈물을 흘렸다.

오후에 나의 죽은 아들이 베껴 쓴 천자문을 배접하였다. 대개 작년에 증손 남매가 누차 받아 읽어서 종이가 닳아 글자 모양이 해진 것도 있다. 그래서 생각건대, 아들의 손때가 사라져서는 안 되고 장래에 아이들이 받아 읽는 자료가 될 것이니, 배접하여 책 모양을 완전하게 만들려 한 지가 오래되었다. 이제야 결연히 손을 썼는데 저물녘에 이르러서야 마쳤다. 이것을 계기로 한 번 보았는데, 글자의 획이 바라서 완연히 그의 심법을 다시 보는 듯하여 남몰래 눈물을 흘렸다.

남붕은 차마 아들의 제사를 주관할 마음의 여유가 없었다. 1922년 12월 12일 아들의 제사가 다가오자 손자에게 대행축代行祝, 즉 대신 읽을 축문을 쓰게 하고 향을 봉하게 하였다. 다음 날 새벽 손자로 하여금 아들의 제사를 지내게 하였다.

둘째, 조카며느리의 아버지인 도천道川 백혁원白赫遠 씨가 소갈증消渴症으로 별세했다. 소갈증은 당뇨병이다. 남붕은 백혁원 씨가 맨손으로 집을 일으키고 새로 가문을 일군 점을 매우 높게 평가했다.

도천의 백혁원 씨가 28일에 별세한 것을 부고 심부름꾼이 와서 전했다. 백혁원 씨는 조카며느리의 부친인데 조카며느리가 근래 직접 병자를 여러 달 모셨다. 백혁원 씨는 맨손으로 집을 일으키고 새로 가문을 일켰으며 정성으로 손님을 접대하였으니, 남쪽 고장의 주인이라 할 만했으나 만년에 소갈증으로 결국 별세한 것이다. 나는 오래도록 좋은 교분을 나눈 처지에 애통한 마음을 견딜 수 없어서 암송을 접었다.

셋째, 종제 호연이 산증疝症으로 세상을 떠났다. 산증이란 고환睾丸, 부고환副睾丸, 음낭陰囊 등의 질환으로 일어나는 신경통, 요통 및 아랫배와 불알이 붓고 아픈 병의 총칭이다. 당시 남붕도 학질로 힘든 상태였지만 아침저녁으로 종제 호연의 병세를 살펴볼 정도로 힘을 기울였다. 그러나 종제 호연은 "약을 먹은 것이 효과도 없이" 사망하고 말았다. 남붕은 학질로 장례에도 참석하지 못했다.

> 아침 일찍 종제가 원통하게 죽었다. 통곡하고 통곡하였다. 그에게는 갓 태어난 외아들이 있는데 나이 겨우 34세에 갑자기 이 지경에 이른 것이다. 그의 딱한 처지를 생각하면 몹시 마음이 아픈데, 젊은이 중에 의지할 만한 이들이 태반은 귀신이 되었으니, 윗사람으로서 비참함이 더욱 지극하다.

남붕은 가까이 하던 종제 호연이 병에 걸리자 걱정을 많이 하였다. 그의 병세를 살피다 "종제의 증세가 매우 위독하다"라고 긴급함을 기록하였다. 그는 "젊은이 중에 의지할 만한 이들이 태반은 귀신이 되었으니, 윗사람으로서 비참함이 더욱 지극하다"라며 어린 외아들만 남긴 호연의 이른 죽음에 통곡하면서 슬퍼하였다.

넷째, 아우의 손자가 병을 앓다가 사망하였다. 그는 하루 종일 아우 집을 오가면서 아이의 상태를 살폈지만 결국 밤중에 아우의 손자는 세상을 떠났다. 병명은 나오지 않지만 '새 아기'라는 표현을 보아 젖먹이였던 듯하며, 그는 매우 안타까워하였다.

> 날이 흐렸다. 새벽에 이전과 같이 하였다. 다시 「선진편」을 다 외우니 닭이 비로소 울어 잠시 눈을 붙였다. 아우 집으로 가서 새 아기를 보았으니 오랜 병이 위급하였기 때문이었다. 아침에 문안드리고 사당을 참배하였다.

사당 참배 후 바로 아우의 집에 갔다. 아침을 먹은 후 다시 아우의 집으로 갔더니, 새 아기의 병이 위급하여 안타까웠다.『도산지』를 초록하였다. 밤에 아우의 집 손자를 구하지 못하였다.

다섯째, 삼종제三從弟 호창浩昌의 아내 이씨가 서감暑感으로 죽었다. 서감이란 여름에 드는 감기이다. 남붕은 호창의 아내 이씨가 점심도 먹지 못하고 저녁까지 일을 하다 죽은 사실을 기록했다.

저녁에 삼종제인 호창의 아내 이씨가 서감으로 갑자기 참혹하게 죽었다. 대개 종일 시어머니를 따라 보리를 까불며 보리를 꺼내주고 받아들이는 일을 맡아 하며 바쁘고 어수선한 가운데 점심 요기를 걸렀으나 배고픈 줄 모르다가 저녁에 일을 마치자 결국 발광하여 얼마 있다 죽었으니, 참혹하고 애통하다. 저녁을 먹은 뒤에 고복皐復을 하였다. 자식으로는 아들이 일곱 살이고 딸이 올해 태어났다고 한다.

이씨가 어린 아들 딸을 남겨놓고 세상을 떠나자 남붕도 참혹하고 애통하다고 여겼다. 그는 팔촌 동생의 아내인 유인孺人 이씨李氏가 영원히 돌아가는 길을 곡하여 보낼 정도로 아파했다.

여섯째, 손녀의 시아버지인 조맹약趙孟若이 50세에 술병으로 사망하였다. 남붕은 손녀가 시집간 지 얼마 되지 않아 홀어머니를 모시고 살던 조맹약이 술병으로 세상을 떠나자 "실로 한심하다"고 표현하며 분노했다. 손녀에 대한 안타까움 때문이었다.

저녁을 먹을 무렵에 주곡注谷에서 부음을 전하는 사람이 왔으니, 이것이 무슨 일인가? 놀라고 당황한 가운데, 조사계趙査契 맹약이 별세했다는 소식임을 물어 알았다. 조군은 나이가 겨우 50세이고 위로 편모를 모시고 있는데 갑자기 이렇게 운명하여 집안일이 낭패하니, 실로 한심하다. 손녀가 시집간 지 얼마 안 되어 갑자기 시아버지를 여의었으니, 일마다 생각할수록 사람으로 하여금 놀라고 슬프게 한다. 서쪽을 바라보고 한 번 곡하고, 또한 가중으로 하여금 바라보고 곡하게 하니, 대개 손녀를 멀리서 조문한 것이다. 명주 13자, 돈 5원, 밀초 1자루, 두꺼운 종이 1묶음 및 향 2덩어리를 부의로 삼았다.

남붕은 손녀의 혼사가 정해지자 시아버지인 조맹약과 직접 의례를 진행하였다. 1930년 8월 21일 그는 손녀의 신행新行이 정해지자 우편으로 조맹약에게 답서를 보내는 등 집안의 어른으로서 역할을 해냈다. 그런데 돌연 조맹약이 세상을 떠난 것이다. "일마다 생각할수록 사람으로 하여금 놀라고 슬프게 한다"는 것에는 그러한 사연이 있다.

나오며

남붕은 『해주일록』에 자신과 주변 인물들의 질병 및 치료에 대해 상세한 기록을 남겼다. 당시 남붕이 앓았던 질병과 그 치료에는 몇 가지 특징이 있었다.

첫째, 근대 의료기관의 부족과 경제적인 부담으로 의학 시스템보다 민간 치료법에 더 의지하였다. 남붕은 입술 종기나 이명증의 경우 즉시 공의를 찾았다. 상당한 금액을 들여 약을 처방받고 치료를 받았음에도 빠른 효과를 보지 못하자, 자신의 의료 지식과 주변 인물들을 동원하여 질병을 치료하는 적극성을 보였다.

둘째, 질병이 발생한 경우 굿이나 다른 무속 행위를 하지 않았다. 오직 시초라는 풀로 점을 쳐보는 시초점 기록이 한 번 나올 뿐이다. 남붕은 당시 민간에 흔했던 미신 치료법을 거의 사용하지 않았다.

셋째, 특별히 의서를 읽은 기록은 보이지 않으나, 당시 의료 구급방과 간편 의서는 물론 단방과 같은 간략한 처방 등이 널리 확산되어 개인이 글만 읽을 수 있다면 의학 지식에 접근할 기회가 많았으므로 그도 나름의 지식을 갖추고 있었으리라 생각된다. 주변에서 구할 수 있는 약재나 약재상 등을 통하여 구매한 약재로 직접 환이나 약주를 만들어 치료에 사용했다.

넷째, 『해주일록』에는 전염병에 관한 기록이 거의 없다. 그가 일기를 쓴 시기에 영덕군에 전염병이 많이 발생하지 않은 것으로 보인다. 그러나 당시의 대표적 전염병이었던 적리·장티푸스·파라티푸스·디프테리아 등이 1935~1938년 사이에는 발생하지 않았지만 1939년에는 발생했다. 말라리아는 흔한 대신 금계랍이라는 약으로 모두 완치되는 형편이었다.

남붕은 때때로 질병을 앓았으나 대체로 건강한 편이었다. 그의 건강법은 크게 다섯 가지였다. 첫째, 규칙적인 생활이었다. 매일 아침 일찍 일어나 치성을 드리고 하루도 빼놓지 않고 사당을 참배하였다. 둘째, 자신의 몸 상태를 늘 예민하게 주시하고 적극적으로 대응했다. 날이 추워지거나 몸 상태가 나빠지면 미리 특별한 음식을 먹거나 준비한 약을 복용하는 등 건강에 신경을 썼다. 셋째, 무리한 활동을 자제했다. 특별한 일이 아니면 남붕은 독서와 아이들을 가르치는 일로 하루를 보냈다. 그가 영덕을 떠나 먼 거리를 출타하는 일은 거의 손에 꼽을 정도였다. 넷째, 금연 및 절제하는 삶을 통해 건강을 유지했다. 그는 오랫동안 흡연을 하였지만 1920년대 후반부터 금연을 실천한다. 다섯째, 자기 반성을 바탕으로 한 치열한 삶의 자세를 보였다. 그는 1923~1932년까지 매년 동짓날 목욕재계하고 개과자신의 삶을 위해 기도했다. 개과자신은 허물을 고치고 자신을 새롭게 하는 것이다. 항심을 유지하면서 자신에게 상당히 엄밀했다.

남붕은 어머니 안동 권씨, 손자, 어린 손자, 삼종제 호창의 아내, 손녀의 시아버지, 재종숙, 조카며느리의 부친 등 주변 인물들의 질병과 치료에 대해서도 기록했다. 그는 어머니가 아플 때마다 가슴을 졸이면서 아우와 자신의 집에서 기르던 개를 삶아 드리는 등 최선을 다했다. 또한 남붕은 손자와 어린 손자에 대한 사랑이 지극했다. 손자가 항문이 아파 고생하자 의원을 데리고 직접 손자를 찾았다. 손자의 원기를 보충하기 위해 개 한 마리를 사서 삶고, 어린 손자가 설사에 걸리자 백의원에게서 산 유주고와 인삼 뇌두를 먹이고, 학질에는 금계랍을 구하여 먹이는 등 최선을 다했다.

한편 남붕은 아들, 조카며느리의 부친, 종제 호연, 아우의 손자, 삼종제 호창의 아내 이씨, 손녀의 시아버지 조맹약 등 가까운 인물들이 세상을 떠나자 아파하거나 분노했다. 특히 남붕은 아들의 죽음에 오랫동안 고통스러워 했다. 남붕 주변 인물들의 사망 원인은 소갈증, 산증, 서감, 술병 등 다양했다. 이들도 대부분 의료기관의 부족과 경제적 부담으로 근대 의료의 혜택을 받지 못하였다. 남붕은 자신이 사랑하던 이들이 사망할 때마다 가슴을 쳤다.

참고문헌

[1차 문헌]

『매일신보』,「全道 호역 누계」, 1916.10.4.

『매일신보』,「영덕군에 호역, 일곱 명이 발생」, 1916.11.8.

『매일신보』,「영덕에 천연두, 가꾸 퍼지는 모양」, 1922.2.23.

『매일신보』,「赤痢 漸次 發生, 경북 관내 전염병」, 1922.6.11.

『동아일보』,「限地開業 醫募集 慶北道에서」, 1929.9.9.

[저서 및 논문]

경무총감부 위생과,『(朝鮮)鑛泉要記』, 1918.

경상북도 경찰부,『1939년도 慶北衛生の槪要』, 1940.

逵捨藏,『慶北大鑑』, 東洋文化協會印刷部, 1936.

김홍영,「남붕의 퇴계시 주해와 그 의의:『雲陶正音註解』의 해제를 겸하여」,『한문학

　　　연구』17, 계명한문학회, 2003.

남붕, 국사편찬위원회 편,『海洲日錄』, 국사편찬위원회, 2015.

남훈 편,『영해유록』, 향토사연구회, 2004.

박윤재,『한국 근대의학의 기원』, 혜안, 2005.

박윤재,「조선총독부의 지방 의료정책과 의료 소비」,『역사문제연구』21, 2009.

박윤재,「한말 일제 초대형 약방의 신약 발매와 한약의 변화」,『역사와 현실』90, 2013.

이상의,「『조선의 농촌위생』을 통해 본 일제하 조선의 농민생활과 농촌위생」,『역사

　　　교육』129, 2014.

여인석,「학질에서 말라리아로: 한국 근대 말라리아의 역사(1876~1945)」,『의사학』20-1, 2011.

연세대학교 의학사연구소,『한의학, 식민지를 앓다: 식민지 시기 한의학의 근대화 연구』, 아카넷, 2008.

오재근,「일제 시대 '의생醫生' 김광진의 황달 투병기: 김광진의『치안』『치달일기』 분석」,『의사학』28-2, 대한의사학회, 2019.

유중림,『증보산림경제』2, 농촌진흥청, 2003.

이꽃메,「식민지 시기 일반인의 한의학 인식과 의약 이용」,『의사학』15-2, 대한의사 학회, 2006.

이흥기,「19세기 말 20세기 초 의약업의 변화와 개업의: 洋藥局과 藥房附屬診療所의 浮沈」,『의사학』19-2, 대한의사학회, 2010, 346쪽.

정다산, 안덕균 역,『증보 단방신편』, 일중사, 2000.

조선총독부, 한지원 역,『일제의 식민통치와 의료민속 조사보고』, 민속원, 2014.

한국국학진흥원,『한국국학진흥원 소장 문집 해제 25: 경주·포항·영덕·울진』, 한국국 학진흥원, 2017.

한지원,『조선총독부 의료민속지를 통해 본 위생풍습 연구』, 민속원, 2012.

[DB]

한국전통지식포탈 http://www.koreantk.com

해주일록

1판 1쇄 발행 2020년 10월 30일

지은이 · 김종석 조정현 문희순 안경식 이성임 손경희
펴낸이 · 주연선

총괄이사 · 이진희
책임편집 · 이우정
표지 및 본문 디자인 · 김지수
마케팅 · 장병수 김진겸 이선행 강원모
관리 · 김두만 유효정 박초희

(주)은행나무
04035 서울특별시 마포구 양화로11길 54
전화 · 02)3143-0651~3 | 팩스 · 02)3143-0654
신고번호 · 제1997-000168호(1997. 12. 12)
www.ehbook.co.kr
ehbook@ehbook.co.kr

잘못된 책은 바꿔드립니다.

ISBN 979-11-91071-12-2 (93910)